本书由哈尔滨商业大学学科建设项目"龙江文化产业发展的金融支持研究"(编号16003)资助出版

服务经济学：
现代观点

韩朝亮　韩平◎著

Service Economics:
A Modern
Approach

经济管理出版社

图书在版编目（CIP）数据

服务经济学：现代观点/韩朝亮，韩平著．—北京：经济管理出版社，2018.9
ISBN 978-7-5096-6046-1

Ⅰ.①服… Ⅱ.①韩… ②韩… Ⅲ.①服务经济学—研究 Ⅳ.①F063.1

中国版本图书馆 CIP 数据核字（2018）第 226421 号

组稿编辑：杨　雪
责任编辑：杨　雪　董必俊
责任印制：黄章平
责任校对：陈　颖

出版发行：经济管理出版社
　　　　　（北京市海淀区北蜂窝 8 号中雅大厦 A 座 11 层　100038）
网　　址：www.E-mp.com.cn
电　　话：（010）51915602
印　　刷：玉田县昊达印刷有限公司
经　　销：新华书店
开　　本：720mm×1000mm/16
印　　张：19.25
字　　数：295 千字
版　　次：2018 年 10 月第 1 版　2018 年 10 月第 1 次印刷
书　　号：ISBN 978-7-5096-6046-1
定　　价：49.00 元

·版权所有　翻印必究·

凡购本社图书，如有印装错误，由本社读者服务部负责调换。
联系地址：北京阜外月坛北小街 2 号
电话：（010）68022974　　邮编：100836

前 言
Preface

从 2011 年开始，本人相继为经济学本科生、产业经济学研究生开设《服务经济学》课程，主要参考的教材包括何德旭、夏杰长教授编著的《服务经济学》和陈宪教授承担的教育部哲学社会科学研究重大课题攻关项目的最终成果《中国现代服务经济理论与发展战略研究》，两部著作的理论框架和研究观点深刻影响了我及我的学生们，但由于两本著作出版年限久远，部分数据陈旧，而且依托互联网发展的新兴服务业没能得到充分体现，所以在授课过程中依托两部著作，在借鉴国内外最新研究成果的基础上，开始自编讲义，今天出版的《服务经济学：现代观点》教材就是将历年授课案例、讲义、研究成果汇编的结果。

2008 年开始，本人及所在团队就相继承担了国家社科基金项目《资源型城市转型与服务外包产业结构优化研究》《跨越中等收入陷阱与产业结构调整》，科技部软科学重大合作项目《黑龙江省服务外包产业结构优化与创新研究》，黑龙江省社科基金重大招标项目《黑龙江省生产性服务业发展战略研究》，黑龙江省软科学重大项目《黑龙江省传统优势产业开展服务外包研究》《黑龙江省中心城市开展服务外包研究》《黑龙江省沿边开放城市开展服务外包研究》，团队关于服务业增长、服务业结构、服务外包、生产性服务业的最新研究成果我也相继在课堂上与学生分享，所以今天出版的《服务经济学：

现代观点》也包含了我们最新的研究成果。

为同学讲授服务经济学的过程中，我越来越发现随着服务经济的发展，部分服务经济的基本理论开始发生改变，所以在授课开始我往往为学生讲授服务经济基础理论的变化，比如，由商品主导逻辑向服务主导逻辑转变、报酬递增由特殊性向普遍性转变、产业链分工向产业融合转变，所以今天出版的《服务经济学：现代观点》可能有别于传统的服务经济著作，体系可能不够完善，但更多的是本人关于服务经济的研究思路和脉络。

本书首先通过数据和案例展示了世界经济进入服务经济主导时代，在此基础上梳理了服务经济的研究历史与现状，重点说明在网络信息技术下，服务的概念、特征与分类发生改变，尤其服务的基本特征与派生属性。介绍了服务主导逻辑、报酬递增、价值网络、双边市场理论，服务业发展的基本理论框架正在重构。对服务业成本病假说、自增强假说进行验证，结合研究成果对服务外包、生产性服务业进行介绍，最后系统说明如何通过生产性服务业集聚向价值链高端攀升。

本书的写作得到了哈尔滨商业大学经济学院和经济系的大力支持，在此深表谢意，同时还要感谢经济管理出版社编辑杨雪的热心帮助和支持。此外，在本书的编写过程中，我们借鉴吸收了国内外专家学者的研究成果，在此也致以诚挚的谢意。

由于我们水平有限，本书一定有不少欠缺之处，恳请广大读者予以批评指正。

韩朝亮
2018 年 8 月

目 录
Directory

1 中国进入服务业主导的经济发展阶段 / 1

    1.1 服务业主导的表征 / 1

    1.2 服务业主导的原因 / 4

    1.3 服务业主导的现实选择 / 8

    1.4 编写思路与结构安排 / 11

2 服务价值论 / 18

    2.1 商品—服务两分法与服务价值 / 18

    2.2 基于劳动价值论的服务价值 / 22

    2.3 效用论与服务价值 / 25

    2.4 供求论与服务价值 / 28

3 服务概述 / 37

    3.1 服务的概念 / 37

    3.2 服务的特征 / 38

    3.3 服务的分类 / 40

3.4 服务概念、特征、分类的再认识 / 45

4 服务主导逻辑 / 59

4.1 服务主导逻辑的提出 / 59
4.2 服务主导逻辑的理论框架与核心观点 / 63
4.3 商品主导逻辑与服务主导逻辑对比分析 / 70

5 报酬递增 / 78

5.1 报酬递增的学术史梳理 / 78
5.2 报酬递增的来源——资源演化的视角 / 84
5.3 操作性资源、报酬递增与服务业增长 / 91

6 价值网络 / 98

6.1 价值链理论概述 / 98
6.2 价值网络 / 103
6.3 价值网络理论新发展与服务生态系统 / 111

7 双边市场 / 134

7.1 双边市场概述 / 134
7.2 双边市场在服务业的分布 / 139
7.3 平台的经济行为 / 146

8 服务业增长与鲍莫尔—富克斯假说验证 / 153

8.1 服务业增长之谜 / 154
8.2 中国服务业增长的表征 / 157
8.3 服务业"成本病"的国内外研究现状 / 160
8.4 研究方法与数据来源 / 163
8.5 服务业劳动生产率计算 / 168

9 服务业独立发展与"自增强"假说 / 182

9.1 自增强假说及其度量 / 182
9.2 制造业与服务业耦合发展理论与模型 / 196

10 生产性服务业 / 215

10.1 生产性服务业概念与范围界定 / 215
10.2 生产性服务业发展的基本规律 / 231
10.3 中国生产性服务业发展 / 236

11 服务外包 / 246

11.1 服务外包概述 / 246
11.2 服务外包的经济学分析 / 251
11.3 全球服务外包市场分析 / 260

12 生产性服务业集聚与全球价值链攀升 / 270

12.1 生产性服务业集聚 / 270
12.2 生产性服务业集聚的内容 / 274
12.3 生产性服务业集聚的阶段划分 / 276
12.4 生产性服务业集聚与全球价值链攀升 / 284

1 中国进入服务业主导的经济发展阶段

1.1 服务业主导的表征

1.1.1 产出比重

产出比重是指三次产业增加值占 GDP 的比重，从国际标准来看，如果服务业产出比重超过农业与工业增加值之和，即 50% 以上，则认为一个国家和地区进入了以服务业为主导的经济发展阶段。2017 年，中国国内生产总值为 827122 亿元，比 2016 年增长 6.9%。其中，第一产业增加值 65468 亿元，增长 3.9%；第二产业增加值 334623 亿元，增长 6.1%；第三产业增加值 427032 亿元，增长 8.0%。第一产业增加值占国内生产总值的比重为 7.9%，第二产业增加值比重为 40.5%，第三产业增加值比重为 51.6%。

从表 1-1 中可以看出，中国 2008~2017 年三次产业产出比重情况。农业产出比重持续下降，由 2008 年的 10.3% 下降到 2017 年的 7.9%。工业产出比重波动下降，由 2008 年的 46.9% 下降到 2017 年的 40.5%。服务业产出比重持续提升，由 2008 年的 42.8% 提高到 2017 年的 51.6%。自 2013 年开始，服务业产出比重超过工业产出比重成为国民经济第一产业。2015 年，服务业产出比重为 50.2%，超过农业产出比重与工业产出比重之和，中国进入了以服务业为主导的经济发展阶段，至 2017 年，服务业产出比重稳定在 51.6%。

表 1-1 2008~2017 年三次产业产出比重　　　　　单位:%

指标\年份	2017	2016	2015	2014	2013	2012	2011	2010	2009	2008
农业产出比重	7.9	8.6	8.8	9.1	9.3	9.4	9.4	9.5	9.8	10.3
工业产出比重	40.5	39.9	40.9	43.1	44	45.3	46.4	46.4	45.9	46.9
服务业产出比重	51.6	51.6	50.2	47.8	46.7	45.3	44.2	44.1	44.3	42.8

资料来源：国家统计局。

1.1.2 就业比重

就业比重是三次产业就业人口与总就业人口比重，2017 年，在全国总就业人口中，农业就业比重占 27.0%；工业就业比重占 28.1%；服务业就业比重占 44.9%。服务业就业比重继续扩大，已成为吸纳就业的主力。从表 1-2 中可以看出中国 2008~2017 年三次产业就业比重情况。农业就业比重持续下降，由 2008 年的 39.6% 持续下降到 2017 年的 27.0%，农业人口加速转移。工业就业比重不断波动，2008~2017 年在 27.2%~30.3% 之间波动。服务业就业比重持续上升，由 2008 年的 33.2% 持续上升到 2017 年的 44.9%。从 2011 年开始，服务业就业比重开始超过农业就业比重，成为吸纳就业人口的主渠道。

表 1-2 2008~2017 年三次就业比重　　　　　单位:%

指标\年份	2017	2016	2015	2014	2013	2012	2011	2010	2009	2008
农业就业比重	27.0	27.7	28.3	29.5	31.4	33.6	34.8	36.7	38.1	39.6
工业就业比重	28.1	28.8	29.3	29.9	30.1	30.3	29.5	28.7	27.8	27.2
服务业就业比重	44.9	43.5	42.4	40.6	38.5	36.1	35.7	34.6	34.1	33.2

资料来源：国家统计局。

1.1.3 服务贸易

如表 1-3 所示，2017 年，全年货物进出口总额为 41163 亿美元，比上年增长 11.7%。全年服务进出口总额为 6960 亿美元，比上年增长 5.9%。从服务贸易比重来看，服务进出口总额占货物进出口总额的比重持续提高，由2008年的12.5%上升到2017年的16.9%，服务贸易在贸易中的作用显著增强。

表1-3　2008~2017年货物贸易与服务贸易　　单位：亿美元；%

年份 指标	2017	2016	2015	2014	2013	2012	2011	2010	2009	2008
货物进出口总额	41163	36855	39530	43015	41589	38671	36418	29740	22075	25632
服务进出口总额	6960	6575	6505	6489	5352	4808	4471	3696	3007	3207
服务贸易比重	16.9	17.8	16.5	15.1	12.9	12.4	12.3	12.4	13.6	12.5

资料来源：历年《中国统计年鉴》。

1.1.4 融合发展

从服务业发展看，在技术推动下，服务业与制造业、服务业线上线下向更深层次融合发展。

1.1.4.1 产业融合

服务业与制造业加速融合，从典型企业的实践看，经过了内置化—分工深化—融合发展的路径。早期的企业，包括制造业企业和服务业企业，将业务流程内置化，采取"大而全""小而全"的生产方式。随着分工的深化与市场范围的扩大，企业基于价值链进行分解，保留核心业务环节，将低价值业务进行外包，外包加速了相关独立产业的形成，尤其是生产性服务业的规模经济效应、学习效应和比较优势效应显著提升。随着网络信息技术的发展，网络信息技术降低了网络协同的成本，在专业化分工的基础上，企业进行了深度融合，逐渐提供"商品+服务"的一体化解决方案，难以区分企业提供的是商品还是服务，生产企业与服务企业融合形成生态系统。

1.1.4.2 线上线下融合

线上线下加速融合发展，依托移动互联网、大数据、云技术等信息技术在经济社会各个领域的广泛渗透，传统消费性服务业、公共服务业加速转型升级。传统零售业在数据驱动下，演化出全新的全渠道融合业态，生鲜超市、便利店成为投资的热点。传统电子商务企业加速布局线下，阿里巴巴收购大润发，京东持股沃尔玛，线上企业为了寻找增量开始了全面的线下征程。菜鸟物流专注于物流网络的平台服务，通过大数据、智能技术和高效协同，与线下主要物流企业搭建全球性物流网络，提高物流效率，加快商家库存周转，降低社会物流成本，提升消费者的物流体验。饿了么、美团网为线下餐饮企业提供线上平台，开展智能收银系统、餐饮开放平台、云店助手等服务，线上提供信息、线上支付，引导消费者线下消费，打造线上线下一体化服务。线上线下融合为服务业拓展了全新的市场范围，未来随着物联网技术的成熟与大范围应用，服务业将全面开启线上线下深度融合发展时代。

1.1.5 服务创新

在技术创新和市场需求的共同驱动下，消费性服务与公共服务领域催生了网络约车、新零售、互联网金融、在线教育、远程医疗等一批新业态，传统商业模式逐渐被取代，新模式快速成长，为经济增长注入强大动力。尤其在移动互联网时代，消费者实时在线，基于位置的服务（LBS）的应用场景不断扩展，在个人应用层面，基于位置的服务已经覆盖社交、旅行、酒店、综合生活等各个领域，未来应用场景将全面覆盖人们的日常生活，创新加速。在企业层面基于位置服务的日常解决方案包括生活服务O2O、智能交通、智能医疗、物流监控等。由于数据存储技术与数据分析技术的发展，大数据加速在服务业中应用，新零售、智慧物流、新金融应运而生，传统价值创造开始向虚拟空间价值创造延伸，数据成为新兴经济的主要驱动力。

1.2 服务业主导的原因

以服务业增加值和就业比重为标准判断我国是否进入服务业主导的经济结构，直观且具有一定的合理性。但服务业是否成为中国经济主导产业，不能单从两个比重维度来审视，还需进一步考察服务业现阶段一些本质特性的变化。

1.2.1 服务产品的需求收入弹性比有形商品高

配第—克拉克定理认为，尽管技术进步提高了农业、工业和服务业的生产率,但随着收入的增加,人们对农产品相对需求将逐渐下降,对工业产品的长期需求较为稳定,而对服务的需求将不断增长,因为服务的收入需求弹性大于前两种产品。服务供给与需求的同时增长将促使服务业不断增长。最终,一个国家农业劳动力比重将呈下降趋势;从事制造业的劳动力比重与经济同步增长,但通常在接近40%时便稳定下来;而服务业的劳动力比例则不断增长。这个定理揭示了产业结构演进的基本趋势。富克斯对美国1947~1958年有形商品和服务的收入弹性的估算结果是:有形商品的收入弹性大约为0.97,而服务的收入弹性大于1。之后,他还根据《1960~1961年的消费者支出调查》的统计数据进行了实证分析,回归结果显示服务的总收入弹性为1.12,而货物的收入弹性为0.93。此外,他发现服务的需求与教育是正相关的,增加一年的学校教育,就会使服务的需求增加1.9%,高于有形商品需求与教育之间的弹性。基于上述分析,富克斯认为农业面临的需求收入弹性比其他部门低得多,而服务业的收入弹性比工业高5%。富克斯的研究结果从实证的角度证明了配第—克拉克定理,获得了理论界的广泛接受。

1.2.2 服务业呈现出高生产率特征

政策讨论中重点强调制造业在生产率(经济持续增长的源泉)、创新性(生产率增长的源泉)和国际贸易中贡献的优势,而传统上把服务业认为是"非进步的"。服务业的扩展将会导致增长停滞(Kaldor,1966;Baumol,1967)。服务业被认为是低技术、低工资、低生产率、低创新型、低学习效应和低溢出效应的行业。可是,在当今社会已处于"服务业革命"时代(Ghani,2010),服务已成为一个富有活力的现代部门。而实际上,随着科学技术的发展特别是信息技术,服务业自身正在发生着剧烈的变革,技术创新和商业模式的变化已经深深地改变了部分服务业的特性。如3T(Technology,Transportability,Tradability)带来了大量进步的服务业细分行业,这些行业一般被称为现代服务业(Mishraetal,2011)。现代服务业的高生产率特征已被大量实证研究证实,Triplett和Bosworth(2003)的研究表明:1995年以后,美国服务业生产率得到显著提高且不限于一两个细分服务行业,并宣称"Baumol成本病"已不存在。Verma(2012)利用增长核算方法表明,印度服务业的全要素生产率（TFP）增长率快于第二产业和第一产业，服务业增加值增长主要是由TFP贡献，1980~2005年服务业TFP增长率为3.27%，对服务业增加值增长的贡献率为45.4%；工业TFP增长率为1.29%，对工业增长的贡献率为20.7%。Verma（2012）进一步建立三部门的动态一般均衡模型，其研究表明服务业TFP增长是印度经济增长和服务比重提高的主要原因。

我国现代服务业也表现出了高生产率特征。由于细分服务行业数据的缺乏，难以准确细分服务行业的全要素生产率，夏杰长（2016）计算了细分服务行业劳动生产率。现代服务业的劳动生产率相对较高，且大于第二产业的劳动生产率。2012年交通运输、仓储和邮政业（13.28万元/人）、信息传输、软件和信息技术服务业（13.20万元/人）、金融业（46.80万元/人）和房地产业（32.84万元/人）的劳动生产率都高于第二产业劳动生产率（第二产业中劳动生产率最高的行业为11.08万元/人）。且各细分行业的劳动生产率都呈现增加趋势，如金融业的劳动生产率从2004年的14.6万元/人上升到2012年的46.8万元/人。

江小涓（2017）认为，长久以来，传统服务业是一个劳动生产率较低的部门，这源于传统服务的本质特征。许多服务过程要求生产和消费"面对面""同时同地"，并因之具有了"不可储存""不可远距离贸易"这类衍生特点。例如教育、医疗服务、艺术表演、保安服务等，都要面对面和同时同地。由于不能使用提高效率的机器设备和缺乏规模经济，服务业的劳动生产率长期保持在一个不变水平。互联网改变了服务提供方式，服务的性质也随之改变。以"乐"消费为例，这种改变已经广泛覆盖，相当部分的传统服务业有了新的商业模式，能够采用最先进的技术手段，大规模提供服务，生产率普遍提高。例如远程教育、慕课、远程医疗、视频会议、电子安保系统等，都使得以往必须现场提供的服务变为可以跨时、远距离甚至跨国提供。总体来看，服务业全行业生产率显著提高，有些甚至超出了现代制造业的水平，例如网络上的视频节目和文字信息可以极低成本地复制无数次，规模经济极为显著，效益递增几乎没有边界，任何制造业产品都无法与之相比。上述分析表明，随着信息技术特别是互联网技术的发展，服务业劳动生产率低的状况总体上已经改变。

1.2.3 服务业在全球价值链体系和国际贸易中发挥着越来越重要的作用

服务业在协调价值链活动和增加制造产品的附加值方面发挥着重要的作用。物流、信息传输服务业、商务服务是全球价值链顺畅运行的基本要素，促使了货物、信息的跨境流动，协调世界各地价值链的生产活动。全球价值链（GVC）中无存货生产需要高效、可靠的运输和物流服务，同时也需要技术认证和检测、法律服务和信息技术的支撑服务等。从一定意义上来说，如果没有运行良好的信息传输、计算机软件服务、物流、金融、保险、商务服务以及后勤服务等来协调和支撑工业生产和贸易，全球价值链将不可能存在。与此同时，中间贸易中服务产品日益增加，经济合作与发展组织（OECD）国家中的服务业产品约40%以上是其他行业的中间投入。国际贸易中货物贸易占主导地位，大约70%~80%的跨境交易都是货物贸易，但是全球价值链体系下，总值贸易统计实际上低估了服务业的份额。一是有形物质产品价值有很大一部分来自服务业，随着服务外包的增加，服务功能的成本可能占制造业企业成本的70%~80%；二是服务业增加值出口很大一部分隐含在制造业产品贸易中，尤其是一些不可贸易的服务产品主要是通过制造业、农业或采矿业产品间接出口，如本国法律咨询服务，一般很难直接跨境提供服务，而法律咨询服务被国内其他行业的出口企业广泛使用，法律服务增加值就可以通过这些企业间接出口。按照总值贸易统计方法，这些隐含服务业增加值出口都被统计在制造业等其他产品出口中，大大低估服务业增加值出口。最近有关贸易增加值（TIVA）的测算研究表明，OECD国家增加值出口中近45%来自服务业，而总值贸易统计中，服务业出口只占25%（OECD，2013）。

1.2.4 服务业主导产业融合发展

随着经济全球化和经济信息化的深入发展，新一轮的产业结构调整正在全球迅速展开。典型企业开始从依托制造业拓展到制造型服务，通过企业再造和并购重组，从销售产品的方式发展成为提供服务和成套解决方案的方式，进而开启由传统制造企业向服务提供商转型的局面，实现了制造业服务化的发展。制造业服务化是制造业与服务业融合发展的一种新型模式，是将企业价值链由以制造为中心向以服务为中心转变的过程。在技术创新与市场需求的共同驱动下，服务加速创新。传感器、高速无线网络、大数据、云计算和物联网等新一代技术趋于成熟并实现产业化，计算、存储能力向云端迁移，使对企业经营过程中产生的大量关于用户、供应商、生产过程的数据进行采集、深度分析和挖掘具备了可行性，制造企业依托新一代技术，通过创新生产组织形式、运营管理方式和商业模式，延伸服务链条，提供"生产+服务"的完整组合，实现竞争力的提高和价值增值。制造业领域的服务创新的实质是经济活动从以制造为中心向以生产性服务为中心转型。

1.3 服务业主导的现实选择

1.3.1 服务业主导与经济高质量发展

随着中国步入工业化后期，服务业以及生产性服务业比重仍会继续提高。因此，在中国经济发展进入新常态后，作为国民经济主体的服务业发展能否支撑中国经济中高速增长备受关注。李平、付一夫、张艳芳（2017）从经济增长的动力机制出发，通过对全要素生产率增长率（TFP 指数）的测算与分解，探索生产性服务业的部门技术进步与产业结构转换对全要素生产率乃至宏观经济增长的影响程度，从而试图找到生产性服务业可以作为未来中国经济增长新动能的证据。结果显示：生产性服务业较高的技术进步水平以及对资本要素和劳动要素较强的集聚能力，可以提升宏观经济总体全要素生产率，进而推动中国经济的可持续和高质量增长，完全可以成为新常态下中国经济高质量增长的新动能。生产性服务业促进中国经济可持续和高质量增长的机制有三个方面：一是生产性服务业的部门技术进步效应对总体 TFP 的贡献率始终为正且相对稳定，较高的技术进步水平推动了总体 TFP 增长，加之生产性服务业的 TFP 对本部门经济增长的贡献率比第二产业和生活性服务业都高，具有更高的经济增长质量，因此，提高生产性服务业的技术进步水平才能有效提升总体 TFP 增长率乃至实现整体宏观经济的提质增长。二是生产性服务业的结构转换效应对总体 TFP 的贡献呈上升趋势,对资本要素和劳动要素的集聚能力不断增强,同时考虑到生产性服务业较高的劳动生产率,生产要素流入边际产出较高的部门——生产性服务业,能够对宏观总体 TFP 起到促进作用,从而带动国民经济的高效增长。三是生产性服务业本身对经济增长的贡献率越来越高,在国民经济中的支撑作用越来越大,加上生产性服务业 TFP 对 GDP 的贡献率已超过第二产业,远高于生活性服务业,其对宏观经济发展质量提升具有突出作用。因此可以认为,生产性服务业凭借自身较高的技术进步水平与不断增强的生产要素集聚能力,以及越来越高的对经济增长和 TFP 的贡献率,已经是中国经济增长的重要力量,可以成为支撑中国未来经济可持续和高质量增长的新动能。

1.3.2 服务业主导与利益结构优化

迟福林（2015）认为加快服务业主导的经济转型,有助于利益结构和社会结构优化的新常态。一是发展服务业有助于提高劳动者报酬。2006～2012 年我国各省服务业占比与劳动者报酬占比之间的相关系数达到 0.97,服务业占比每提高一个百分点,劳动者报酬占比将提升 0.38 个百分点。如果我国服务业占比在"十三五"期间能够提高 10 个百分点左右,劳动者报酬有可能提高 3.8 个百分点,达到 50% 左右。这将扭转我国劳动者报酬不断下降的趋势,实质性优化国民收入分配格局。二是发展服务业有助于缩小城乡收入差距。初步估算表明,第三产业占比每提高一个百分点,城乡收入差距就缩小 0.014 个百分点。"十三五"期间,如果服务业占比提高 10 个百分点,城乡收入差距有望缩小 0.14 个百分点。三是发展服务业有助于扩大中等收入群体。从国际经验看,无论是金融、现代物流、研发等生产服务业,还是教育、医疗等生活性服务业,都具有培育和壮大中产阶层的巨大潜力。比如,伴随着服务业为主导的经济结构的形成,从 20 世纪 40～70 年代,美国白领阶层的规模在 30 年间扩大了 5 倍。从我国的现实情况看,虽然目前中产阶层的比重只占 25% 左右,但随着服务业吸纳就业和创造收入的能力不断提升,预计到 2020 年中产阶层的比重将可能达到 35%～40%。

1.3.3 服务主导与绿色发展

从国际经验看,生态环境状况与产业结构高度相关。发达国家在从中等收入阶段向高收入阶段迈进的过程中,通过从工业主导向服务业主导的经济结构转型,大大减轻了经济发展对资源环境造成的压力,较好地解决了生态环境治理的问题。从我国实际情况看,如果形成服务业发展的大格局,将极大地减轻资源环境压力。例如,服务业发展有助于降低能耗。2015~2020年如果第三产业占比能从48.2%提高到55%左右,按照2012年的GDP总量估算,能耗总量将从36.17亿吨标准煤下降到27.65亿吨标准煤。这意味着,通过产业结构调整,我国能源消耗总量一年将节约4.56亿吨标准煤,下降幅度达到14.16%。再例如,服务业发展对减排的作用同样显著。初步估算表明,如果第三产业占比从46.1%提高到55%,以2012年GDP总量估算,二氧化硫排放总量将从2117.6万吨下降至1731.41万吨,减幅达到18.23%。

1.3.4 服务业主导与扩大就业

从近两年的情况看,尽管经济下行压力不断加大,就业市场并未跟随经济增速回落而出现较大波动。重要原因在于服务业的快速增长,已经成为扩大就业的主渠道。2013年我国第三产业就业人员占比达到38.5%,自2011年首次超过第一产业且逐年增加,已成为最大的"就业稳定器",但与以美国为代表的发达国家服务业就业占比大多在70%~80%的平均水平相比,仍有较大差距。这表明,不仅服务业发展的潜力巨大,而且服务业吸纳就业的潜力更大。在我国,服务业增加值每增长1个百分点,将带来100多万个新增就业岗位。"十三五"期间,随着服务业主导的经济格局的形成,到2020年服务业领域就业人员有望达到4亿人,占总就业人员的50%。在大学生就业压力不断加大,大量在第一、第二产业的劳动力向第三产业转移的大背景下,必须依靠服务业的大发展,才能有效应对中长期的就业压力,逐步形成服务业吸纳新增就业的新格局。

1.3.5 服务业主导与现代产业体系

加快发展服务业，是构建现代产业体系的重要内容。从产业发展的沿革看，服务业始终与工农业是相互联系、相互促进的。服务业的兴起与繁荣是建立在工农业发展的基础上，同时又支撑了工农业发展。随着产业结构不断调整，现代服务业已经成为现代产业体系的前沿领域，是当代最重要最活跃的产业形态，对工农业发展的保障和促进作用越来越突出。推动工农业集约发展，取决于科技、信息、金融、商务、物流等生产性服务业的支撑和配套水平。要提高农业的综合生产能力，需要技术研发、产中服务、市场营销等专业化服务的支撑。可以说，没有现代服务业，就没有现代工业和现代农业。同时服务业形态的发展与变化，丰富了现代产业体系的内容。如连锁经营、物流配送、工程总包、服务外包、动漫产业等新的服务业态的不断涌现，深化了产业分工协作，提高了经济发展的质量和效益。当前，我国主要工农业产品产量位居世界前列，已经成为一个经济大国，但还不是一个经济强国，重要原因在于服务业与工农业的结合不够紧密，对产业的支撑能力不强。从这个意义上讲，发展服务业既是完善现代产业体系的主要方向，也是促进产业结构优化升级，增强国家竞争力的重要途径。

1.4 编写思路与结构安排

1.4.1 编写思路

2011年开始，作者先后为经济学专业本科生与研究生开设《服务经济学》课程，在《服务经济学》授课过程中主要讲授服务的微观经济分析与宏观经济运行，微观分析部分包括服务的均衡分析、服务的定价、服务的核算等内容，宏观经济运行部分包括服务业增长、服务业结构、服务业创新、服务业规制、服务贸易等内容，但授课过程中学生普遍反映希望进一步获取在网络信息技术、大数据、云计算、人工智能背景下，服务业如何变革与重塑的内容。所以在授课过程中逐渐融合了服务主导逻辑、报酬递增、价值网络、双边市场等基础理论，希望利用基础理论多视角的解释服务活动与服务业运行。

在教学的过程中，团队先后承担了服务业相关的国家社科基金项目3项、国家软科学重大合作项目1项，结合科研过程，团队也发现随着技术创新与需求升级，服务业企业的实践发生了深刻的变革，传统的服务经济与管理理论不能解释或者不能很好地解释领先企业的典型做法，部分假说需要重新验证，比如鲍莫尔—富克斯假说、服务业的自增强假说等，在授课过程中，通过论文的形式对部分假说进行了验证，得出了有别于传统结论的新的实证结果。

本书的基本思路是在对服务概念与特征再认识的基础上，发现服务活动的基础理论发生了改变，从商品主导逻辑向服务主导逻辑转变，从报酬递减向报酬递增转变，从价值链分解向价值网络重构转变，从单边市场向双边市场转变，在此基础上对服务业成本病理论、服务业自增强假说、生产性服务业与制造业耦合发展等服务经济基本问题进行了验证，并从全新视角解读了生产性服务业、服务外包的发展，最终基于新的理论视角与实证结论，提出在服务业主导下，中国产业结构优化升级的路径。

1.4.2 结构安排

本书试图对服务经济相关理论与实践进行系统解构，主要解构安排如下。

基础篇：基础篇主要分为3章，第1章介绍中国进入服务业主导的经济发展阶段，主要从产出比重、就业比重、贸易比重等角度分析服务业主导的表征，在此基础上剖析服务业主导的原因，并说明服务业主导是中国的现实选择。在此我们有必要系统学习服务经济与管理理论，并对本书的编写思路与结构安排进行说明。第2章通过服务经济与管理理论的演化过程的梳理，从商品—服务两分法、劳动价值论、效用论、供求决定论4个阶段，说明服务是否具有价值，以及价值由什么决定的问题。第3章服务概述，主要对服务的概念、特征与分类进行说明。基础篇作为本书后续部分的基础。

理论篇：理论篇主要分为4章，第4章从农业经济社会、工业经济社会、服务经济社会依托投入要素的变化，分析报酬递增从普遍性向特殊性转化的规律。第 5 章分别从依托要素、报酬方向、组织行为等角度分析从商品主导到服务主导的逻辑转变。第 6 章从价值创造的角度出发，分析价值创造由价值链向价值网络跃升的过程。第 7 章基于移动互联网、大数据、云技术、物联网等新一代网络信息技术大范围应用于融合的现实，介绍网络经济理论的基础、特征与策略。鉴于本书的篇幅有限只能将部分现代经济理论展现在本书中。

产业篇：服务业发展包括两个最基本的内容：一是总量的增长，二是结构优化与升级。第 8 章主要介绍服务业增长理论，重点利用全要素生产率测度，验证了鲍莫尔—富克斯假说。第 9 章对服务业自增强假说进行验证，对服务业与制造业的关系进行说明，并重点对生产性服务业与制造业耦合关系进行检验。第 10 章系统说明产业结构优化升级的核心——生产性服务业理论，并利用 WIOD 投入产出表，对中国生产性服务业发展的现状进行了总体概述。分工是经济增长的前提，第 11 章为了保障服务业增长，详细介绍基于成本优势基础上专业化分工的产物——服务外包理论。第 12 章在阐释生产性服务业与制造业集聚发展机理的基础上，介绍了如何通过产业集聚实现全球价值链攀升。

拓展阅读

GE 之路——通用电气的服务化转型[①]

通用电气（GE）是传统制造业的典型，通用电气的服务化转型成为"经济活动从以制造为中心向以生产性服务为中心"的典型案例。自美国通用公司在 2012 年提出"工业互联网"概念以来，对其业务结构进行的变革是整合重组，剥离了以往盈利能力较强的金融和家电等非核心业务板块，重新聚焦到高端制造业领域。GE 以工业互联网为中心不断加强软硬件整合，加快向制

---

① 韩娜. GE 之路——通用电气的服务化转型 [J]. 装备制造，2015（12）：5-12.

造业的服务化、智能化方向转型,并呈现出与以往服务化发展的不同特征。

一、GE 围绕工业互联网开展的业务变革

1. 强化核心板块业务

一是提升工业领域的软件服务能力。GE 在硅谷投资建立了自己的数据中心,为企业提供庞大的数据服务支持。2013 年,GE 以 1.05 亿美元注资云服务和大数据服务公司——Pivotal,为工业化产品和服务提供数据服务。GE 的软件中心也以 Pivotal 的多个技术作为标准来开发新应用,拓展互联网产业在工业领域的应用。2014 年 5 月,GE 收购加拿大的网络安全公司 Wurldtech,后者的网络安全相关服务既适用于炼油厂、输电网等复杂环境,也可应用于医疗器械、智能电表等单一设备。

二是弥补能源电力业务短板。2014 年 6 月,GE 以 123.5 亿欧元收购法国阿尔斯通的能源和输电业务,成为 GE 工业领域有史以来规模最大的一次并购。此外,两者还将组建各占 50% 股份的合资公司,以管理阿尔斯通未出售的电力设备资产。两者能源设备类似,在热电领域存在互补,在风电、水电领域也各有所长,不但契合 GE 在能源业务的全球化布局,更重要的是可以弥补 GE 在输变电业务的短板,使 GE 可以在此基础上加强能源管理系统的构建,优化能源系统设计。

三是加强医疗领域互联网融合。近年来,GE 不断推进工业互联网在医疗资源共享、预防性维护及资产优化等方面的应用。2014 年 1 月,GE 宣布收购医疗人力资源管理软件及分析解决方案提供商——APIHealthcare 公司,希望通过该收购为医疗机构提供实时数据监测,从而加强人员管理和患者的相互衔接。GE 开展手术室内各种手术流程中的决策和管理,利用软件、实时数据和强大的分析能力帮助提升治疗效果,不断推进医疗工业互联网生态系统的建立和医疗信息化进程。

2. 剥离出售非核心业务

一是进行去金融化。GE 拥有庞大的金融业务,一直是金融和工业融合发展的典范,金融业务甚至占到 GE 在 2014 年总利润的 42%。但随着金融风险的加大,GE 的金融业务也面临着愈加严格的金融监管压力。因此,GE 主动剥离金融部门大部分业务,从而降低对金融业务的依赖,进一步回归工业领

域。2014年，GE分拆了旗下金融信用卡业务以及消费金融公司；2015年3月，GE以62.6亿美元的价格将旗下金融子公司GECapital的澳大利亚和新西兰消费者贷款业务出售给KKR公司和德意志银行在内的金融财团；2015年4月，宣布将在未来两年内继续剥离3630亿美元的GECapital的大部分金融业务，以期更加专注于高端制造业。目前，对金融业务的剥离工作在加速进行中，但GE还会保留与航空、能源和医疗设备等领域相关的金融租赁业务，主要为工业部门提供必要的支持。

二是退出家电行业。2014年9月8日，通用电气宣布将退出家用电器行业，把旗下冰箱、洗衣机等在内的家电业务以33亿美元的价格转让给瑞典伊莱克斯公司，后者是欧洲最大的家电企业，美国第二大家电品牌。GE家电部门唯一保留的业务是照明业务，并注重该业务在智能终端等商业领域的应用和推广。同时还可以看到，其他电子电气巨头企业也纷纷退出家电市场。2014年9月，德国西门子公司与世博集团达成协议，后者以30亿欧元的价格收购西门子所持有的合资企业博世和西门子家用电器集团50%的股份。西门子从此彻底推出家电市场，主要业务将主要分布在工业、能源、楼宇、交通和医疗等领域。国际巨头纷纷淡化利润率低的家电行业，而选择那些利润和技术门槛更高的领域，GE也走上"去多元化"、专注发展高端制造业的发展方向。

3. 构建工业互联网联盟并广泛开展合作

2014年4月18日，AT&T、思科、GE、IBM和英特尔在美国波士顿宣布成立工业互联网联盟（IIC），以期打破技术壁垒，形成跨产业界的联动，通过促进物理世界和数字世界的融合，而释放所有工业领域的商业价值。思科为GE的软件提供可以运行的网络产品，英特尔的处理器与GE的系统进行集成，AT&T通过网络将火车、货轮和飞机引擎连入云端。2013年，GE与亚马逊开展合作，利用其全球基础设施、广泛的服务和大数据优势，提供面向工业应用和基础设施的云解决方案。2014年10月，GE还与软银、Verizon和沃达丰达成全球联盟，为工业互联网优化无线网络连接方案。

二、通用公司服务化转型的主要做法

1. 软硬结合实现服务增值

GE启动工业互联网战略，正是基于其在航空、医疗等领域的高端机器和设备的制造优势，这些硬件会产生大量的数据，通过将这些硬件接入互联网，使得物理资源优势转化成数据资源优势。GE通过在硅谷建立自己的软件和分析中心，同时不断地收购整合其他软件公司的技术，大大增强了对数据的分析和处理能力。GE将这些数据信息处理技术转化成工业互联网产品，以市场需求和行为为导向，致力于资产优化和运营优化，从而降低成本和提高生产效率。例如，GE除进行发动机制造外，还对全球的航空公司和航空货运公司提供服务，通过利用飞机性能数据、故障预测、恢复和规划，来提高飞机的效率。GE公司的设备目前拥有高达1600亿美元的服务合同，工业互联网产品的应用将为公司平均每台设备带来3%~5%的销售额增长，软件的销售额每年将增长15%。GE已构建起高端制造业的新商业模式，即向软件和服务化转型。

2. 着力打造开放式工业互联网平台

GE凭借其强大的业务整合能力，不断地用自身的技术去改善收购的业务，从而实现技术的快速发展。自2012年实施工业互联网战略以来，用了短短三年的时间就推出了工业互联网平台——Predix，甚至欲将其打造成工业互联网的操作系统标准，并预计在2015年将Predix软件平台向所有用户开放。该软件平台成为GE的工业互联网生态系统的重要载体，它将会降低企业采用工业互联网应用的门槛，允许安装各种不同的工业软件，将各种工业装备、设备，甚至是生产企业连接到互联网并接入云端，并提供资产性能管理（APM）和运营优化服务。为了进一步推广APM方案，GE还发布了Predix应用工厂（App-Factory），用于快速开发建模、实现和部署工业互联网应用。正是基于平台的开放性，将加快推进工业设备的互联网接入，推动Predix生态系统的完善，从而为GE带来更多的产品订单和服务需求业务。

本章小结

本章介绍了中国进入服务业主导阶段的表征，从产出比重、就业比重、贸易比重、产业融合、服务创新五个维度看中国已经进入服务业主导阶段。以服务业增加值和就业比重为标准判断我国是否进入服务业主导的经济结构，直观且具有一定的合理性。但服务业是否成为中国经济主导产业，不能单从表征的五维度来审视，还需进一步考察服务业现阶段一些本质特性的变化。服务产品的需求收入弹性比有形商品高，服务业呈现出高生产率特征，服务业在全球价值链体系和国际贸易中发挥着越来越重要的作用，服务业主导产业融合发展，基于上述四个原因客观分析了中国进入服务业主导阶段的理论支撑。由于经济高质量发展、利益结构优化、绿色发展、扩大就业、构建现代产业体系的需要，确立服务业主导的发展路径是中国的现实选择。

学术观察

（1）鲍莫尔——富克斯价值的检验，中国服务业"成本病"是否治愈，服务业高生产率特征仍需要有全面系统的数据积累和计量分析。

（2）中国经济增长的主导产业——服务业还是工业，仍需要多角度、多方法的实证分析。

参考文献

[1] 夏杰长，倪红福. 中国经济增长的主导产业——服务业还是工业？[J]. 南京大学学报（哲学·人文科学·社会科学），2016（3）：43-52.

[2] 李平，付一夫，张艳芳. 生产性服务业能成为中国经济高质量增长新动能吗[J]. 中国工业经济，2017（12）：6-21.

[3] 江小涓. 高度联通社会中的资源重组与服务业增长[J]. 经济研究，2017（3）：2-17.

[4] 迟福林. "十三五"推进服务业主导的经济转型[J]. 国家行政学院学报，2015（2）：14-20.

[5] 曾培炎. 把服务业发展成为国民经济主导产业[J]. 中小企业管理与科技，2008（3）：6-11.

[6] 韩娜. GE之路——通用电气的服务化转型[J]. 装备制造，2015（12）：5-12.

2 服务价值论

服务在经济总产品中的比重日益提高,既反映了经济结构的变化,也意味着人们的经济福利越来越取决于服务的数量和质量。但是,服务相对于一般商品的特殊性,使得对它价值的衡量至今仍是理论和实证研究的难题,对其价值和市场价格的理解也存在诸多疑问。关于服务厂商经营管理方面的研究,虽然可以避开这些难题,但从理论研究的角度却无法绕开,对于政策层面的研究也是基础性的问题。本章利用经济学的概念和原理,基于对服务本身性质的把握,对服务的价值和价格进行基础性探讨。

2.1 商品—服务两分法与服务价值

亚当·斯密总结之前的经济学思想,将经济学定义为财富性质与原因的研究,财富的形态、性质和源泉一直是研究的主题,这些均与财富内在价值的探讨有关。对财富的最原始理解可以有两种角度:一是生产角度;二是消费角度。前者侧重投入品、生产过程和成果,关注生产效率,这就需要投入品和生产成果的数量容易衡量,有形产品最容易满足这种条件;后者侧重消费者使用生产成果带来的满足,同样的有形产品对不同消费者具有不同的满足程度,同样的有形产品的不同数量对同一消费者也具有不同的满足程度,这给财富衡量带来了困难。更重要的是,现代经济的早期,经济发展水平较低,人类社会满足于基本生活需要,消费方面的差异较小,对生产方面的重视程度远大于消费方面。因此,对有形产品的重视就成为理解财富问题的传统。随着市场经济的发展,分工和交换的范围日益扩大,对财富的理解需要扩展到交换和分配方面。不同财富形态之间的交换，自然涉及它们之间交换比例确定的基础，使得理论兴趣进步扩展到寻找财富共性因素，这就是古典经济学把有形产品价值探讨作为核心的缘由，可见，从生产角度研究财富的生产和交换，决定了以有形产品为对象分析价值的古典经济学传统。

服务自古有之，但长期以内部提供和以生活服务为主。20世纪50年代之前，生产过程内部分工形成的协调等管理活动，如财务、人事、营销等职能部门提供的服务，属于内部提供方式，服务价值体现在所生产的产品中，这类生产者服务的内部提供，很容易使人们忽略服务的独立功能，并且不是通过市场定价，从而不可能对这类服务的价值给予关注。市场化的服务提供主要以生活服务为主，这类服务大多属于家庭内部活动的外部化，而长期以来，通常把家务活动作为消费内容，由于古典经济学是从生产成本角度界定产品价值，生活类服务的价值问题自然在他们的视野之外。

正是由于上述对财富和服务的理解，形成了古典经济学的商品—服务二分法，只有可储存的有形商品才构成财富的基础，而不可储存的无形服务不构成财富内容。这种基于物品形态的财富观，显然与经济发展水平和科学认知水平密切相关。工业化之前的传统社会中，土地和劳动结合生产的农产品既是人们的基本生活资料，也是主要的财富形式。工业化社会中，生活资料包括了大量的制造品，且储存性高于农产品，特别是生产中物质资本比重的日益提高，更强化了人们把财富与有形产品相联系的经验基础。这期间经济思想经历的重商主义，重农主义和古典经济学，其基本的区分就在于对财富形式的认识差异，重商主义认为，有形的金银才是财富，重农主义认为，农产品才是真正的财富，古典经济学则把财富范围扩大到所有有形产品，它们的共同观点是，有形性和可储存性是财富的基础，这种性质的产品才能构成财富的内容。

基于财富形式的商品—服务二分法，其理论基础在于生产性劳动与非生产性劳动二分法。亚当·斯密（1776）对生产性劳动与非生产性劳动作出经典的区分，他提出两种标准：一是与价值创造有关的标准，即创造价值的劳动属于生产性劳动，不创造价值的劳动属于非生产性劳动；二是与交换相联系的标准，即与资本交换的劳动属于生产性劳动，与收入交换的劳动属于非生产性劳动。实际上，这两种标准是统一的，都与区分物品的物质形态相联系，财富化价值总是与有形物品联系，无形的服务不能储存从而不能成为财富。由于价值与生产性劳动、可储存的有形产品相联系，从这个意义上说，服务没有价值。

服务不生产价值，但服务劳动者要得到报酬，这种报酬只能来源于利润或地租收入。亚当·斯密指出，一国总产品生产出来后就自然分成两部分：一部分用来补偿资本；另一部分以利润或地租形式成为资本所有者和土地所有者的收入。用来补偿资本的那部分总产品只是为了维持生产性劳动者，利润或地租形式的收入，既可以用来维持生产劳动者，也可以用来维持非生产劳动者，而用来维持非生产劳动者的那部分总产品，意味着从资本中撤出，转化为直接消费的资产，不再对财富生产发挥作用。因此，不仅服务劳动本身不创造财富和价值，而且用于支付服务劳动的报酬，也可能占用生产性劳动的资本，从而损害经济增长。

古典经济学基于二分法对服务性质和服务价值的认识产生了长远影响，特别是将服务劳动等同于非生产性劳动，使得对服务和服务业在经济中地位的认识，一直无法与经验事实相一致，表现为服务业已经在经济中处于绝对支配地位的条件下，仍然把服务业作为制约经济增长的因素，即使在理论上已经舍弃掉二分法和非生产性劳动概念的情况下，仍然具有潜在的影响。

首先，商品—服务二分法是基于劳动成果的物理形态差别直接界定其内在性质差别，这种区分方法在逻辑上有问题。商品和服务作为经济物品，它们的共同特征是，其取得过程需要耗费资源，同时能够满足不同的需要，所以，无论是按照古典劳动（成本）价值论，还是按照后来的（边际）效用价值论或者均衡价格论，服务与有形产品一样具有价值，只是价值形成和最终实现方式的不同，服务的价值形成与其最终实现是同一过程，而有形产品的这两方面可以分离，与此相关的是服务不可储存和运输，似乎与物质财富的性质相去甚远，这是二分法观点认为服务没有价值的更直接原因，从亚当·斯密的思想看，对服务是否有价值实际上有些自相矛盾，他一方面指出"家仆的劳动，亦有它本身的价值，像工人的劳动一样，应得到报酬"；另一方面又指出"家仆的劳动，却不固定亦不实现在特殊物品或可卖商品上。家仆的劳动，随生随灭，要把它的价值保存起来，供日后雇佣等量劳动之用，是很困难的。"可见，从服务提供过程来看，对其有无价值，亚当·斯密并不十分确定，但从服务不可储存特性看，他毫不犹豫地认为服务没有价值，因为可储存性正是财富的最直观特性。

实际上，服务的可储存性只是形式不同于有形产品，主要体现在其效用的持续性上。例如，教育服务提供的知识和技能，转化为学习者的永久性能力，也就是人力资本，运输服务提供的位置移动，体现为物品效用的实现，或者旅客效用的获得，金融服务体现为客户金融资产的价值或形式变化等，这些均是服务的储存。有形产品的储存虽然表现为产品形态的持续性，但实质上仍然是其效用。

其次，生产性劳动和非生产性劳动的区别在经济学中一直存在争论。亚当·斯密是从资本积累的角度讨论生产性和非生产性劳动，一方面，如果一定时期总产品"用以维持非生产性人手的部分越大，用以维持生产性人手的部分必越小，从而次年生产物亦必越小……除了土地上天然出产的物品，一切生产物都是生产性劳动的结果"。另一方面，"资本增加的直接原因，是节俭，不是勤劳。诚然，未有节俭以前，须先有勤劳，节俭所积蓄的物，都是由勤劳得来。但是若只有勤劳，无节俭，有所得而无所贮，资本绝不能加大"。因为节俭下来的收入通常用于雇佣生产性劳动者，他们不仅再生产他们消费掉的价值，而且提供利润。总收入中用于雇用家仆消费掉的部分，是维持非生产性劳动，不能再生产出消费掉的价值，一切的奢侈性消费均是如此，这类消费越大，意味着节俭动机越弱，资本积累越小，财富增长必然越慢，而非生产性劳动规模是决定奢侈性消费的原因。

可见，亚当·斯密的推理中，总收入中用于生活性消费的部分都会影响资本积累，生产这类物品均是非生产性劳动，无论是有形产品还是无形服务，只是他特别强调基本生活消费之外的所谓奢侈性消费，在经济发展水平较低阶段，这类消费通常是由佣人和相关专业人员如牧师、厨师、理发师等提供，属于消费类服务，这类服务对资本积累没有作用，并且花费在这类服务上的收入越多，可用于资本积累的收入就越少，提供这类服务的劳动者不能对资本积累有所贡献，正是从这个意义上说，提供这类服务的劳动属于非生产性劳动，不创造价值。

后来的经济学家对亚当·斯密的非生产性劳动界定有不同看法，但对其非生产性劳动不创造价值的观点基本上都是接受的，不过，他们均忽视了亚当·斯密是从资本积累角度来界定非生产性劳动的，只是把提供消费服务的劳动作为非生产性劳动的代表，亚当·斯密从来没有把所有服务提供均作为非生产劳动，他在讨论资本的各种用途时，把农业投资、工业投资、批发商业投资、零售商业投资作为并列的四种资本用途，"这四种投资方法，有相互密切的联系，少了一种，其他不能独存，即使独存，亦不能发展"。可见，商业作为当时主要的服务业，其中的劳动一定属于生产性劳动。同时，亚当·斯密也把货币作为社会资本的一部分，经营货币业务的银行等金融服务方面的劳动，自然也属于生产性劳动。因此，把服务与非生产性劳动相联系，证明服务不创造价值是对亚当·斯密的误解，遗憾的是，这种误解一直延续至今。

最后，关于价值形成（创造）阶段的理解，马克思作了最明确的区分。他认为购买阶段是为价值形成做准备，销售阶段是价值的实现，只有生产阶段才形成价值。购买和销售阶段合称流通过程，流通过程中处理商品使用价值的劳动是生产在流通过程的延续，如产品包装、运输、保管等活动，这些劳动也形成价值，流通过程中单纯为实现商品价值形态变化的劳动，如商业店员的劳动是不创造价值的。实际上，对价值的上述理解过于狭隘，应该说，整个过程的所有阶段协同劳动形成（创造）了价值，只是不同阶段的劳动成果形式不同，在企业内分工条件下，不同阶段协同劳动形成的价值体现在最终产品上，如果不同阶段的分工实现了社会化，即不同阶段独立为市场交易单位，它们的劳动成果有的表现为无形的服务，有的表现为有形的产品，但所有劳动均是创造价值的劳动。

2.2 基于劳动价值论的服务价值

劳动价值论是古典经济学的基础理论，通过马克思的逻辑化，其科学性质得到了提高。马克思从区分商品使用价值和交换价值出发，探讨不同商品按一定数量比例交换的内在基础，指出生产商品的不同类型，不同复杂程度的具体劳动，通过一定的抽象和折算，可以通过约成同样的劳动时间（抽象劳动），构成商品交换的基础和基准，正是这种同质的抽象劳动决定了商品的内在价值，通过区分具体劳动和抽象劳动，从逻辑上有效解释了商品使用价值和价值的二重性，这就是马克思的劳动价值论思想。

由于时代的特征，将商品的形态唯一化为实物形态，而将服务这种商品的非实物形态与商品分离开来，形成所谓的商品—服务二分法，并与生产性劳动和非生产性劳动相联系，将生产性劳动与实物形态商品相联系，进而与价值形成相联系的狭隘价值劳动论。实际上，商品可以表现为实物和非实物两种形态，服务是商品的非实物形态，提供服务的劳动与生产实物商品的劳动一样，均是具体劳动和抽象劳动二重属性的统一，具体劳动创造出具有特定用途的服务，即使用价值，如餐饮服务、运输服务、信息服务、中介服务等，抽象劳动是凝结在这些服务之中的同质无差别劳动，形成服务的价值。因此，根据时代发展的特征，对商品形态的概念稍加扩展，就可以将劳动价值论的原理扩展到服务的价值形成和决定上来。

从理论上将劳动价值论向服务品扩展，关键是要对生产性和非生产性劳动的区分进行重新认识。对生产性和非生产性劳动的理解，古典经济学家之间存在差别，亚当·斯密从商品形态上，将生产有形和可以储存的实物形态商品的劳动称为生产性劳动，将提供无形和不可储存的服务的劳动称为非生产性劳动。马克思从价值增值角度，将生产与资本交换的商品的劳动称为生产性劳动，将与收入交换的商品的劳动称为非生产性劳动。可见，对劳动的生产性与非生产性区分在逻辑上存在混乱，其原因在于这种区分并不能反映现实的内在必然性。生产性和非生产性的区分仅仅适用于使用价值的区分，如果具体形态的物品或服务作为再生产过程的资本品，包括固定资本、原料和工资等，生产这类物品或服务的劳动属于生产性劳动；如果具体形态的物品或服务用于最终的生活消费，生产这类物品或服务的劳动属于非生产性劳动。而不论生产性或非生产性劳动，在抽象劳动的意义上均是同质的，都凝结为物品或服务的价值。由于在逻辑上没有将具体劳动和抽象劳动二重性与生产性和非生产性劳动两方面的关系界定清楚，导致了长期以来在服务价值决定上的认识偏差。

服务具有使用价值和价值的二重性。实物形态的物品和非实物形态的服务均是商品的范畴：第一，均具有物理上的具体用途；第二，均是由劳动者使用具体的生产投入品，通过相关的工艺过程生产出来；第三，均构成社会财富的内容。值得说明的是第三点，亚当·斯密将社会财富等同于有形的、可储存的物品，而将无形的、不可储存的服务排除在财富之外，并认为如果一个社会的总资源配置在服务生产上的比例越大，意味着其财富规模将越小。实际上，这里亚当·斯密对财富的理解过于狭隘，对于社会而言，建造一幢大楼或生产出大米，意味着形成财富，同样，教育服务提升了学生能力也是形成财富，即使是生产和消费同步的生活服务，也满足了服务购买者的需要，尽管无形且不能储存，同样是财富的增加。因为不论何种类型的财富，最终必须在满足需要的意义上才构成财富，实物形态的物品和非实物形态的服务只是在满足需要的方式上有所区别，在财富的性质上并无差别。有形且可储存的实物形态物品，如果最终不能满足某种需要，也不是真正的财富，而是废品或资源浪费。

从劳动价值论的逻辑来说，服务的价值属性来自生产或提供服务品的抽象劳动，这种劳动是一种同质的劳动，即不同复杂程度劳动经过折算后的劳动者体力和脑力消耗，相应的价值量的核算基准就是劳动时间，但决定价值量的不是个别劳动时间，而是社会必要劳动时间，即在正常技术条件下，在社会平均劳动强度下，生产某种服务品所消耗的劳动时间。个别生产者的平均劳动时间与社会必要劳动时间偏离，意味着个别生产者技术水平、劳动强度和生产效率的差别，由此形成的竞争导致服务提供者在市场中的进入和退出，也意味着资源的重新配置，这就是价值规律的作用。

凝结在服务价值中的抽象劳动包括劳动者体力和脑力的形式，不同时代的意义在于，生产同种服务的体力和脑力劳动比例的变化。发展趋势是所有服务价值中脑力劳动的比重逐渐提高，同时，脑力劳动密集型服务品在经济中的比重逐渐提高，知识型经济一方面体现为服务相对于实物形态物品的比例越来越高；另一方面也表现为脑力劳动在商品价值中的比重提高。随着社会分工的扩展和深化，凝结在服务价值中的抽象劳动越来越多地体现为"局部工人"的组合。一种完整服务的提供经过不同环节完成，意味着不同环节抽象劳动的组合，服务价值可能越来越多地是位于不同区位的不同个人联合劳动的结果，这样提高了服务劳动的生产率，从而构成服务价值和价格降低的条件，也提高了服务的质量。

2.3 效用论与服务价值

效用价值论大致是与劳动（成本）价值论同时出现的观点，甚至更早。大致可分为两个阶段：客观效用价值论和主观效用价值论，前者从商品的物质用途界定效用，即商品的使用价值决定效用；后者依据消费者对商品的主观评价界定效用，即人们对商品的评价决定价值。

萨伊（1815）较早将客观效用价值论系统化，他把效用等同于物品的客观用途，产品价值与其效用有关，"人们所给予物品的价值，是由物品的用途面产生的。……当人们承认某种东西有价值时，所根据的总是它的有用性。……现在让我把物品满足人类需要的内在力量叫作效用。我还要接下去说，创造具有任何效用的物品，就等于创造财富。这是因为物品的效用就是物品价值的基础，而物品的价值就是由财富所构成的"。物品的效用也是人们愿意进行交换的原因，如果一种无形的服务，虽然一经提供就被使用者立即消费，如果该使用者愿意以有价值的有形产品与之交换，意味着这种无形服务也具有效用，从而具有价值，所以，基于效用价值论，不存在服务是否有价值的疑问。

但是，效用价值论内含一个价值悖论，即效用大的物品其（交换）价值可能较小；反之，效用小的物品其（交换）价值可能较大，这就是经济学史上著名的水和钻石比较的"价值之谜"，水的效用大而其（交换）价值小，钻石的效用小而其（交换）价值大。面对这个"价值之谜"，亚当·斯密认为，使用价值或效用不能决定价值，只能由生产商品耗费的劳动或商品交换中购得的劳动决定价值，从而放弃效用价值论，之后的李嘉图、马克思均沿着这种劳动价值论对经济学作出了自己的贡献。

19世纪70年代，边际效用理论解决了上述的价值悖论，发展了效用价值论。与以前的效用论不同在于，边际效用论将商品效用与使用者的主观评价相联系，对某种商品的效用评价，随着拥有该商品数量的增加而递减，这称为边际效用递减规律。边际效用的大小决定了某种商品的价值，所以，商品价值的高低与其稀缺性相关，即需要量一定的条件下，某种商品的稀缺性越高，边际效用也越高，从而其价值越高。正是由于水的稀缺性远小于钻石，其边际效用自然远低于钻石，其价值也就较低。

与劳动（成本）价值论从生产和供给角度探讨价值决定的不同，效用价值论侧重从需求角度讨论价值的决定，丰富了对价值的理解。价值是与商品交换相联系的社会现象（马克思，1867），必然涉及交换双方的行为，仅从生产或供给方的资源耗费确定价值，只是简单地投入产出技术关系，如果某种商品不为消费者需要，对其效用评价为零，它不可能购得相应的商品，虽然耗费了劳动却不可能有价值。

给定生产或提供过程中的劳动耗费，商品或服务只有在满足消费者需求或使消费者受益时才有价值，从这个意义上说，价值就是商品或服务用于满足消费者需求的能力，由于边际效用的大小取决于主观评价，对某一种商品，不同的人评价不同，同个人对同一种商品的不同数量也有不同评价，这似乎意味着商品价值是不确定的。但是，第一，这种评价标准是客观的，就是个人增加这种服务消费而放弃的其他消费的最大可能收益，即依据机会成本作出的评价；第二，不同人的评价反映了他们的保留价格，即相应需求量水平上的最高出价，不同消费者的保留价格恰好形成了该商品或服务的市场需求曲线，这种需求曲线综合了消费者收入、偏好、服务价格、其他替代品价格等所有影响需求因素的作用。

从经济学角度来看，服务是指经济活动主体为获取收益而提供的、用于市场交易的、给接受者带来效用的活动，它与一般商品一样，均能满足消费者的不同效用，均需要通过市场实现其价值，因此也可以称之为"服务商品"。从理论上说，任何能够满足需要的客观对象均有两种形态：一是静态的使用价值，消费者通过消费产品本身获得效用，它通常就使用"商品"这个名称；二是运动状态的使用价值，消费者通过消费劳动过程获得效用，它通常就使用"服务"这个名称。从国民经济的层次看，商品和服务均作为国民总产值或总收入的组成部分，区别在于，服务通常具有非实物性、生产和消费过程的同一性、不可储存性等特点，服务作为劳动过程具有客观的使用价值，但不表现为静态的物品，服务消费者所消费的不是服务提供者的有形劳动成果，而是整个劳动过程，一般商品交换是所有权的让渡，而服务却包括使用权让渡引起的使用价值转移所产生的效用，这种增加的效用就作为服务的收入。因此，效用论可以对商品和服务的价值给出统一的解释，它从消费者角度进行进一步的深化理解，哈克塞弗等以此归纳出服务价值模型，将感知质量、内部属性、外部属性、时间、货币价值以及非货币价值等作为服务价值的组成部分，如图2-1所示。

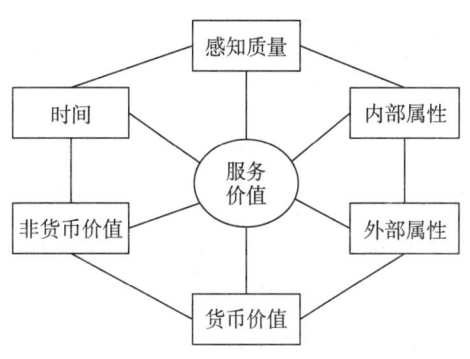

图 2-1　服务价值模型

感知质量强调满意度对服务是最重要的，并且只有消费者感觉到了，服务质量才能存在，即服务质量的核心是质量存在于消费者的感觉中。内部属性是服务向消费者提供效益，包括核心服务和补充服务。外部服务是与服务相关的所有心理上的收益。货币价值是消费者为获取服务所要支付的全部费用，服务的价格较低而不影响服务质量，就意味着给消费者创造了更大的价值。非货币价值是消费者为获得服务必须付出的其他代价。时间包括获得服务需要的时间、服务使消费者节约的时间和服务效益持续时间。从服务厂商来看，依据这种服务价值模型，可以有效地设计和开发服务,并建立适当的服务传递体系,为消费者创造价值,这是厂商经营战略的核心。

2.4 供求论与服务价值

服务可以分为两类:一类是传统的自我服务,包括家庭内部和厂商内部的服务提供,它们有时作为生活的一部分,或者作为整个经营过程的具体职能,由于这类服务不通过市场交易实现,故无须考虑其价值和价格问题;另一类是通过市场交易完成的服务过程,这类服务的价值决定既涉及供求关系,也涉及资源配置和收入分配,在服务经济理论研究中具有基础性作用。

服务的提供者和需求者对同一服务过程具有不同的评价,并依据各自的评价确定相应的服务提供量和服务需求量。对提供者而言,需要考虑提供该项服务所使用的资源用于其他方面可能得到的收益,也就是提供该项服务的机会成本,决定这种机会成本高低的因素很多,依据机会成本和服务销售价格的比较,决定不同的最优提供量。对需求者而言,需要考虑购买这项服务时,每单位支出的边际效用,是否等于购买其他商品的单位支出边际效用。这是效用最大化的等边际条件,为保持该条件始终成立,消费者会根据服务价格的变化调整其最优购买量。

供求论从买卖双方的相互作用角度研究价格(价值)决定,以均衡价格代表价值:第一,综合了成本和效用两方面的因素,真正反映了价值作为一种交换关系的概念;第二,需求和供应均基于相应主体的最优化行为,这种均衡价格也反映了交易结果的福利性质;第三,与均衡价格形成相联系的竞争行为,在不同市场结构下具有不同的性质,为分析实践中不同价格策略提供了逻辑一致的工具。因此,供求均衡价格论是一种比较完善的价值理论,利用它来讨论服务价值是较好的选择。服务作为买卖双方交易的对象,尽管具有不同于有形产品的诸多特殊性,但提供方需要耗费资源并通过服务提供获得收益,购买方需要支付费用并通过服务消费获得效益,这是相同的。因此，市场上的服务需求量由客户的评价和为获得该服务愿意付出的代价决定，服务供给量则取决于厂商能获得多少收益以及相应的供应成本。

首先分析服务市场的需求方。假定服务市场上有 n 个顾客，顾客 i 购买的服务量为 y，由购买获得的效用为 $u(y)$，随着 y 购买量增加而增加的边际效用 $\partial u(y)/\partial y$，可看作是顾客为得到 y 单位服务而愿意支付的价格，通常假定 $u(y)$ 是严格递增的凹函数，顾客实际支付的价格为 $p(y)$，这时顾客将在收入 m 约束下实现效用最大化，即

$\max u(y)$，受约束于 $py \leqslant m$

在效用函数性质给定和预算集属于非空、闭合、有界的条件下，在预算集上 $u(y)$ 的最大值存在，并且由于预算集是凸的，效用函数是凹的，$u(y)$ 的极大值唯一。对上述规划问题构建拉格朗日函数，有

$$L(y,\lambda) = u(y) + \lambda(m-py)$$

$$\frac{\partial L}{\partial y} = \frac{\partial u(y^*)}{\partial(y)} - \lambda^* p = 0$$

$$\frac{\partial L}{\partial y} = m - py = 0$$

这样可以获得单个顾客的最优服务需求量 y^*，它是价格和收入的函数，即 $y^* = f(p, m)$，这个最优解一定满足等边际条件，即不同服务的边际效用与各自价格之比一定相等，这意味着某种服务的这种比值大于（或小于）其他服务时，通过增加（减少）该种服务的需求量，可以在收入不变的条件下增加效用。

假设等边际条件满足，这时顾客对不同服务需求处于最优水平，现在如果某种服务的价格下降，该种服务边际效用与其价格的比值必然大于其他服务的比值，等边际条件被破坏，收入和其他因素保持固定时，通过增加价格下降的服务的购买量，可以增加效用，直到等边际条件重新恢复，所以，服务需求量必然与自身价格呈反向关系，这就是标准的需求曲线，在每个可能价格水平上，将 n 个顾客的需求曲线横向加总，就可以获得某种服务的市场需求曲线，如图 2-2 所示。

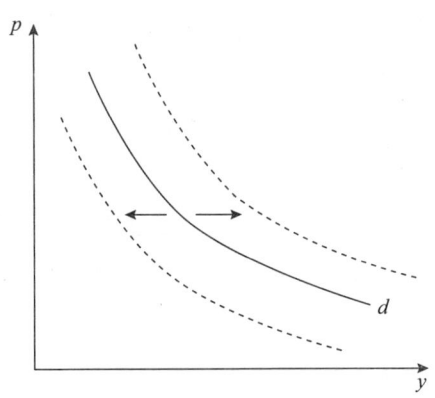

图 2-2 服务需求曲线

某种服务的市场需求曲线反映了其他因素不变时，该种服务需求量变化与自身价格变化的反向关系。对需求曲线可以从两方面理解：一方面，需求曲线上的每个购买量，均是某个价格上使顾客效用最大化的购买量；另一方面，需求曲线上的每个价格，均是某个购买量上顾客的意愿支付价格，也就是他对服务评估的价值。

当然，决定服务需求量的因素有很多，除了自身价格之外，还有消费者的收入水平、顾客的偏好、其他相关商品和服务的价格等。需求曲线是在假定价格之外的其他因素给定条件下得到的，但并不意味着其他因素不重要，更不能在实际分析中忽略价格之外的因素。价格变化导致的需求量变化表现为沿着需求曲线移动，价格之外其他任一因素的变化，则表现为需求曲线位置的移动，如图 2-2 中的虚线所示。

其次分析服务市场的供给方。假设一个厂商提供某种服务的量为 y，在市场上销售的收入为 $r(y)$，其经营成本为 $c(y)$，收入与成本的差额为该厂商获得的利润，且厂商经营目标是力图实现利润 Π 最大化，所以，服务厂商的问题是：

$$\max py-wx，受约束于 f(x) \geq y$$

其中，$f(x)$ 是连续、严格递增且严格拟凹的生产函数，并且 $f(0)=0$。由于生产函数严格递增，可以用等式替代约束条件的不等式，最大化问题可改写为

$$\max pf(x)-wx$$

求解该无约束最优化时,要求一阶条件等于零,即

$$p\frac{\partial f(x^*)}{\partial x_i}=w_i,\text{对于每一个 }i=1,\cdots,n$$

最优点的要素投入量要满足边际收益产品等于要素价格,它也是厂商成本最小化的投入条件,这意味着利润最大化要求生产中的成本最小化。求解以下的最大化问题,可以得到厂商的供给函数,即

$$\max py-c(w,y)$$

如果 $y^*>0$ 是最优产量,其内解的一阶和二阶条件分别是:

$$p-c'(y^*)=0,\text{或 }p=c'(y^*)$$

$$c''(y^*)\geqslant 0$$

供给函数给出每一价格下的利润最大化产量,所以,$y(p)$ 必须满足一阶条件 $p=c'(y(p))$ 和二阶条件 $c''(y(p))\geqslant 0$。相应地,以 $p(y)$ 表示反供给函数,表示厂商为获利而提供的一定产量的价格,即 $p(y)=c'(y)$,只要 $c''(y)\geqslant 0$。供给函数和反供给函数反映了相同的关系,即产出价格与利润最大化供给量之间的关系,只是以不同的方式来描述。竞争厂商的供给如何对产出价格变化做出反应?通过对 $p=c'(y(p))$ 求关于 p 的导数,有:

$$1=c''(y(p))y'(p)$$

由于 $c''(y)>0$,所以 $y'(p)>0$,即竞争厂商的供给曲线具有正斜率。将行业内所有厂商的供给曲线横向加总,就可以得到市场供给曲线,如图 2-3 所示。同样,某种服务的市场供给曲线也是在假定价格之外其他因素如成本、技术等给定条件下得到的,价格变化导致的供给量变化表现为沿着供给曲线移动,而价格之外其他任一因素的变化,则表现为供给曲线位置的移动,如图 2-3 中的虚线所示。

最后分析服务市场的均衡。市场供给函数反映任何价格下某种服务的总供应量,市场需求函数反映任何价格下某种服务的总需求量,均衡价格是需求量等于供给量时的价格,如图 2-4 所示。p^* 之所以是均衡价格,是因为任何不等于 p^* 的价格上,供求量不相等,经济主体会发现改变行为会有利可

图,这意味着该价格是不稳定的,随着经济主体行为调整和价格调整的不断反馈,最终在 p^* 的水平上达到稳定。在均衡价格水平上,买者和卖者均达到最优,这时也意味着买卖双方各自福利和共同福利达到最大化,就是均衡供求量 y^* 时,实现了需求曲线以下消费者剩余和供给曲线以上生产者剩余之和的总剩余最大化。

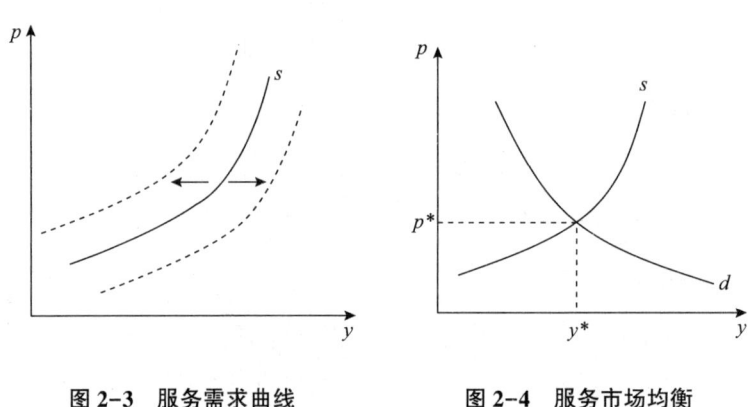

图 2-3　服务需求曲线　　　　图 2-4　服务市场均衡

可见,基于供求论的价值决定,既考虑到服务提供过程的成本因素,也考虑到消费服务的效用评价,充分反映了价值体现的社会交换关系,并且均衡价格对应供求相等的市场结清状况,所以,这时的市场价格既反映了某种服务提供过程的效率性,也反映了该服务在总资源配置中的效率性,即综合了服务提供和消费中的技术效率与配置效率,从这个意义上来说,服务的供求均衡价格论是一种恰当的价值理论,既能准确反映服务的内在价值,又能给服务的市场定价提供合适的基准。

根据均衡价格论,可以使用比较静态方法讨论某种服务的市场价格变化原因,既可以定性地预期影响需求或供给的价格之外某种因素变化,如何影响均衡价格、市场价格和均衡供求量,也可以提供供求弹性预期影响程度。例如,某项因素变化导致需求曲线向右移动,在供给不变的条件下,将使均衡价格上升和均衡供求量增加;反之,如果某项因素的变化导致需求曲线向左移动,在供给不变的条件下,将使得均衡价格上升和均衡供求量减少。如果某项因素变化导致供给曲线向右移动,在需求不变的条件下,将使得均衡价格下降和均衡供求量增加；反之，如果某项因素变化导致供给曲线向左移动，在需求不变的条件下，将使得均衡价格上升和均衡供求量减少。预期或分析某种服务的价格变化趋势，单纯从成本或单纯从需求某一个方面看，往往显示出与经验不符合的情况，只有结合供求两方面的综合考虑，才能给出合理的解释和判断，古典劳动（成本）价值论和（边际）效用价值论正是由于这方面的缺陷而被均衡价格论所代替。

拓展阅读

活数据——流动创造价值[①]

到底怎么帮助一家企业在数据方面取得足够的成功，怎样去利用数据智能真正把自己的企业变成一个精准商业的模型？

我们重点介绍一个在实操方面很有价值的新概念，叫作"活数据"。我们听到比较多的一个概念叫"大数据"。"大数据"对于描述扑面而来的海量数据有很大的帮助，大数据的标准定义是由英文的四个词组成的，对应中文的意义是大量、多样、快速、高质量。但是这四个词是在描述一个事实，描述数据的大和快，它并不能帮助我们更好地做商业决策，那么，到底怎么用数据？

我们发现，"活数据"这个概念能帮助大家更好地把数据用起来。"活数据"有两个概念：第一，数据是活的，即数据是在线的，可以随时被使用；第二，数据必须是被活用的，也就是说数据是在不断地被消化、处理，产生增值服务，同时又产生更多的数据，形成数据回流。

下面介绍"活数据"的几个重要特点。第一，"活数据"是全本记录而不是样本抽查。虽然按照统计方法一个随机样本可以相当程度上推导出全局的特征，但是商业的环境是动态的、不断变化的。一个隔很长时间才收集到的样本，无论如何也只能描述静态的一部分。传统时代收集数据是很困难的，

---

① 曾鸣. 智能商业 [M]. 北京：中信出版社，2018.

首先要提出问题，其次要设计问卷调查，再次去找人专门填问卷，最后才能收集到一些数据。互联网的第一步是连接、是在线，用户的行为在互联网上都能留下清晰的印迹，而这些行为都会被直接记录下来。淘宝并不需要去抽样调查，去问客户对淘宝的服务是否满意。淘宝所有的用户，他们每一次上淘宝，所有的行为都会被记录下来，他们看了哪些商品，在某一个商品的详情页上停留了多久，他们最后购买了什么，这些数据都会自动地记录下来。所以"活数据"的一个前提是数据记录的成本大幅下降。

第二，先有数据后有洞察。以前的调查方法都是先要制定一个问题，你想了解一个什么问题，想测试某一个假设，那么你就要根据那个问题去收集相关的数据。这中间最麻烦的是，只要你发现自己遗漏了什么，或者你想问什么新的问题，几乎就必须一切重来，再去收集相关的数据和信息。但是在"活数据"时代，整个做法是颠倒过来的。我们重视的是相关性而不是因果性，而且由于数据存储和计算的成本足够低，我们可以把所有相关数据都记录下来，然后在业务的发展过程中去看哪一些数据的使用能够给我们带来帮助，帮助我们重新去做商业决策。先有数据记录，然后才有分析和洞察，最大的好处是避免了事后希望了解某些问题，然后再重新设计问卷、收集数据，这样的传统方式所带来的巨大成本。

第三，数据要被活用。数据就是决策，或者说数据智能的引擎机器要直接做决策，而不是传统的利用数据分析来支持人的决策。只要是数据被用来支持人的决策，"活数据"的闭环就断线了。大家到淘宝上输入一个关键词搜寻你想要的商品，那么你会看到什么和你的第一次点击之后能看到什么，这些其实都是机器在做的，没有任何人的干预，是数据智能的算法自动形成的，如果靠人来完成这样的决策几乎是不可能的。

这三个特征结合在一起就是反馈闭环的概念，"活数据"让整个反馈闭环能够跑起来。

数据智能的落地。业务进行的时候会产生数据，数据被记录下来，数据被算法处理，然后直接形成决策，指导你的业务，再通过客户反馈不断地优化决策。这样，整个企业的业务发展就走上了"活数据"反馈闭环的正循环，即走上了智能商业的发展道路。

第二个非常重要的概念是，活数据一定是要直接让机器来做决策的，不能够让人来做决策，因为只要人做决策它就会形成一个闭环的短路。举个例子，很多企业不太理解数据工程师跟BI分析师的差别。BI就是Business-Intelligence，也就是所谓商业分析部门，它们最核心的工作是分析数据，但是它是把数据分析成一个个报告，然后支持高管做决策。他们的数据是离线的，目的是支持决策。但真正的"活数据"一定是要用数据本身产生的洞察来直接变成商业的决策。

举个例子，如果我们给淘宝的卖家后台不断地推送数据分析报告以帮助他们实现数据化运营，会发现这些报告的使用率非常低。因为大部分的卖家并不知道怎么用这些数据分析报告，而且产生的实际效果也不好。其实卖家真正需要的不是去理解这些数据，而是让数据直接帮助他们更快更好地做决策，让他们的整个运营效率有一个质的飞跃。所以我们第一个比较成功的产品就是给卖家的后台装了一个行动按钮，按一下这个按钮，整个店铺的陈列展现会被自动优化，自然会带动销售额的提升。对于卖家来说，按一下这个按钮，就会得到决策。这就是淘宝的后台通过"活数据"的运营，对海量数据的算法分析，智能化地帮助卖家自动优化店铺展现。但是如果这个决策不是由数据、由机器直接做的话，它是达不到这个效果的。

要想让自己的企业智能化，有很重要的两步：第一步，是看以前强调的你的核心业务是否在线化；第二步，你的业务环节中间有没有任何一个环节可以被机器决策所取代，而不再是人做决定。只要做到了这两步，不管企业的大小，也不管所在的领域，这就会是一个互联网时代的新物种，就能踩上智能商业的快车，比别人要加速演化。

本章小结

本章系统介绍了关于服务是否具有价值以及服务价值由什么决定的基础问题，只有廓清服务价值及其决定，后续关于服务的研究才有现实意义。重农主义、重商主义、古典经济学的商品——服务二分法认为服务是非生产性劳动，不创造价值，但亚当·斯密同时认为批发、零售服务是创造价值的，所以商品——服务二分法阶段对服务是否创造价值的问题是模糊不清的。马克思通过具体劳动与抽象劳动的划分，提出了价值二重性，服务是具体劳动与抽象劳动的统一，具有使用价值与价值，服务创造价值，价值由抽象劳动决定，马克思第一次明确肯定了服务价值。萨伊改变了从供给角度对服务价值的研究，提出客观效用论，认为服务创造效用，具有价值，但客观效用论不能衡量服务价值的大小，主观效用论的提出，从边际效用角度明确了服务价值的大小。劳动价值论与效用论从供给与需求单方面界定服务价值的大小，不能体现服务的真实价值，供求决定论从供需均衡角度界定服务价值，使服务研究进入规范的经济学分析阶段。

学术观察

（1）亚当·斯密的服务思想，服务都是非生产性劳动，不创造价值吗？

（2）马克思主义服务理论系统化，改变仅仅停留在劳动价值论与价值二重性的基本认识。

参考文献

[1] 陈宪. 中国现代服务经济理论与发展战略研究 [M]. 北京：经济科学出版社, 2011：115-123.

[2] 哈克塞弗. 服务经营管理学 [M]. 顾宝炎译. 北京：中国人民大学出版社, 2005：105.

[3] 萨伊. 政治经济学概论 [M]. 陈福生译. 北京：商务印书馆, 1963：59.

[4] 亚当·斯密. 国民财富的性质和原因的研究 [M]. 郭大力, 王亚南译. 北京：商务印书馆, 1972：310.

3 服务概述

3.1 服务的概念

从服务经济思想史的发展可以看出，无论古典经济学，还是当代主流经济学家都无法回避的一个问题是对服务的界定。亚当·斯密从区分生产性劳动和非生产性劳动的角度对货物和服务加以区分，将服务视为一种非生产性劳动，而后的学者始终没有跳出这个逻辑框架，认为生产性服务就是服务。

对服务的定义，常见的是将服务定义为无形的、看不见的与不可储存的商品，但这种定义未将服务的特征充分表达出来。

Hill（1977）提出服务的概念得到了大部分学者的认可："服务是因某个经济个体的活动而导致另一个个体本身所属之物的状态的改变。"他进一步指出，服务的生产与消费是同时进行的。Hill 的定义指出了服务的两大特点：第一，服务是不可转让的；第二，服务的达成需要某些人对另外一个人做些事情。第二个特点即说明了服务提供者必须与顾客有互动的关系。

Hirsch（1989）扩展了 Hill 的观点，他将服务定义为"一种具有同时性的因素"（simultaneity-factor）的交易形态，只要发生交易，交易双方就必须有接触（当面或者以通信方式）与互动，也就是所谓的"同时性"。

Nicoladides（1990）对服务的定义则着眼于生产与交易的特征。他认为，"有关服务的交易"，不仅只是交易对象财产性的转移，他的交易包括执行一连串的任务，这些任务的达成需要服务提供者与顾客接触。换句话说，服务的生产与交易是同时发生的，而不是像货物可以分为两个截然不同的阶段。

Lovelock 和 Wirtz（2006）认为，服务可以被定义为，"在某一特定时间与地点，针对顾客所提出的一种价值创造与利益的活动"。这个定义中，服务所强调的是顾客在接受或互动过程中所能感受到的价值或利益。

从国内看，陶永宽（1988）认为，服务作为经济范畴，在理解上可以分为三个层次，服务是非实物的使用价值，服务业可能体现在实物中，服务要从生产关系与服务关系上理解。黄维兵（2003）定义了"服务是一个经济主体使另一个经济主体增加了价值，并主要以活动表现的使用价值"。袁春晓（2003）将服务定义为非实物形态的经济物品，或以无形的形式提供的能够增加价值的活动。陈宪（2011）从理论研究角度，把服务定义为用于市场交易的无形经济物品。

本文认为，现阶段再通过区分商品与服务来定义服务，在理论与实践上已无意义，从理论研究的角度看，我们将服务定义为用于市场交易的无形商品。

3.2 服务的特征

尽管商品与服务的界限不是十分清晰，但与商品相比，服务作为一种经济活动还是表现出一些显著的特征。服务具有如下特征：无形性（Intangibility）、不可分离性（Inseperablity）、异质性（Heterogeneity）和不可存储性（Perishabilty），简称服务的 IIHP 特征。

3.2.1 服务的无形性

服务的无形性是在和商品对比产生的，服务的空间形态基本上是不固定和不直接可视的，因而往往是无形的。一方面，服务提供者通常无法向顾客介绍空间形态明确的服务样品；另一方面，服务消费者在购买之前，往往不能感知服务，在购买之后也只能觉察到服务的结果而不是服务本身。服务的无形性派生出服务活动过程中产权界定不清晰的特征，服务产权界定不清晰直接导致在服务交易过程中，交易费用的增加，进而限制了服务交易。从现实看,服务合同中的诉讼量超过商品买卖合同的诉讼数量,尤其服务市场的新兴业态日趋增多,技术服务、网络服务、信息服务等领域纠纷多发,从侧面说明服务由于产权界定不清晰的特征将增加交易费用。

3.2.2 服务的不可分离性

服务的生产与消费是同时发生的,因而生产者与消费者是不可分离的。由于物流的存在,商品生产与消费在时空上可以分离,储存保证了商品的时间价值,运输促进了商品空间价值的实现。与商品不同,服务要么同其提供来源不可分,要么同其消费不可分,这种不可分性要求服务提供者或服务消费者不能与服务在时间(和)或空间上分割开来。服务生产与消费同时进行,派生出服务的不可贸易性,服务的市场范围被限定在一定区域内。阿林·杨格(1928)认为由于市场规模的扩大,生产资料的资本投资(生产资本化)变得有利可图,迂回生产方法普遍应用,在此基础上产业间分工深化,产业间分工深化产生了显著外溢效应,进而带来报酬递增与经济进步,深化了亚当·斯密关于分工与市场范围的关系,充分说明了分工一般地取决于分工的基本原理。根据杨格定理的论述,由于服务不可分离性,服务的市场范围受到限制,生产资料的资本投资不经济,进而迂回生产无法进入服务活动过程,导致服务业增长缓慢,服务业长期被认为是经济增长的结果。

3.2.3 服务的异质性

同一种服务的消费效果和品质往往存在显著差别,这种差别来自于供求双方。一方面,服务提供者的技术水平和服务难度常常因人、因时、因地而异,于是服务水平也随之发生变化;另一方面,服务的消费者对服务也可能会提出特殊要求。因此,同一种服务的一般与特殊的差异是司空见惯的。正因为服务的异质性,所以服务质量标准也很难确定。服务的异质性使得服务质量具有很大弹性,即为服务行业创造优质服务开辟了广阔的空间,又为劣质服务提供了可乘之机。服务的异质性派生出服务的垄断竞争特征,服务本身是一种同类但又不同质的差别化产品,相互之间构成近似的替代品,但服务本身的特征,如经验性而非搜寻性,供给上的个性化等,又决定了他们不可能是完全替代品。这就意味着，服务企业具有一定的市场势力，虽然这种市场势力非常有限，但这也构成了其垄断竞争的派生特征。

3.2.4 服务的不可存储性

服务的不可存储性是服务无形性的派生特征。服务是难以储存的，服务一旦被生产出来，就不能像商品那样长久搁置或处于库存状态。实际上，储存既包括空间上的储存，也包括时间上的储存，或时空两方面的储存。服务是否可以储存的问题主要是指时间上的储存，亦即服务是购买时消费还是在购买以后的某个时间再消费。其实人们对可存储性的认识是片面的，没有由表及里，洞察其本质。其实储存的实质是商品与服务效用的延续，实际上，服务的可储存性只是形式不同于有形产品，主要体现在其效用的持续性上，例如，教育服务提供的知识和技能，转化为学习者的永久性能力，也就是人力资本，运输服务提供的位置移动，体现为物品效用的实现，或者旅客效用的获得，金融服务体现为客户金融资产的价值或形式变化等，这些均是服务的储存。有形产品的储存虽然表现为产品形态的持续性，但实质上仍然是其效用。服务的不可储存性派生出其供需不均衡的特征，尤其是季节性原因的存在，常常导致服务的供需出现较大的波动，难以将淡季的服务储存满足旺季的需求，机票与旅游是典型的例子，其季节性波动较大，这也为边际定价提供了可能。

3.3 服务的分类

与服务概念存在广泛争议一样，关于服务分类也是一个众说纷纭的话题。Bryson 和 Daniels（1998）曾经指出："对于服务，有多少研究者就有多少分类"，服务的分类在很大程度上决定了服务业的分类，当然，如同 Daniels（1993）所言，过分强调服务的界定与分类是对服务业研究的一种误解。我们也认为，服务分类方法并不是服务经济学研究的关键所在。下面重点介绍最常用的几种分类方法。

3.3.1 流通服务、生产者服务、社会服务和个人服务

经济学家布朗宁和辛格曼（Browning 和 Singelmann，1975）从服务的功能出发，将服务分为流通服务、生产者服务、社会服务和个人服务，并进而对各式各样的服务进行了相应的分类（见表3-1）。其中流通服务和生产者服务基本上是工业生产的延伸，其发展在很大程度上是受工业文明的推动；而社会服务和个人服务则主要来自消费者对他们的直接需要，其发展在很大程度上是最终需求推动的。

表3-1 服务与服务业分类

分类	内容
流通服务 （distributive-services）	交通、仓储业、通信业、批发业、零售业（不含饮食业）、广告业及其他销售服务
生产者服务 （producer-services）	银行、信托及其他金融业、保险业、房地产、工程和建筑服务业、会计和出版业、法律服务、其他营业服务
社会服务 （social-services）	医疗和保健业、医院、教育、福利和宗教服务、非营利机构、政府、邮政、其他专业化服务和社会服务
个人服务 （personal-services）	家庭服务、旅店和餐饮业、修理服务、洗衣服务、理发和美容、娱乐和休闲、其他个人服务

具体而言，流通服务如仓储、交通、通信、批发、零售等活动，是从生产到消费的最后一个阶段，他们与第一产业和第二产业加起来就是商品从原始自然资源经过提炼、加工、制造、销售，最后到达消费者的整个生产、流通和消费的完整过程。因此，流通服务必然会随着商品生产规模的扩大而增加。

生产服务主要是作为商品生产的中间投入，当然也有一部分视为最终消费服务，只是这部分的重要性和规模远不及作为中间投入的部分。因此生产者服务往往会随着商品生产规模的扩大而发展，同时，又会随着社会分工程度的提高和产业组织的复杂性，而不断从商品生产企业中外部化出来，从而得到进一步发展。

社会服务包括医疗、教育、邮政、政府等服务活动,他们的显著发展出现在工业化后期。这类服务往往具有公共需求的特征,是物质文明高度发展的产物,因此,他们的实现必须借助于高度发展的物质生产条件。社会服务中有相当一部分是为了维持制度的运行而产生的,属于社会消耗的交易费用,因此并不是越多越好。

个人服务包括家庭服务、旅店和餐饮业、修理服务、洗衣服务、理发和美容、娱乐和休闲等。这类服务往往具有最终消费的特征,是满足消费者最终需要的,随着人均收入水平的不断提高,个人服务的质量与结构将随着发生改变。Fogel(1999)通过对美国支出构成的分析得出,大部分最终需求型服务具有高收入弹性的特征。

3.3.2 生产者服务、消费者服务和公共服务

格鲁伯和沃克(1993)在研究加拿大服务业的增长时,提出可以把现在经济生产中的一切服务分为三类,分别是生产者服务、消费者服务和政府服务。其中消费者服务是指消费者在私营市场购买的服务;政府服务主要是政府为消费者使用而提供的服务;生产者服务是指生产者在私营市场购买的服务,用于商品和服务的进一步生产,也称作中间投入服务。做出这种分类的理论基础在于,每一服务范畴适用一种显著不同的经济作用,对每一类的需求决定于一些大不相同的力量,大到足以证明分别进行分析性的和实证性的论证是有充分根据的。

从发展阶段来看,在现代产业社会早期,几乎所有的服务都是消费者服务。当生产性服务兴起之后,消费性服务并没有消失。只是比较而言,消费性服务的增长逐渐放缓。服务业增长的主要动力开始来自于生产性服务业。丹尼尔斯(Daniels,1993)发现在大部分经济体系中,生产性服务业在服务中所占的比重不一定最大,但却是服务业就业中增长速度最快的部门。格鲁伯和沃克(1993)对生产者服务的重要性进行了说明,生产性服务部门是把日益专业化的人力资本和知识资本引入商品生产部门的飞轮。人们早就认识到人力资本和知识资本在经济增长中所起的重要作用。现在很明显,在相当大的程度上,生产性服务业构成了这种形式的资本进入生产过程的渠道。在

生产过程中，它们为劳动和物质资本带来更高的生产率并改进了商品与其他服务的质量。

从经济学特征来看，生产者服务在更大程度上是作为一种中间需求，是企业、非营利组织和政府主要向生产者提供的服务产品和劳动，消费者服务作为最终需求，其服务对象是最终消费者，鉴别消费者服务的最清楚的方法是靠显而易见的需求来源以及满足个人和家庭需要；而政府服务既包括中间需求，也包括最终服务。除了在需求性质上面的以上差异之外，生产者服务、消费者服务和政府服务在服务特点、收入弹性、劳动生产率、就业特征以及资本和技术密集性质方面都表现出较大差异，如表3-2所示。

表3-2 服务分类及各项特征比较

类型	生产者服务	消费者服务		政府服务
功能	满足厂商的生产需求	满足个人最终需求		提供公共产品
需求	中间需求	最终需求		最终需求和中间需求
行业细分	交通、物流、批发、零售服务	研发、设计、技术咨询、会计、法律、信息服务	娱乐休闲、文化艺术、餐饮	医疗、教育、政府服务、公益服务、社会福利
特点	可以实现标准化	难以实现标准化	个性化、人性化	难以标准化
收入弹性	不明确	不明确	较高	较高
劳动生产率	可以提高	难以提高	难以提高	不明确
就业特征	吸纳能力不强	吸纳能力较强且人才高端化	吸纳能力强	
密集性质	资本和技术密集	人力资本密集	劳动力密集	

3.3.3 传统服务与现代服务

在现有关于服务业分类中很少涉及将服务划分为传统服务与现代服务的分类，由于服务的分类在很大程度上决定了服务业的分类，传统服务与现代服务的划分是为了界定清晰传统服务业与现代服务业。在国内普遍存在现代服务业概念滥用的问题，政府规章制度、学术研究成果普遍存在将现代服务业范畴扩大化以替代服务业概念的用法，在这里我们将清晰界定传统服务与现代服务，清晰现代服务业范畴，防止现代服务业概念进一步被滥用。

黄少军（2000）认为传统服务主要是指那些在人类社会早就存在的服务活动，比如家政服务、仆役等，这类服务并不是工业化的结果，而是在工业革命之前就已经存在，因此其需求是"传统的"。除了这种解释之外，对传统服务的理解还有一种说法，即服务的生产方式是"传统"的，或者说是"前资本主义生产方式"，如家仆服务和传统商业。随着资本主义生产方式的深入发展，在发达国家工业化的进程中，传统服务的重要性会随之下降。但对发展中国家来说，由于普遍存在的劳动力剩余，在现代工业难以大量吸纳劳动力的环境下，传统服务活动因家庭生产方式、资本投入小、雇佣人数少、分散经营等特征，将会成为吸纳就业的主要渠道。

刘志彪（2015）认为传统服务往往是指早于现代服务存在的服务活动，这些活动提供的服务往往是传统的技术知识密集度较低的服务，如家庭服务、零售服务、旅行服务。这些传统服务具有如下特征：第一，非实物性。这是服务与物质产品的最本质特征。服务过程不产生有形结果，服务不同于一般商品，服务的空间形态基本上是不固定的。第二，即时性。即时性表现为服务产品消费和生产的不可分离性和服务产品的不可储存性，服务的这种不可分离性需要消费者亲自介入生产流程，服务的生产和消费必须同时同地进行。第三，不可贸易性。由于服务的无形性和不可储存的特点，服务通常被认为是不可运输以及不可贸易的，传统的国际贸易的交易对象通常是有形的商品。第四，所有权的不可让渡。商品交易的是商品所有权，服务是人力资源从事经济活动的过程，不存在所有权的交易，服务只是让渡人力资源的使用权。

现代服务业有4个基本判别标准：①它是与生产过程相结合的服务业，如第三方物流；②它是与市场交易过程相结合的服务业，如与企业购并相关的服务业；③它是与创新过程相结合的服务业，如风险投资；④它是与信息技术相结合的服务业，如网络调查服务。

总之，现代服务业是与传统服务业相对的概念，这种相对性一方面表现为某些现代服务业是从传统服务业发展而来的，另一方面则表现为信息技术和专业知识在推动现代服务业发展的同时，也在不断地改变着传统服务业。

现代服务业主要是指依托现代信息技术和现代管理理念而发展起来的，为社会提供高质量生活服务和生产服务的国民经济的新兴领域。对某个服务企业或企业群体界定其属于传统或现代服务业，在实践中没有过多意义，因此更多的时候我们理解现代服务业即服务业的现代化。

3.4 服务概念、特征、分类的再认识

3.4.1 技术进步、需求升级与服务概念的扩大化

需求的多样化、个性化。需求的多样化直接的结果是消费者不仅需要多样化的商品，更需要多样化的服务，而且由于服务的需求收入弹性比商品高，人类社会越发展，对服务的需求越多。与消费者直接相关的是消费性服务与公共服务，一般认为随着收入水平的提高，消费性服务与公共服务的收入弹性也会提高。富克斯计算的工业品的收入弹性为1.05，服务的收入弹性为1.12。Fogel（1999）通过美国支出结构的分析，得到了大部分最终需求性服务具有较高收入弹性的特征。同时在商品的需求中，中间服务的投入也逐渐增加甚至超过对象性资源的投入。在激烈的市场竞争条件下，企业要想生存发展，就必须不断提升产品的功能特色，来满足消费者对多元化、个性化等在精神层面上的无形需求，这就要求产品供应者不断提高生产性服务在产品中的比重，从而赋予产品新的功能特性。

从亚当·斯密开始就展开了关于商品与服务之争，在第2章已经将通过商品——服务二分法、劳动价值论、效用论、供求决定论四个阶段进行了系统梳理，基本结论是商品与服务一样都创造价值。其实商品与服务之争在宏观层面的影响便是工业还是服务业是经济的主导。无论是商品与服务之争还是工业与服务业之争，都无法改变消费者的需求升级与企业需求导向的价值创造，在消费者需求化、个性化的基础上产生了需求融合的趋势，具体而言消费者需要企业提供一体化解决方案，商品是载体，服务是目的。Lusch 和 Vargo（2006）指出服务是一切经济交易的基础，间接交易掩盖了交易的根本

基础，商品只是提供服务的分销机制，最终企业提供的是商品与服务一体化的解决方案，即服务系统。

在严格区分商品与服务的商品主导逻辑时代，消费者需求相对单一，消费者有商品需求 A、B、C，服务需求 D、E、F，从图 3-1 可知商品需求与服务需求是平行的。生产者根据消费者商品与服务需求，提供产品 a、b、c，服务 d、e、f 与之匹配，在生产者与消费者之间，形成了 A-a，B-b，C-c，D-c、E-c、F-c 六条价值创造路径，基于此形成价值链创造过程。随着消费者需求多样化、个性化，消费性服务、公共服务的比例增加，而且价值链创造过程中投入更多生产性服务。特别是随着需求融合，企业需要提供以服务为核心的一体化解决方案，最终原本平行的价值链开始交叉，逐步形成价值网络以满足商品与服务生态系统的构建。

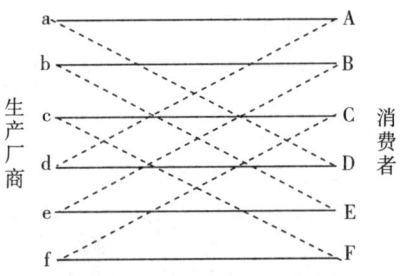

图 3-1 消费者需求升级

在商品主导逻辑阶段，消费者需要商品 A 满足通信需要，企业开始提供功能单一的手机 a 满足其需要，在商品 A 与手机 a 之间形成了价值创造的过程，诺基亚是这个时代的手机价值创造的典型企业。消费者需要商品 B 满足音乐的需要，企业提供音乐播放器（MP3）b，满足其需要，在商品 B 与音乐播放器 b 之间形成了价值创造的过程，索尼是这个时代的音乐播放器价值创造的典型企业。消费者需要商品 C 满足拍照的需要，企业提供相机 c，满足其需要，在商品 C 与相机 c 之间形成了价值创造的过程，佳能是这个时代的音乐播放器价值创造的典型企业。消费者需要服务 D 满足其阅读的需要，企业提供电子书 d，满足其需要，在服务 D 与电子书 d 之间形成了价值创造的过程，亚马逊是这个时代的图书在线出版价值创造的典型企业。消费者需要服务 E 满足其观看视频的需要，企业提供视频服务 e，满足其需要，在服务 E 与视频服务 e 之间形成了价值创造的过程，谷歌是这个时代的在线视频价值创造的典型企业。消费者需要服务 F 满足其图片处理的需要，企业提供图片处理应用 f，满足其需要，在服务 F 与图片处理软件 f 之间形成了价值创造的过程，Adobe 系统是这个时代的图像处理价值创造的典型企业。随着用户需求融合的发展，手机与阅读融合，多普达首先进行了尝试；音乐播放器与视频融合，产生了爱国者；照相机与图像处理融合，卡西欧进行了尝试。而将 A-a、B-b、C-c、D-c、E-c、F-c 进行深度融合的企业是苹果公司，苹果通过手机屏幕与交互方式的变革，实现了手机、相机、音乐播放器、通信服务、音乐服务、视频服务、阅读服务、图像处理服务等的深度融合，通过苹果手机与 AppStore、Itune、Imovie、Ibook 等的商品与服务平台的搭建，苹果正在提供智能生活的一体化解决方案。而苹果在投入过程中，采取了高度的外包与外化，整个过程中设计研发、信息服务、市场营销、品牌运营等生产性服务投入的比重越来越大。

需求的实现离不开技术的支撑与驱动，传统价值创造过程 A-a、B-b、C-c、D-c、E-c、F-c，需要商流、物流、信息流、资金流、人员流的支撑，围绕商流、物流、信息流、资金流产生了大量的技术创新，技术创新的结果是人力资源的节约与替代。以物流技术为例，物流单元设备、物流周边设备、物流运输设备、物流装卸搬运设备、自动化立体仓库系统及其设备、分拣系统及自动分拣设备、物流包装与加工设备，物流技术装备机械化、自动化进程加快；集装箱和托盘为代表的单元化与集装化技术，加速了物流标准化技术的广泛应用；GPS、LBS、大数据、云技术等信息技术的密集应用，使得物流业真正开启以移动互联网为基础技术框架，以数据开发应用为价值的提升之路。尤其是网络信息技术，为价值网络的价值创造过程提供了直接支撑，为衔接价值创造过程的节点与链路提供了高效、低交易费用的载体。

技术进步与消费升级的直接结果是，一方面，服务需求的增加以及服务在价值创造过程中处于主导地位；另一方面，相应的服务概念扩大化。综观经济学演化历史，古典经济学的发展使得服务与商品的界限越来越模糊，而后来的新古典经济学直接认为，服务与商品的界定毫无理论意义。马歇尔一语道破，认为在某种意义上，一切行业都是提供服务的，人类不能创造物质的东西。

3.4.2 服务的基本特征与派生属性的变化

服务的 IIHP 属性来自于商品与服务的划分，在现阶段区分企业提供的是商品还是服务已经很困难，尤其在需求升级与技术进步双轮驱动下，服务的特征已经发生了颠覆。

从服务的无形性看，服务在空间形态上依然是不固定和不直接可视的。但由于技术进步，服务无形性派生属性，即服务产权难以确定在一定程度上得以解决，这为服务交易与市场扩大带来了直接微观制度基础。以区块链技术为例，区块链技术通过去中心化和分布式记账技术，能够对服务过程中产权从产生开始到交易过程进行回溯追踪。这一功能可以帮助确认知识产权在当前以及历史的归属和变更，在遭遇产权转让和归属纠纷时提供有力的证据。同时陈永伟（2018）认为区块链技术对于知识产权的注册、授权、协议、使用进行控制，增强知识产权的可追踪性，实现知识产权引用的可追溯，并且帮助评估知识产权的质量。区块链真正实现了无形服务的可追踪、可验证，降低了服务产权在确权和纠纷解决过程中的交易费用。不仅前沿技术对服务产权确定会产生直接影响，网络信息技术对产权的确定与开发也影响巨大。以电影、音乐服务的版权确定为例，加密技术、网络登记等技术的发展，使得电影盗版难度增加，盗版行为认定难度降低，促使了中国电影与音乐市场的繁荣，网络自制剧与电影的数量大幅度增加，电影投资主体多元化的格局初步形成，电影产业化水平日益提高，电影创作生产能力、艺术质量和样式等都获得了全面增长和提高，中国电影业开始走向快速、健康、可持续发展的新阶段。2017年全国电影总票房为559.11亿元，同比增长13.45%，国产电影票房301.04亿元，占票房总额的53.84%，2018年第一季度，中国电影创造了200亿元的票房，超过北美同期的28.9亿美元（约合人民币183亿元），创下了全球单一国家季度票房最高纪录，首次成为世界第一。

从服务的不可分离性看，在技术进步的推动下，服务生产与消费同时进行的基本特征得到了根本改变，进而改变了服务不可分离性派生的服务的不可贸易属性。以服务外包为例，在通信技术与网络信息技术推动下，离岸服务外包成为可能，并呈现高增长的趋势。卢峰（2008）认为信息革命对服务流程外包产生发展、对外包业务范围超越地域和国家疆界在全球展开，同样发生了决定性作用。信息交流代替人员移动，超越了诸多传统服务提供或消费对相关生产者和消费者人员空间位置限制，推动了服务外包广度和深度的拓展。信息革命成果对商务活动方式改造和影响仍在持续。例如业内专家高度评价近年开始普及的电视会议等最新信息技术发展对国际服务外包的促进作用。电视会议设备使得企业有可能把来自不同文化和语言环境的项目队伍，从不同时间区段和空间区位，集合到同一个虚拟会议室中。声音和图像传播技术质量的改进，宽带和联结设施的改进。使得遥远区域的服务提供商与服务对象和合作提供方进行无缝联结、共享文件成为可能。

从服务的难以储存的特征看，服务经常出现供需不均衡这一派生属性。大数据、云技术、物联网技术等技术的发展，在一定程度上解决了服务难以储存与供需不均衡的问题。由于存储介质发展与储存技术的进步，部分服务变得可储存。例如信息服务、教育服务、娱乐服务。同时在大数据和云技术的支撑下，服务提供商会提前预判服务需求量，服务消费者将合理回避供需不均衡，大面积的服务供需不均衡的情况很难出现。以航空服务为例，传统需求预测主要取决于经验判断，依据往年同期数据进行客源情况预测。在客源预测模型下，综合季节因素、竞争对手因素，追踪乘客留下的数据线索，在精准程度上预测客源情况。同时顾客根据多样化数据获取渠道，会提前做好票务预订与出行工具选择。在供需双方共同作用下，传统供需不均衡的情况很难出现。

从服务的异质性看，在技术进步与需求升级的双重驱动下，服务的异质性加强，市场竞争形态逐渐从垄断竞争向寡头垄断过渡。消费的多样化与个性化，必然要求为消费者提供更加差异化服务并满足其需求，从消费性服务看，主题餐厅、酒店层出不穷，休闲娱乐创新速度加快，从公共服务看，由于需求特征的差异和投资主体多元化，教育、医疗服务正在构建多层次与差异化的竞争格局。从生产性服务看，新零售、新金融、新物流正在重构社会商业基础设施，在更大程度上降低全社会交易成本，提高交易效率。由于异质性的加剧，市场竞争形态逐渐从垄断竞争向寡头垄断发展，以商业为例，中国电子商务市场正在形成 BAT 的寡头垄断市场形态无须赘述，但传统商业寡头垄断的趋势也正在逐步形成。由于线上零售企业具有资本优势、信息优势，中国线上线下一体化过程呈现线上企业整合线下企业或资源，以阿里巴巴持股苏宁、大润发，京东持股永辉、沃尔玛为例，未来阿里巴巴、京东商城将加速整合线下资源，未来区域零售商将面临线上零售企业的整合，区域市场势力被打破，全国性的零售市场势力将形成，市场集中度进一步提高，线上线下市场的寡头垄断趋势将逐步形成。

3.4.3 服务分类的再认识

经济学家布朗宁和辛格曼（Browning 和 Singelmann，1975）从服务的功能出发，将服务分为流通服务、生产者服务、社会服务和个人服务，并进而对各式各样的服务进行了相应的分类。中国国家统计局在向国务院提交的《关于建立第三产业统计的报告》中，提出了第三产业的分类，报告认为第三产业包括的行业多、范围广，可以概括为两大部门，一是流通部门，二是服务部门，具体分为四个层次，即流通部门、为生产和生活服务的部门、为提高科学文化水平和居民数字服务的部门、为社会公共需求服务的部门。中国国家统计局与布朗宁、辛格曼对服务的分类大体是一致的。格鲁伯和沃克虽然将流通服务与典型生产性服务进行合并，但在区分具体特征时仍将其分别界定。传统服务分类将流通服务与生产者服务进行区分，主要依据是要素依赖不同以及劳动生产率是否能够得到提升。传统服务经济学理论认为流通服务如批发零售、交通运输，主要是劳动密集型与资本密集型，由于难以引入技术进步，劳动生产率难以提升。而典型生产性服务业属于技术密集型与知识密集型，知识外溢与技术外溢导致的内生增长，使得劳动生产率显著提升。所以由于属性的不同，将流通服务与生产者服务进行了区别划分。而从现实看，流通服务依赖的要素已经发生根本性变化，网络信息技术与先进技术装备率先在流通领域应用，应用范围广泛、融合水平深入，使得中国零售业、物流业技术创新与模式创新处于世界领先水平。流通服务依赖的要素由劳动力、资本逐步向知识、技术演化，将流通服务与生产性服务相区分已经不适应当前理论与实践需要。

传统对现代服务业的界定主要是指在工业化发达的阶段产生的，那些依赖高新技术与现代管理方法、经营方式与组织形式发展起来的，主要为生产者提供中间投入的知识、技术、信息相对密集的服务以及一部分由传统服务通过技术改造升级和经营模式更新而形成的现代服务业。现代服务业的界定的要点包括新技术引入、知识密集，但没有将其回归服务本质属性的概念。本文认为现代服务与传统服务的区分关键是，服务的基本属性与派生属性是否发生改变。以现代金融为例，现代金融的发展改变了传统金融服务诸多基本属性与派生属性，如生产者与消费者同时进行，现代金融的变革方向即引入互联网与智能终端，使得其生产与消费者分开进行；由于区块链技术的引入，资金的数字化水平加速，产权确定成本降低，资金的产权清晰，金融创新与金融的可贸易性增强。

3.4.4 深远影响

由于服务基本属性的改变，服务经济长期讨论的基本问题得到解决。一是服务增长与经济发展的因果关系。服务业与经济增长之间的因果关系是一个由来已久的争论的焦点问题。从服务业的概念刚提出开始，经济学家就开始了争论。这些争论的命题包括：经济增长与服务业产出比重提升之间有没有可以经得起检验的确定关系，服务业是经济增长的原因还是经济增长的必然结果。从亚当·斯密开始就围绕经济增长的问题开始了长期研究，亚当·斯密认为生产中的劳动分工是财富增长的主要原因，而新的劳动分工取决于市场的扩大，亚当·斯密把这两者结合起来形成了凭借持续引进新的分工而自我维持的增长理论。阿林·杨格继承了亚当·斯密关于分工与市场扩大的思想。阿林·杨格（1928）认为由于市场规模的扩大，生产资料的资本投资（生产资本化）变得有利可图，迂回生产方法普遍应用，在此基础上产业间分工深化，产业间分工深化产生了显著外溢效应，进而带来报酬递增与经济进步，深化了亚当·斯密关于分工与市场范围的关系，充分说明了分工一般地取决于市场规模的基本原理。从服务业自身发展看，由于服务基本属性的改变，服务的可贸易性增强，服务产权界定成本降低，促进了服务分工的深化，在此基础上由于网络信息技术的变革与服务贸易制度壁垒的逐步消除，服务分工在全球展开，基于服务生产与交易的生产资料的迂回生产变得有利可图，在此基础上产业间分工得到深化，格鲁伯和沃克（1993）认为生产性服务部门是把日益专业化的人力资本与知识资本引入商品生产部门的飞轮，将知识、信息、技术等报酬递增要素内生化，从而进入生产过程，产业间分工深化产生了显著的外溢效应，进而带来了经济增长与报酬递增。从分工—市场扩大—迂回生产—产业间分工深化—知识、信息、技术内生—产业间外溢效应—经济增长的过程看，服务业增长是经济发展的原因，关于服务业与经济增长之间的因果关系方向问题已经得到解决。

二是鲍莫尔—富克斯假说。"服务业成本病"也称为"鲍莫尔成本病"。原因在于最早对服务业相关问题进行研究的是鲍莫尔（Willian. J. Baumol）。首先，鲍莫尔构建了一个两部门非均衡增长模型，在该模型中，经济体被分为劳动生产率增长率为零的"停滞部门"和劳动生产率增长率为正的"进步部门"，前者主要指服务业部门，后者主要指制造业部门。假定劳动为唯一的投入要素，两部门的初始名义工资水平相同，随着劳动生产率的提高，名义工资水平按相同的速度同方向增长。当"进步部门"的劳动生产率提高而"停滞部门"的劳动生产率几乎不变时，两部门的名义工资均增加，前者劳动生产率的提高所带来的产出增加抵消了名义工资的上涨，但后者因劳动生产率不变，名义工资的上涨会导致该部门的产出成本增加。因此，"进步部门"的技术进步会间接性地提高"停滞部门"的产出成本。如果"停滞部门"的产品富有需求弹性，那么价格提高会导致消费减少，进而导致产出减少；如果其产品缺乏需求弹性，那么工资的上升会导致消费需求增加，因为鲍莫尔非均衡增长模型认为两部门的实际产出比例保持不变是实现经济均衡发展的前提，进而导致劳动力从"进步部门"不断流向"停滞部门"，增加后者的就业吸纳能力和劳动力比重，拉低整体经济的增长速度，即服务业生产率相对滞后会阻碍整体经济的发展（W. J. Baumol, 1967）。此后，鲍莫尔在两部门非均衡增长模型的基础上，引入一个初始时生产率提高、成本下降，而后来价格和成本逐渐接近"停滞部门"的新部门，即包括进步投入和停滞投入的"渐进停滞部门"，扩展为三部门非均衡增长模型。同时，鲍莫尔也实证了经济的均衡增长导致劳动力不断流向"停滞部门"和"渐进停滞部门"中的停滞部分，这与两部门非均衡增长模型所得结论具有一致性（Baumol Blackman Wolff，1985）。富克斯基于美国1929~1965年的数据从服务业就业角度表述了和鲍莫尔基本相同的观点，认为使服务业就业比重上升的主要原因是服务业劳动生产率的相对滞后，鲍莫尔的观点得到富克斯的实证支持（V. R. Fuchs，1968），学术界将鲍莫尔和富克斯的观点称为鲍莫尔—富克斯假说。

对鲍莫尔—富克斯假说的检验成为服务经济理论的长期问题，鲍莫尔—富克斯假说的核心问题是服务业劳动生产率是否是相对停滞的。传统由于生产与消费的不可分性，由于不能使用提高效率的机器设备和缺乏规模经济，服务业劳动生产率低。现阶段，从服务活动看服务企业通过服务创新减少劳动力投入量，提升劳动生产率的增长率。由于服务的可贸易性与产权界定清晰，迂回生产变得经济，企业在服务活动提供中，对机器设备与人工的替代进行了权衡，在可控的范围内，机器设备对人工的替代是服务活动中的普遍规律。物流业从仓库内到最后一公里配送的无人化运动在人工智能、大数据的助力下，从自动化分拣机、机器人仓库、无人卡车、智能货柜、无人机等开始迅猛发展。由于智能终端、无人银行、互联网金融技术的引入，目前除了一些大额度的交易操作还需要到普通银行办理外，在无人银行内绝大多数的业务都能全覆盖，能实现物理柜台业务的90%以上的业务办理。在大数据与云计算技术的支撑下，人工智能技术高速发展，传统服务提供过程中标准化、流程化的工作将实现人工智能的替代，人工智能对工作效率的提升必然能够解放大量的劳动力。

拓展阅读

区块链及其在知识产权领域的可能应用[①]

1. 区块链：定义、关键技术及重要特点

所谓区块链（Blockchain），是一种去中心化的、由各节点参与的分布式

---

① 资料来源：陈永伟《用区块链破解开放式创新中的知识产权难题》2018，经整理使用。

数据库系统。它由一个个的区块数据结构组成，每个区块上都包含了数据、时间戳、关联到上一个区块的信息以及相应的可执行代码。直观来说，它可以被理解为一种公共记账技术方案，可以被用来验证、记录、存储、维护和传输网络中的交易信息。

严格地说，区块链并不是一种单一的新技术，而是多种技术的集合。它主要包括三种关键技术：分布式动态组网（P2P）、链式结构以及共识机制。其中，P2P已经是一种相对成熟的技术，主要功能是实现点对点的互联互通，目前在视频分发、文件下载等领域已经有较多的应用。链式结构要求组成数据库的区块保存前一区块的哈希值，这使得在修改某一处数据的同时必须同时修改随后的所有区块数据，从而保证了数据的不可篡改性。共识机制是区块链技术的核心，它通过特定的密码学算法，使得参与系统的节点能够对新区块的生成达成共识。目前，常用的共识机制算法包括工作量证明（Proof-of-Work，POW）、权益证明（Proof-of-Stake，POS）、权益授权证明（Delegated-Proof-of-Stake，DPOS）及验证池（Validating-Pool，VP）等。

区块链的以上关键技术让其具有了如下的重要特点：

去中心化。区块链上的数据的验证、记录、存储、维护和传输都基于分布式系统结构进行的，主要依靠算法而不是依赖于某中心机构来构建信任关系。这就决定了区块链形成的信任机制是分散的、去中心化的。所有交易的参与者都可以自证并直接交易，而不需要依赖第三方机构来进行信任背书。

不可篡改性。由于链式结构的存在，数据在录入区块链后很难被改动，这让区块链上数据的真实性得到了充分的保证。

分布式共享性。由于采用了分布式动态组网技术，区块链可以通过点对点网络同步记录数据，从而实现数据的分布式共享。

"去信任"性。借助区块链的算法证明机制，人们在进行交易时无须建立信任，也无须第三方的机构介入背书。因为所有的交易都是对全体交易者公开的，一旦交易发生，整个网络都能观察和确认其交易。

开放性。除了交易各方的私有信息被加密外，区块链的其他数据都是对全网公开的。网络中的任何参与者都可以通过公开接口查询相关信息，整个系统的透明度很高。

匿名性。由于所有交易者之间无须建立相互信任即可进行交易，因此他们都无须公开自己的真实身份。这种匿名性让交易者的隐私得到了很好的保证。

2. 区块链在知识产权领域的应用

作为一种重要的新技术，区块链在知识产权领域有着重要的应用前景。它可以让知识产权的注册、授权、追踪、保护、回溯、评估都变得更为容易，还可以为激励知识财产的生产提供有力的工具。

知识产权注册。知识产权包括著作权、专利以及商标等。这几类知识产权在性质上存在着不少区别。著作权通常可以自动产生，不必经过任何登记或审查程序；而专利和商标则需要经过审查注册登记后才受到保护。区块链在保护著作权过程中的应用场景是比较直观的。著作权的权利主体可以在完成著作后，就通过区块链给作品加盖时间戳。由于区块链的开放性，全体使用者都可以比较容易地查找作品的最初创作者，从而确认其权利。同时，由于区块链的不可篡改性，因此可以完整地记录作品创作和转让的全过程，从而可以保证其有效回溯。相对来说，目前区块链对专利和商标保护的应用所受的限制要多一些。由于专利和商标需要经过审核登记才能得到保护，因此基于区块链的时间戳目前只能作为一种辅助工具，而不能直接用来主张权利。不过，区块链的技术特征依然留下了很多想象空间——如果未来对于工业产权的审核和注册程序简化放松了，基于区块链的注册很可能成为注册工业产权的重要形式。在这种背景下，区块链在保护工业产权中的作用将会充分体现出来。

知识产权的授权。从理论上讲，产权是一组权利，各种权利可以分开实施。但在过去，由于技术上的复杂性，事实上很难对知识产权中的某项权利分开授权。以著作权为例，传统的著作权通常为两种极端，一端是"保留所有权利"，另一端是"不保留任何权利"（即公有领域，public-domain）。目前，已有一些组织致力于对传统的著作权进行改进，让创作者可以"保留部分权利"。例如，非营利组织"知识共享"（Creative-Commons）就尝试提供多种可供选择的授权形式及条款组合，创作者可与大众分享创作，授予其他人再散布的权利，却又能保留其他某些权利。区块链技术将大大便利知识产权的分开授权。借助以太坊等底层系统，人们可以在区块链上很便利地记录某项知识产权的授权状况，并通过智能合约对其加以保证。

保密协议管理。保密协议是经常被用到的知识产权管理工具。合作的各方通过保密协议的签署，来建立可信的伙伴关系。不过，保密协议的管理是一个十分复杂的过程，在很多时候它需要各企业间的法务部门不断磋商，往复交换相关文件，从而产生很巨大的交易成本。而如果应用区块链技术，问题就会简单很多，人们可以很容易查找到某项保密协议是否被签署。这会让交易成本下降很多，也会让企业节约很多不必要的成本。

知识产权使用控制。在开放式创新过程中，企业经常需要对某些特定的合作者开放某些重要资料。这些资料可能涉及重要的商业秘密，因而具有很高的价值，因此企业会希望将资料的开放严格限制在一定范围内，并且完全杜绝未经许可的复制行为。这在过去是很难做到的，但区块链技术却可以在一定程度上帮助实现这一目的。利用区块链技术，可以很容易追踪出访问过资料的人员信息，也可以在全网范围内甄别出资料是否有被复制。这些都在相当程度上保证了企业对于资料的使用控制。

增强知识产权的可追踪性。通过区块链技术，可以十分便利地对某项知识产权从产生开始的交易状况进行回溯追踪。这一功能可以帮助确认知识产权在当前以及历史的归属和变更，在遭遇产权转让和归属纠纷时提供有力的证据。

实现知识产权引用的可回溯。每一项知识都是在之前知识的基础上创造的，因此每一项知识产权都会有其引用的前序知识产权。引用的可回溯性不仅有助于人们在使用某项知识产权时可以更容易知道其来龙去脉，而且在遭遇某些知识产权纠纷时可以起到重要的证据作用。

帮助评估知识产权的质量。在开放式创新过程中，经常要涉及到对知识产权质量的评估。以专利质量的评估为例：传统上，专利的引用状况是评价专利质量的一个重要指标。由于引用本专利的质量可能良莠不齐，因此这种评估方法很可能造成误判。现在，有不少方法对引用率评估法进行了修正。例如，一些研究中借鉴了 Pagerank 算法来评估专利质量。这种算法根据引用专利的质量对引用状况进行加权，通过"不动点定理"导出对专利质量的评价指标。虽然这种方法相对于引用率评估法有很大的改进，但它在评估某项专利时，需要所有该专利的引用和被引用状况。传统上，这一点是很难做到的。但在采用了区块链技术后，由于每项专利的引用和被引用状况都是向全网络公开的，因此就很容易被获得。在与一些计算技术相结合后，对于专利质量的评估将变得十分容易。

回馈机制。借助区块链以及基于区块链的虚拟货币，可以构建相应的回馈机制，对创造、分享有价值知识和创意的参与人给予必要的激励。一方面，区块链可以很容易地追踪出全网络中每个参与者的具体贡献状况，这些信息可以被用作提供回馈激励的根据。另一方面，对于某一些项目，参与者可以发行代币的方式来为项目进行融资，融得的资金中的一部分可以用作对有贡献的参与人的激励。

本章小结

本章系统梳理了关于服务概念、特征与分类，不难发现传统关于服务的概念、特征都是在与商品对比产生的，在技术演化与需求升级的背景下，商品与服务一体化解决方案成为趋势，对商品与服务进行区分在理论与实践上已没有意义。在网络信息技术的推动下，服务的基本特征与派生属性已开始发生改变，现代服务业的界定也主要依据其基本特征与派生属性是否发生改变。关于服务基本特征与派生属性的变化，服务的迂回生产成为可能，服务业成本病得到缓解或治愈，服务业增长是真实的，服务业增长是经济发展的原因。

学术观察

（1）服务概念、特征与分类的再认识。

（2）服务业特征与服务业增长。

参考文献

[1] 陈永伟.用区块链破解开放式创新中的知识产权难题[J].知识产权,2018(3):72-79.

[2] 关长海.城市现代服务业竞争力研究[D].天津大学博士学位论文,2007.

[3] 贾根良.杨格定理与经济发展[J].经济社会体制比较,1996(3):58-60.

[4] 富克斯.服务经济学[M].许微云译.商务印书馆,1987:145.

4 服务主导逻辑

服务主导逻辑自提出至今已有十余年，并且已经形成了自己的理论框架，在解释当今服务经济相关问题方面显示出了强大的张力。

4.1 服务主导逻辑的提出

4.1.1 商品与服务之争

有关商品与服务的研究有着十分悠久的历史，最早可上溯到"经济学之父"、英国著名经济学家亚当·斯密。亚当·斯密认为国民财富的主要来源是可供出口的具有生产性特征的商品，而把非生产性的服务（如仆人的劳动）视为次优产出。同时亚当·斯密指出"如果一定时期总产品用以维持非生产性人手的部分越大，用以维持生产性人手的部分必越小，从而次年生产物亦必越小"。重农主义、重商主义及古典经济学将商品视为财富的主要来源，导致政府应该大力发展制造业，忽视服务业发展。马克思的劳动价值论肯定了服务的价值，认为服务是具体劳动与抽象劳动的统一，服务的价值由抽象劳动决定。萨伊（1821）提出了客观效用论，认为服务能为人们带来效用，但客观效用论不能解决服务价值决定的问题，由此产生了"水和钻石之谜"，门格尔、瓦尔拉斯提出了主观效用论，效用的大小由服务的稀缺程度决定，客观效用论肯定了服务的价值，主观效用论解决服务价值的衡量问题。马歇尔（1927）提出了供求决定论，解决了效用论（从需求角度决定服务的价值）与劳动价值论（从供给角度决定服务的价值）带来价值决定的矛盾，服务的价值由供需决定。但是，细读他们的论述不难发现，他们还是无一例外地将商品与服务区分开来,并且把商品放在主导地位。认为政府的政策应该大力发展制造业,而把服务业作为辅助产业适当加以关注。但在信息经济时代尤其是网络环境下,商品与服务的关系已变得扑朔迷离,有时很难辨别企业向市场提供的究竟是商品还是服务。商品与服务之争陷入了僵局,学者们关心的不再是在这场旷日持久的争战中商品和服务谁能最终胜出,而是有没有必要继续对两者进行主次区分。同时从全球看服务产出比重超过70%,如果继续将服务定义为辅助性的、次要的产出,那么经济的主要产出则是由次要的服务创造的,显然已经与事实相悖。

4.1.2 产品主导逻辑成因

要解释服务主导逻辑的成因,有必要将目光转向亚当·斯密。前文提到,亚当·斯密(1776)在《国富论》中,为了探索国民财富的来源,把商品看作是"生产性"的,而把服务则看作是"非生产性"的。在22年后的1798年,英国经济学家马尔萨斯断言,随着人口数量以几何级数速度的增长,人口压力会与日俱增,国家必须获取充足的物质资源才能保证各类商品的持续产出以及国民财富的不断增长。由此可见,这两位著名经济学家在理解商品的国民财富创造作用方面是何等相似。不过,马尔萨斯(1798)看到了推动国民财富增长的最核心要素—资源。在工业经济时代,马尔萨斯(1798)的观点显示出了巨大的张力。在此后的近两个世纪里,经济学家、企业家、政府官员都把占有物质资源作为终极目标,由此引发了大量的政治和经济事件甚至军事冲突。直到20世纪末,人们对资源的认识才有所改变,开始关注有形的物质资源以外的无形资源,如信息、知识等,并且发现无形资源对于企业、经济和社会发展的作用并不亚于有形资源,在某些场合甚至比有形资源的作用更加重要。Constantin 和 Lusch(1994)在总结前人观点的基础上创造性地把资源分为对象性资源和操作性资源。他们认为,前者主要是指有形资源(包括商品)、自然资源等,在生产活动中通常处于被动地位;后者主要包括知识和技能,在生产活动中往往处于主动地位。

根植于古典经济学、高度反映工业经济特征的商品主导逻辑把对象性资源视为最重要的资源,并且把这种资源的最终表现形式"商品"看作是创造和积累国民财富的核心要素,而没有给予商品生产和销售过程中涉及的知识、技能等操作性资源以应有的重视,并且把这种资源的最终表现形式"服务"仅仅看作次优产出。商品主导逻辑所秉持的重对象性资源、轻操作性资源的观点(下面把这种观点称为"对象性资源观",而把看重操作性资源的观点称为"操作性资源观")是引发商品与服务之争的一个重要原因。在这种逻辑的主导下,许多学者把服务作为商品的对立面,据此来刻画服务的特征,甚至把服务固有的特征看作会带来种种不便的麻烦,并极力主张予以回避。例如,Zeithaml(1985)把服务特征归纳为无形性(Intangibility)、不可分离性(Inseperablty)异质性(Heterogeneity)和不可存储性(Perishabilty),简称服务的IIHP特征。可以说,他对服务特征的经典描述是对象性资源观的充分体现,而对象性资源观则是商品主导逻辑的理论根基,并全面、深刻地影响了人们对许多问题的看法(见表4-1)。

表4-1 资源观变迁与主导逻辑重构

	基于对象性资源观的商品主导逻辑	基于操作性资源观的商品主导逻辑
交易目的	人们为了获得商品而进行交易,商品被视为对象性资源	人们为获得由专业化能力(知识和技能)创造的收益而进行交易,专业化能力被视为操作性资源
商品的作用	商品是对象性资源,并且由产品营销者负责改变它们的形态、销售地点和时间以及它们拥有的状态	商品是操作性资源的传递者,被视为价值共创的手段
顾客的作用	顾客是商品的被动接受者,企业通过营销力争从顾客那里获得更多的收益,顾客被当作对象性资源	顾客是价值的共同创造者,企业通过营销来推动价值共创各方的交互,顾客被视为操作性资源
价值的定义与决定	价值被定义为交换价值,由生产者决定,在生产过程中被嵌入在对象性资源(通常是商品)中	价值被定义为使用价值,由顾客感知并最终决定。价值源于对操作性资源的利用(即服务),有时也需要对象性资源来传递,企业只提出价值主张

续表

	基于对象性资源观的商品主导逻辑	基于操作性资源观的商品主导逻辑
企业与顾客之间的交互	顾客被作为对象性资源，为与顾客进行交易，企业通常要采取行动来推动顾客	顾客被视为操作性资源，会积极参与价值共创，主动同相关各方拓展关系
财富来源	财富源于剩余的有形资源和商品，并且通过拥有、控制、生产对象性资源来创造	财富源于对专业知识和技能的应用和交易，并且代表进一步使用操作性资源的权利

商品主导逻辑不同，服务主导逻辑根植于资源优势理论与核心能力理论。这两种理论把核心能力当作组织赖以生存和发展的高阶资源（high-order-resources）。从本质上讲，高阶资源是一种整合了多种基础资源的"知识和技能束"。因此，在服务主导逻辑下，以知识和技能为代表的操作性资源就成了最核心的要素。与对象性资源相比，操作性资源通常是无形的，但又是动态的、无限的。在服务主导逻辑中操作性资源充当了发掘对象性资源价值的角色。基于操作性资源观，Vargo 和 Lusch（2004）把服务定义为"某实体为了实现自身或其他实体的利益，通过行动、流程和绩效对自身的知识、技能等专业化能力的应用"。这一服务定义超越了商品主导逻辑中"分"的思想，而把具体的商品和服务统一于服务本身。这样，具体的商品作为传递服务的工具就成了间接服务的手段。必须指出的是，这并不意味着在商品与服务之争中的服务最终胜出。其实，在服务主导逻辑下，商品与服务已经不是同一水平上的概念，因此，关于两者的争论也就失去了意义。

综上所述，资源观的变迁导致了主导逻辑的重构，于是服务主导逻辑就应运而生。在此过程中，服务被重新定义，旷日持久的商品与服务之争也因此而得以化解。基于操作性资源观，服务主导逻辑对商品主导逻辑下盛行的观点进行了彻底的批判性重构，并且顺应了当今后工业经济时代注重知识和技能的潮流（见表4-1）。

4.2 服务主导逻辑的理论框架与核心观点

Vargo 和 Lusch（2004）基于操作性资源观提出了 8 个基本假设，并对 8 个基本假设进行论证，最终形成了 8 个基本命题。Vargo 和 Lusch（2006）又对前面提出的基本假设与命题进行拓展，最终形成了 10 个基本命题，这 10 个基本命题构成了服务主导逻辑的理论框架，如表 4-2 所示。

表 4-2 服务主导逻辑的十个基本命题

基本命题	命题内容
1	服务是一切经济交易的根本基础
2	间接交易掩盖了交易的根本基础
3	商品是提供服务的分销机制
4	操作性资源是竞争优势的根本来源
5	所有经济都是服务经济
6	顾客是价值的共同创造者
7	企业并不能传递价值，而只能提出价值主张
8	服务中心价值观必然是客户导向和关系性的
9	所有经济活动和社会活动的参与者都是资源整合者
10	价值总是由受益者独特地用现象学的方法来决定

本章首先对 10 个命题进行系统阐述，并在此基础上对其理论框架进行说明。

命题一：服务是一切经济交易的根本基础。

资源的分布是不均衡的，就不同市场主体的生存与福祉而言，资源的实际分布不可能达到理论上的最优状态，因此，进行专业化分工就成了各市场主体乃至整个社会发展的有效方式。专业化分工为市场主体实现自身规模效益最大化创造了必要的条件，但也迫使他们局限于某个狭窄领域。为了争取更多的资源以谋求进一步发展，各主体之间必须进行市场交易，但问题也随之而来—市场主体究竟交易什么？在亚当·斯密所处的那个时代，通信落后，有形商品输出为国家积累财富做出了巨大的贡献。所以，亚当·斯密把商品交易视为市场交易的核心，而忽视了操作性资源在其中发挥的重要作用，也没有关注顾客如何使用商品的问题。最终，亚当·斯密把商品作为市场交易的基础，这一思想也成了古典经济学的核心，并对众多领域产生了深远影响。随着操作性资源成为企业主要的投入要素，从厂商的产出看，厂商主要提供服务产出，从全球看服务产出占 GDP 的比重超过 70%。从需求看，由于服务产品的需求收入弹性比有形商品高，消费者对服务的需求逐渐增多。为了实现供给与需求的双向匹配，市场由提供产品向提供服务转变，服务交易成为市场交易的基础。Bastiat（1860）就曾指出经济活动的目的是满足人们的需求，根本的市场法则是为获得服务而进行服务交易。

命题二：间接交易掩盖了交易的根本基础。

在外部市场上，不同的市场主体通常以货币为媒介，以自身的需求为动力，通过间接交易来实现资源的重新配置。而服务作为一切经济交易的根本性基础逐渐被隐没在各种不同的间接交易中，"为获得服务而进行服务交易"的市场法则也被间接交易过程的繁杂环节所掩盖。在市场交易的初级阶段，交易的核心聚集于交易的媒介—货币，交易的目的简化为获取货币，货币的出现掩盖了为获得服务而进行服务交易的目的。以软件工程师为软件服务后获得货币收入，然后到餐厅就餐为例，软件工程师是用软件服务与厨师提供的餐饮服务进行了交易，但这一交易由于货币的出现，根本目的被掩盖了。随着市场规模的扩大与组织层级的复杂化，价值链分工与价值网络构建使得交易的目的进一步被掩盖。价值链分工的复杂化，使得分工更细化，此时软件工程师只是为操作系统软件编辑一个语音识别程序，软件工程师提供的语音识别程序经过跨地区的复杂集成最终形成操作系统，程序员往往不会认为自己会用自己的知识和技能同外部市场上的顾客发生交易，程序员的交易目的进一步被掩盖，但从其实质看，程序员仍然是为了获取货币收入，然后到餐厅就餐，软件工程师仍然是用软件服务与厨师提供的餐饮服务进行了交易，只不过中间经过了多重以货币为媒介的间接交易。命题二是对命题一的补充，它提醒我们：虽然市场交易通常是间接交易，但"服务是一切经济交易的根本基础"这一观点依然成立。

命题三：商品是提供服务的分销机制。

命题一和命题二确立了服务在市场交易机制中的主导地位，但以知识、技能为支撑的服务有时不能直接用于交易，需要依附于某些载体，通常由商品来充当载体的角色。例如，上述软件工程师语音识别的技术与知识不能直接用于交易，需要根据不同的使用场景依附于某些载体。以科大讯飞为例，科大讯飞是智能语音与人工智能产业领导者，在语音合成、语音识别、口语评测、自然语言处理等多项技术上拥有国际领先的成果。当科大讯飞的语音识别技术应用于语音交互场景时，必须借助可进行语音交互的电子设备和产品，例如，手机、电视和人工智能机器人。但科大讯飞的语音技术应用于翻译场景时，必须依托于讯飞翻译机。这里有必要进一步明确商品与服务的关系，商品是载体，服务是核心，仍以讯飞翻译机为例，翻译机只是提供翻译的载体，语音识别与翻译输出技术为基础翻译提供服务才是核心与目的。Gummesson（1994）等学者已经意识到不能只从物质的角度去看待商品，而应该把商品作为知识和技能的载体或者传递服务的手段。

命题四：操作性资源是竞争优势的根本来源。

从操作性资源的构成看，Vargo和Lusch（2004）认为操作性资源包括知识和技能。从现有情况看，操作性资源的范围已发生改变，从原有的知识、技术拓展到数据（信息、网络）、人力资源等，尤其以数据为基础衍生出的信息与网络。在此简要界定数据、信息与网络的关系。数据是信息、网络产生的基础，王汉生（2018）认为可以电子化记录的就是数据。数据经过加工、解释成为信息，信息集聚成为信息池便形成网络。商品主导逻辑下，操作性资源被认为是外生的，是影响经济增长的外在因素，增长的主要来源是对象性资源的投入与效率提升。服务主导逻辑下，知识、技术、数据、人力资源等操作性资源的作用得到普遍认同，经济学家、企业家、政府官员普遍认为操作性资源能带来经济增长，但从经济增长的本质看，操作性资源的由外生向内生转化是经济增长的不竭动力。在商品主导逻辑下操作性资源被表述为参数，通过参数的改变能够提升对象性资源（要素）的产出。在服务主导逻辑下，操作性资源和对象性资源一样都是投入要素，并且是核心要素，在核心要素的驱动下会产生报酬递增，而操作性资源内生化带来的报酬递增是竞争优势产生的根本。操作性资源内生化带来经济增长报酬递增，主要来源于操作性资源与对象性资源相比具有非消耗性、非稀缺性、共享性、高增值性和正外部性的特点。李雷（2013）认为知识、技能等操作性资源是内生于竞争系统的，组织不但可凭借操作性资源来构筑自己的竞争优势，而且竞争也会对操作性资源做出反馈，甚至还会强化参与竞争的操作性资源，这样的双向互动过程为企业构建可持续竞争优势提供了保障。

命题五：所有经济都是服务经济。

所有经济都是服务经济是服务主导逻辑理论的最终集合与目标。在经济活动依托的主导资源由对象性资源向操作性资源演化的过程中，在数据、知识、技术、人力资源等操作性资源主动作用于土地、资本、劳动力等被动的对象性资源过程中，操作性资源的内生化带来了报酬递增与经济增长。数据、知识、技术、人力资源等操作性资源构成了服务产出，土地、资本、劳动力等对象性资源构成了商品产出，商品成为服务提供的分销机制与载体，服务是最终的目的，商品与服务的界限越来越模糊，企业根据消费者的需求提出价值主张，整合自身与合作伙伴的资源，最终提供商品与服务生态系统。纵观经济学演化历史，古典经济学的发展使得服务与商品的界限越来越模糊，而后来的新古典经济学干脆认为，服务于商品的界分无理论意义。马歇尔一语道破天机，认为在某种意义上，一切行业都是提供服务的，人类不能创造物质的东西。

命题六：顾客是价值的共同创造者。

在商品主导逻辑中，生产者与顾客被人为地割裂开来，因此，价值创造也被视为一个离散的过程：生产者通过完成一系列的生产活动把价值嵌入在商品中，然后把商品投入市场与顾客进行交易，最终实现商品的交换价值。可见，商品主导逻辑不但把顾客排除在价值创造过程之外，而且把他们视为纯粹的"价值消耗者"或者"价值毁灭者"。不仅如此，在目前的绝大多数微观经济学教材中还是将它称作消费者（Consumer）。根据剑桥简明词典中古英语中的"Consume"源自拉丁文的"Consumere"，意思有杀死、毁坏；浪费和挥霍；用光，特别指吃光和喝光；占用，花费和浪费时间（Ramirez，

1999)。而服务主导逻辑则把价值创造看作一个连续过程，并且认为顾客与其他相关主体一起完成"价值共创"过程（Value Co-creation）。

在探讨顾客在价值创造过程中的地位时，必须说明商品主导逻辑与服务主导逻辑下价值的差异，商品主导逻辑下价值来源于交换价值，服务主导逻辑下价值来源于使用价值。商品主导逻辑下，生产者占主导，生产者通过制造外包与服务外包提高效率，降低必要劳动时间，通过交换过程价值的实现，完成社会必要劳动时间与必要劳动时间决定的差额的价值创造，消费者被排除在价值创造过程之外。在服务主导逻辑下，价值创造的起点发生改变，顾客需求成为价值创造的逻辑起点，根据顾客多样化、个性化需求，企业组织服务及服务载体——商品的生产，顾客的每个服务需求都会产生一条价值创造的路径，即价值链。在服务主导下，顾客是价值创造的起点，顾客是价值的共同创造者。在服务主导逻辑下，顾客被认为是一种作用于对象性资源的操作性资源，并且由他们来最终完成价值创造过程。

命题七：企业并不能传递价值，而只能提出价值主张。

在服务主导逻辑下，企业无法单独创造价值，而只能根据顾客需求提出价值主张，并对顾客参与价值共创的行为加以引导。Vargo 和 Lusch（2011）对企业在价值共创方面所扮演的角色进行了进一步的解析，认为企业应当充分整合自身和合作伙伴的资源，设法挣脱企业内、外部各种约束因素的束缚，并且与合作伙伴沟通、对话，共同提出价值主张、提供服务和构建价值网络，为最终实现服务的使用价值创造条件。在服务主导逻辑下，顾客的需求是价值创造的逻辑起点，由于大数据与云计算技术的发展，基于消费者的活动数据分析，可以建立消费者数据库，形成消费者画像，企业根据消费者画像提出针对个性化需求的价值主张，并且为了快速响应顾客需求，必然整合自身和合作伙伴资源，在短时间内完成服务与商品的提供，完成价值创造。为什么价值创造过程，会由价值链向价值网络跃升，在第 3 章服务概念、特征、分类的再认识部分已经进行了详细阐释，这里不再赘述。

命题八：服务中心价值观必然是客户导向和关系性的。

服务中心价值观必然是客户关系导向和关系性的是命题六的深化，服务中心价值观说明服务是顾客决定的和共同创造的。服务中心价值观指的价值主要是使用价值，使用价值的实现必须从顾客的需求出发，满足顾客效用的使用价值才能实现。服务中心价值观将顾客作为操作性资源，顾客作为能动的要素，在价值创造过程中处于主导作用，支配对象性资源完成价值创造。服务中心价值观要求服务企业在服务活动提供过程中，要从经营商品与服务，向经营顾客转变，将顾客作为战略性资源，尤其在网络经济时代，网络经济的价值直接取决于顾客数量，即网络外部性，差异化服务的提供只是为了获取顾客，通过提供接入的机会和互补品实现盈利。即服务企业的价值包括服务自有价值与顾客数量形成的协同价值，并且协同价值在服务企业价值中的比重越来越高（见图4-1）。

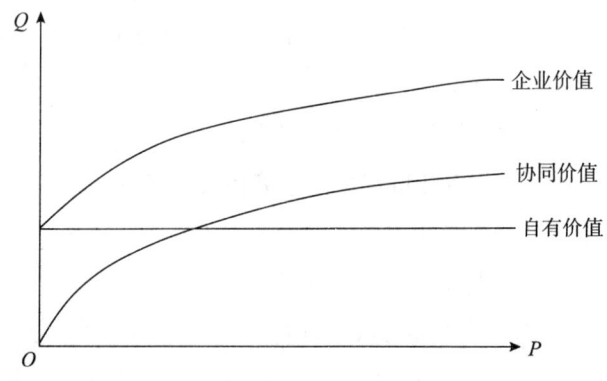

图4-1　服务企业的价值构成

命题九：所有经济活动和社会活动的参与者都是资源整合者。

从现阶段消费特征看，消费者的个性化、多样化消费逐渐成为主流。消费的个性化的内在含义是消费者提出个性化主张，企业与消费者共同完成价值创造，我们知道从消费者提出价值主张，直接或通过中介传递到企业，企业根据消费者个性化需求进行设计研发，并进行消费者反馈，最终内置化制造或制造外包，整个过程产生了一个完整的价值创造过程。与传统的大众化消费不同，消费的个性化增加了价值创造链路的数量。消费的多样化的内在本质是消费者逐渐尝试多种商品与服务，消费的重点不仅仅停留在多样化的商品，更体现在逐步体验多样化的服务上面。多样化要求商品与服务提供主体能够提供更多商品与服务以供选择，消费的多样化与消费的个性化一样，都增加了价值创造的链路。可以看出从消费的个性化、多样化来看，价值创造仍停留在价值链阶段，依托产业链构成的物质基础，形成了多条实体价值链。由于信息具有二重性，任何信息都代表着相应的实体活动的要素、资源和事物，反映实体主体的存在、活动与关系，信息是物质存在的反映；同时信息是实际存在和变化的资源、活动和行为，信息是报酬递增的核心要素。基于实体价值量，将产生依托于信息增值的虚拟价值链，实体价值链与虚拟价值链共同构成了传统的价值创造过程。在消费多样化、个性化方面隐含着一个更深层次的价值创造逻辑，消费多样化要求生产者不仅要提供更多商品，还要提供更多的服务，甚至提供基于商品与服务组合的一体化解决方案。消费的个性化来源是创新的内生化，要求个性化的商品与服务融入更多创新服务，个性化的内在逻辑也指向了提供商品与服务组合的一体化解决方案。由此可见，消费多样化、个性化隐含着一个更深层次的价值创造逻辑就是提供商品与服务的一体化解决方案。Vagro 和 Lusch（2004）将商品与服务的一体化解决方案定义为生态系统，即在服务主导逻辑下，企业提供的是商品与服务一体化的生态系统。现实的典型企业的商业模式实践也为验证"企业真的提供的是商品与服务一体化解决方案的生态系统"提供了现实基础，从汽车、手机等传统的制造业典型商品看，手机逐渐成为智能生活的一体化解决方案，不仅提供硬件手机，更是基于手机提供更多服务应用，服务应用的范围远远超过消费者的认知范围，商品加服务的生态系统在企业实践中已经成为常态。消费的生态系统对传统价值创造的理解是颠覆性的，传统商品与服务的价值创造是链路式的，各个价值创造链路平行设定。但是消费的生态系统化，要求传统的商品与服务进行组合并深度融合，在价值创造的理解是价值链进行交叉。那么回归到价值创造的过程看，价值创造的链路数量增加，并且链路不断进行交叉，其结果是价值网络的形成，即价值创造在价值链增加与交叉的基础上，跃升到价值网络阶段。

命题十：价值总是由受益者独特地用现象学的方法来决定。

此处的价值指的是使用价值，在移动互联网时代，手机是智能生活的一个重要载体，技术经验丰富且倾向于率先采用新技术的用户通常可以自如地操作智能手机,使得该手机的使用价值得以充分体现;同样的手机在技术经验欠缺的用户手中使用价值就会大打折扣。选修同一教授的课,基础好且对该课程感兴趣的学生可以获取较多的知识,取得较好的学习效果,使教授的讲课服务充分发挥其使用价值。一般地,同样的服务在同一时间针对不同的受益人就会产生不同的使用价值,相同的服务在不同的时间针对同一受益人所产生的使用价值也可能截然不同。某种服务的使用价值本身并无客观的评判标准,完全取决于受益人的自身特征(如知识、技能)和使用服务的情境。用 Vargo 和 Lusch 的话来说,"使用价值总是由受益人独特地用现象学方法来决定",它是一种主观感知价值,并且具有体验性和情境依赖性。因此,Vargo 和 Lusch（2008）认为用情境价值（Value-in-Context）来取代使用价值或许更加贴切。

4.3 商品主导逻辑与服务主导逻辑对比分析

以上介绍了服务主导逻辑产生的原因、理论架构,为了进一步清晰服务主导逻辑,有必要对商品主导逻辑与服务主导逻辑进行对比分析,以下从 8 个方面对商品主导逻辑与服务主导逻辑进行对比分析,如表 4-3 所示。

表 4-3　商品主导逻辑与服务主导逻辑比较

类型	商品主导逻辑	服务主导逻辑
发展阶段	以机器大工业为基本特征的生产阶段	以服务业为基本特征的生产阶段
资源	对象性资源	操作性资源
报酬方向	报酬递减	报酬递增
价值基础	交换价值	使用价值
参与主体	企业主导、消费者价值毁灭者	企业提出价值主张,企业与消费者共同创造价值
市场行为	产业链分工	价值网络整合
产出	商品	服务(生态系统)
就业特征	劳动力	人力资源

比较一：发展阶段。

从现实看，综观历史，人类产业发展呈现出三个明显的阶段，一是以广义农业为基本特征的生产阶段，这个阶段主要指英国（英格兰地区为主）在16世纪由圈地运动以及技术的革新产生的农业变革时期。二是以机器大工业为基本特征的生产阶段，18世纪60年代开始到19世纪上半期完成的工业革命，将人类带进现代社会。三是服务业为基本特征的生产阶段，自20世纪五六十年代以来，全球经济又开始经历了一场结构性的变革，美国经济学家富克斯称之为"服务经济"。按照丹尼尔·贝尔（1973）认为服务经济最重要的特征是经济结构从商品生产经济转向服务型经济，基础是服务，因而是"人与人之间竞争"的社会，财富的来源不是体力和能源，而是信息。通过发展阶段对比看，商品主导逻辑产生、发展并主导的阶段是以机器大工业为基本特征的生产阶段，工业产出比重与就业比重占主导，主要的投入要素是对象性资源。而服务主导逻辑产生、发展并主导的阶段是以服务业为基本特征的生产阶段，服务业产出比重与就业比重占主导，主要的投入要素是操作性资源。

比较二：资源。

由于所处的发展阶段的不同，资源开发与利用的技术差异，导致发展所依托的资源存在较大差异。商品主导逻辑阶段依托的主要资源是对象性资源，对象性资源主要包括土地、资本、劳动力。服务主导逻辑阶段依托的主要资源是操作性资源，操作性资源已从 Vargo 和 Lusch 阶段的知识和技术，拓展到信息、人力资源等。关于对象性资源与操作性资源已经有了简要的对比，这里我们再针对其基本特征进行拓展分析，对象性资源的主要特征包括消耗性、稀缺性、排他性、低增值性、负外部性、被动性等，操作性资源的主要特征包括非消耗性、非稀缺性、共享性、高附加值、正外部性与主动性。

比较三：报酬方向。

古典经济学的基本假设是土地报酬递减，新古典经济学的基本假设是资本报酬递减，可以看到商品主导逻辑依托的主要资源是对象性资源，其基本前提必然是报酬递减，由于对象性资源具有消耗性、稀缺性、排他性、低增值性、负外部性、被动性等特征，工业企业随着对对象性资源投入的增加，消耗性与稀缺性导致资源开发与利用成本增加，排他性增加了产权界定的交易费用，负外部性增加了社会成本，随着对象性资源投入的增加，边际成本增加，由于商品总体而言差异性小，价格趋同，边际成本增加，导致报酬递减。操作性资源的主要特征包括非消耗性、非稀缺性、共享性、高附加值、正外部性与主动性，由于其非消耗性与非稀缺性使得增加对操作性资源的投入，资源的开发与利用成本不会增加，由于可共享性，知识、数据、技术、人力资源的交互能够产生集聚效应与外溢效应，带来正外部性，最终导致报酬递增。

比较四：价值基础。

商品主导逻辑依托的对象性资源，由于对象性资源报酬递减的前提，导致商品主导逻辑下的价值基础是交换价值，马克思劳动价值论认为，商品是价值和使用价值的统一，具体劳动创造使用价值，抽象劳动决定价值，抽象劳动决定的价值的大小主要由社会必要劳动时间决定，为了有利可图，企业必须不断降低必要劳动时间，使得必要劳动时间低于社会必要劳动时间，厂商的核心是效率的提升与成本降低，在报酬递减的前提下，厂商的生产行为才是有利可图的。服务主导逻辑的是使用价值，使用价值是消费者主权的体现，企业的出发点是消费者效用的满足，消费者成为操作性资源，消费者成为价值创造的逻辑起点。

比较五：参与主体。

从价值创造过程中参与主体的地位看，在商品主导逻辑下，企业处于价值创造的主导地位，企业通过技术创新与组织形态创新不断提高效率，降低成本，而消费者被排除在价值创造之外，其核心是商品主导逻辑下价值的来源是交换价值，并且消费者被认为是对象性资源，是被动的，不能参与到必要劳动时间降低的价值创造过程中。在服务主导逻辑下，价值的来源是使用价值，消费者被认为是操作性资源，是主动的，消费者的多样化、个性化需求成为价值创造的逻辑起点，企业根据其需求升级，提供价值主张，整合自身与合作伙伴资源，共同创造价值。

比较六：市场行为。

在商品主导逻辑下，为了提升效率、降低成本，厂商的主要市场行为是外包，具体包括制造外包与服务外包。厂商基于价值链的分解，在保留核心业务流程的基础上，将非核心业务流程进行外包与外化，厂商在外包的基础上将获得规模经济效益、学习效应、比较优势效应、结构瘦身效应，因而外包业务流程效率得以提升，成本降低，在此基础上再进行全球范围内的价值链重构，厂商的效率得到了极致提升。归根结底，商品主导逻辑是"分"的思想，"分"的结果是效率提升，满足了交换价值的要求。在服务主导逻辑下，厂商为了满足消费者的需求，是在商品主导逻辑下外包与外化的基础上，进行高度整合，以价值链为基础向价值网络跃升。

比较七：产出。

从厂商的产出看，经历了长期的商品与服务之争，在商品主导逻辑下，厂商的产出是有形商品。而在服务主导逻辑下，企业提供的是服务生态系统，服务生态系统是指以服务为核心，以商品为载体，服务与商品的一体化解决方案，即服务生态系统。一个服务生态系统是资源（包括人、技术和信息等）的安排集合，目的是整合它自己的资源和其他服务系统的资源来共创价值。因此，这些服务生态系统又被称为"资源整合者"。

比较八：就业特征。

在服务主导逻辑下，人的重要性不仅仅体现在消费者作为操作性资源上，提供服务生态系统的员工也被界定为操作性资源。在传统商品主导逻辑下，工人被认为是对象性资源，无论泰罗制与福特制，工人都被认为是标准化下固定业务流程的实现者，其核心是效率的不断提升。在服务主导逻辑下，作为对象性资源的工人在一定程度上可以被人工智能取代，工业机器人大规模使用就是典型案例。但员工在服务系统中的地位与作用却成为服务系统使用价值是否能实现的核心，由于服务生产与消费同时进行的基本属性，员工作为操作性资源的主动性必须得到完全发挥，这就要求对人进行投资，形成人力资源的积累与外溢。

此外，我们必须认识到定性思辨虽然有利于理解事物的本质属性，但如果没有实证研究的支持，就缺乏说服力。对于企业来说，实证研究的结论更具可操作性。目前，采用实证方法（如案例研究法、问卷调查法）探讨操作性资源与竞争优势关系的研究凤毛麟角。根据经济学和管理学研究的一般发展规律，后续服务主导逻辑研究必须加大实证力度，用实证研究获得的可靠证据来验证或支持服务主导逻辑的理论研究结论，这样才有利于服务主导逻辑理论的健康发展。

服务生态系统的产生背景是"服务经济"，存在前提是"资源整合"，落脚点是"顾客导向"，运行保障是"关系性"。服务生态系统不但反映了服务主导逻辑理论所涵盖的一系列观点，还为相关研究领域（服务科学等）的学者在网络环境下开展研究提供了一种崭新的视角。

拓展阅读

苹果公司的生态系统之路[①]

1. 用户享用的不仅仅是产品与服务

我们要通过商业模式的理论和工具来设计企业，设计的最终目的应该是实现整个商业模式，并非产品与服务。在新的模式中，产品与服务仅仅是企业与客户交互的界面，是商业模式的载体。对客户来说，他们也不仅仅是享用企业提供的产品和服务，更是通过这些产品与服务，享用其背后衔接的整个生态系统。

想想看，我们每天在苹果手机上花费大量时间，是在做什么呢？

你可能会说"我在用微信""我在听音乐""我在看电影"，但问题是这些 APP 和苹果之间是什么关系？他们并不属于苹果公司。事实上，用户不仅是在使用 iPhone，更是通过 iPhone 享用着全球几百万开发者提供的各式各样的产品与服务，这就是苹果塑造的生态系统。

---

① 资料来源：劳革《商业模式设计的终极目的》，经整理使用。

2. 苹果公司的六大生态系统

苹果到底为我们塑造了多庞大的生态系统呢？大体可以分为六个：

第一个生态系统是广大用户最为熟悉的AppStore。用户可以购买收费项目和免费项目，直接下载该应用程序到iPhone或iPodtouch、iPad、Mac。从看菜谱、团购到在线支付、地图导航等，在Appstore用户可以轻松找到自己想要的应用软件，甚至是发现自己从未想到过的新功能应用。

第二个生态系统是电影、音乐。在欧美国家，苹果是最大的数字音乐分销商和数一数二的电影分销商。用户可以下载和欣赏海量的电影和音乐，关注、查看、分享自己喜爱的音乐人的动向。苹果的音乐编辑团队还会依据用户所听、所爱的音乐，为其精心挑选歌曲、表演者和专辑。

第三个生态系统是电子书。苹果是仅次于亚马逊的全球第二大电子书销售公司，尤其是在高利润的教科书品类中，销售额常年排名第一。相比传统的纸质书，电子书更加便携、耐用，而且内容、阅读背景插图可以随时更新，笔记和注释也更加方便。苹果还配合iBooks系列软件推出iBookAuthor等周边软件，使用户可以创建互动式电子教科书。

第四个生态系统是健康（Health）。健康（Health）可以自动同步苹果设备上所有健身APP、手环等运动数据，使用户可以统一管理和查阅信息，了解身体的健康状态。苹果加大相关投入，未来iWatch或能实现对用户血液流动的实时监测，从而对用户心脏病发作进行预测，并即及时发出警报，自动连接手机设备拨打急救电话。

第五个生态系统是围绕智能家居。用户可以通过"Homekit"系统，利用Siri命令和操控，控制家里所有兼容AppleHomeKit的配件，比如，可以说"开灯"或"关灯""把灯光调暗"或"把电灯亮度调到50%""把温度设定为20度""打开咖啡机"等。

第六个生态系统是苹果Carplay。Carplay以车辆为中心，连接各种软硬件，实现智能驾驶。用户可以通过Siri和汽车进行交流，告诉汽车接下来应该干什么，还可以听到系统播报手机上收到的信息，并使用语音听写的形式进行回复。

所以此时我们再看看，你每天使用的是手机本身呢？还是在通过手机与苹果为你构建的六个生态系统在紧密互动？很显然是后者。因此，常常会听到一句话：当今的企业竞争已经不再是产品和产品之间的竞争，也不是企业与企业之间的竞争，而是商业模式和商业模式之间的竞争，是生态系和生态系之间的竞争。

本章小结

服务主导逻辑开始于商品与服务之争，对解释当今服务经济相关问题方面显示出了强大的张力。服务主导逻辑立足于操作性资源观，在与商品主导逻辑比较过程中，呈现出报酬递增的特征。基于使用价值的价值基础，服务提供企业与制造企业一起进行价值链分工基础上的再整合，形成"商品+服务"的生态系统。消费者不再是价值毁灭者，消费者与生产者一起参与价值创造的过程，生产者提供价值主张，当其价值主张与消费者的需求吻合时，价值创造才能完成。

学术观察

（1）生态系统的基础理论是什么？
（2）服务主导逻辑的实证研究。

参考文献

[1] 刘林青，雷昊，谭力文. 从商品主导逻辑到服务主导逻辑——以苹果公司为例 [J]. 中国工业经济，2010（9）：57-66.

[2] 李雷，简兆权，张鲁艳. 服务主导逻辑产生原因、核心观点探析与未来研究展望 [J]. 外国经济管理，2013（4）：1-12.

[3] 孙耀吾，瞿翌，顾荃. 服务主导逻辑下移动互联网创新网络主体耦合共轭与价值创造研究 [J]. 中国工业经济，2013（10）：147-159.

［4］钟振东，唐守廉，PierreVialle. 基于服务主导逻辑的价值共创研究［J］. 软科学，2014（1）：31-35.

［5］郭朝阳，许杭军，郭惠玲. 服务主导逻辑演进轨迹追踪与研究述评［J］. 外国经济管理，2012（7）：17-24.

5 报酬递增

新古典教科书中对规模报酬的定义是：在其他条件不变的情况下，企业内部各种生产要素按相同比例变化时所带来的产量变化。企业的规模报酬变化可以分为规模报酬递增、规模报酬不变和规模报酬递减三种情况。产量增加的比例大于生产要素增加的比例的情形叫作规模报酬递增。其数学表达为 $f(\lambda L, \lambda K) > \lambda f(L, K)$。其中，$f(L, K)$ 代表生产函数，L、K 分别代表劳动力和资本，λ 代表增加比例。其中规模报酬不变是新古典经济学的重要假设。

5.1 报酬递增的学术史梳理

报酬递增思想可以追溯到古希腊的柏拉图、亚里士多德、色诺芬，在亚当·斯密、穆勒等古典经济学家的体系以及在马歇尔的体系中，它都扮演着重要的角色。然而在新古典经济学中，报酬递增思想在很长一段时间内是缺失的。直到20世纪80年代，伴随着新增长理论、新贸易理论等理论的兴起，报酬递增思想才重新回到主流经济学的视野中。

关于报酬递增的研究开始于亚当·斯密围绕不同经济领域的增长展开，即生产中的劳动分工是财富增长的主要原因，而新的劳动分工取决于市场的扩大，亚当·斯密把这两者结合起来形成了凭借持续引进新的分工而自我维持的增长理论。即分工既是经济进步的原因又是其结果，这是一种累积因果的过程。亚当·斯密对报酬递增的另一个贡献是他把报酬递增的源泉归于技术变迁，并把技术变迁作为生产实践改进的过程，技术变迁以分工加速知识积累的形式，成为报酬递增永不枯竭的源泉，由此可以看出亚当·斯密关于财富创造的理论应该沿着经济进化的方向展开，但是其将货币作为一种制度引入分工之后，所有的重点开始转向价值与价格的决定，并进入了经济均衡的研究范式，竞争起到一种类似于时钟结构中导致钟摆摆动的重力作用，在这种结构中没有实践方向，同时也就没有演化的过程。马克思通过企业间动态过程分析，揭示了企业内分工和企业间分工（社会分工）交互作用如何导致不可逆的报酬递增过程，从而推动资本主义经济的发展。马克思认为这种过程来自于技术变革和企业重组的动态竞争，企业的目标是获得瞬间的剩余价值，并将它转化为长期的增长潜力，通过不可逆的，虽非长时间持续出现但却以审慎的步骤进行的技术变革与创新，走向不均衡和不平衡。马歇尔关于内部经济与外部经济的阐释也尝试说明报酬递增的普遍性，在马歇尔关于新古典经济学的分析范式定型时，试图在其框架中通过报酬外部经济这个概念将报酬递增纳入内部相互衔接的体系之中去，但这种矛盾仍未得到解决。马歇尔认为代表性企业规模和效率的提高（报酬递增）来自于产业的一般发展，为了指明报酬递增的源泉，马歇尔在均衡分析中引入了外部经济的概念，我们可以把因任何一种货物的生产规模之扩大而发展经济分为两类，第一是有赖于此工业的一般发达的经济；第二是有赖于从事此工业的个别企业的资源、组织和经营效率的经济，我们可称前者为外部经济，后者为内部经济。阿林·杨格在亚当·斯密与马歇尔的基础上，第一次论证了市场规模（范围）与迂回生产、产业间分工相互作用、自我演化的机制，从而第一次超越了亚当·斯密关于分工受市场范围限制的思想。阿林·杨格认为由于市场规模的扩大，生产资料的资本投资（生产资本化）变得有利可图，迂回生产方法普遍应用，在此基础上产业间分工深化，产业间分工深化产生了显著外溢效应，进而带来报酬递增与经济进步，深化了亚当·斯密关于分工与市场范围的关系，充分说明了分工一般地取决于分工的基本原理。阿林·杨格（1928）支出在大部分的经济社会中，在原料生产者和最终产品消费者之间所插入的专业化企业网络越来越复杂。

阿林·杨格在提出杨格定理的同时也隐含着市场范围已是内生而不是外在约束，报酬递增与内生分析是累积因果关系。阿罗（1962）开始尝试将学习过程和知识的外部效应引入生产函数，得出了规模收益递增的结论。阿罗的边干边学是通过在岗训练、师徒相传或在工作中积累的经验，由此形成了人力资本。这种人力资本形成过程具有外部效应，阿罗的思想可以追溯到亚当·斯密的分工理论。舒尔茨（1986）将人力资本引入分工框架，认为分工加速了知识的积累，导致了报酬递增的普遍性。人力资本是通过正规和非正规的教育所形成的，他们产生了人力资本的内部效应。阿罗与舒尔茨对后期新增长理论产生了直接影响。在罗默和卢卡斯之后，报酬递增的研究围绕操作性资源（信息、网络、知识等）内生化展开。罗默（1986）在索洛模型的基础上，将市场驱动的研究与开发内生化，将技术引入报酬递增过程中。卢卡斯（1988）将人力资本引入决策过程，人力资本的外部效应直接带来了报酬递增与经济增长。罗默和卢卡斯内生增长也是技术外部性的一种体现。罗默和卢卡斯的新增长理论的建模比新古典理论大大迈进了一步，但仍是基于约束的最大化原理，用生产函数中的要素解释经济增长，所以仍属于新古典主义传统，缺乏微观机制的说明，其最严重的缺陷是未能深究外部经济的内部化问题。斯蒂格勒（1951）和新制度经济学为此提供了一种厂商或微观基础理论，斯蒂格勒试图把厂商理论、竞争产业理论和市场规模融合起来，提供报酬递增机制的说明。威廉姆森所提出的资产专用性是一个最初的尝试，但尚未形成对报酬递增的解释。科斯和德姆塞茨提供了交易成本方面的解释，科斯认为分工组织形式——市场和企业的替代，取决于交易成本的比较。阿尔奇安和德姆塞茨则更深入一步，对于通过合作行为为什么能获取利益这个问题，通常的解释是依赖于它所从事的交换和生产比分别加总的生产具有比较优势的专业化原理。新制度经济学通过强调产权具有使外部经济内部化的功能，为新增长理论提供了微观基础。据此，经济增长可以看作是由导致生产成本和交易成本下降的制度变化过程所决定的。新古典主义传统对报酬递增处理的动态性质是有限的，放弃均衡、最优的思维理念在理论上会产生什么结果？报酬递增的结构主义为此做出了开拓性的尝试。

保罗·克鲁格曼指出，在20世纪50年代，发展经济学中出现了一种特殊的思想倾向，即强调报酬递增以及由市场规模效应引起的金钱外部性的重要性。报酬递增的思想对后期的经济学研究产生了巨大的影响。罗斯斯坦·罗丹（1943）在《东南欧国家的工业化问题》中指出，单个工厂水平的规模经济通过金钱外部性转变为报酬递增，正是通过这种因果累积的过程，使报酬在部门间产生了战略性的互补，所以需要工业化实行相互协作的"大推动"。金钱外部性是罗斯斯坦·罗丹论文的核心观点之一，任何产业或企业不能孤立地进行投资，因而市场规模受到限制，不完全竞争产业的报酬递增技术就不能得到充分利用，在这种情况下，通过协调或大推动，社会总福利才能被提高。纳克斯（1952）在研究不发达国家资本形成问题时是沿着"循环积累因果原理"展开讨论的。缪尔达尔（1957）关于不发达地区的讨论也是沿袭着贫困的恶性累积因果关系展开的。纳克斯和缪尔达尔提出的贫穷的恶性循环实际上是布莱恩·阿瑟用数学模型正式化路径依赖的最初版本，报酬递增使贫困国家锁定在恶性循环的正反馈之中。凡登（1956）最早发现递增的报酬使一些国家的工业生产率的提高与工业总产出的增长之间产生了统计数量的显著关系。卡尔多（1967）通过研究12个工业发达国家经济增长率与该国工业部门产出规模的正相关关系，用实证分析支持了报酬递增理论的正确性。结构主义采用了整体主义方法，认为局部的功能应从系统和结构的整体特征上去认识，累积因果使经济系统具有不稳定的特征，经济变化是典型的非均衡过程。

近三十年来，耗散结构、混沌理论、生物进化理论在西方经济学界产生了一些反响，自然科学中的非线性现象，本质上与经济学中的报酬递增是一回事，只不过经济系统比物理或化学系统更复杂，传统新古典经济学的奠基者是牛顿主义的信仰者，牛顿力学的决定论、可逆性和机械时钟结构也是新古典经济学的基本特征，正如马歇尔给经济学家们提出的任务，经济学家的目标在于经济生物学，而不是经济力学。

阿瑟认为正反馈理论非常类似于现代非线性物理学，阿瑟认为那些以知识为生产基础的行业属于报酬递增的世界，并要求将大量的初始投资用于研究、开发和投产，商业一旦开始，产品就会相当便宜，产量的提高还会带来额外的好处，生产的产品越多意味着获得的生产经验越多，因而就知道怎样能使下一步生产的成本更低。不仅高技术产品的生产成本随着产量增加而下降，而且收益随着产量增加而提高。随机的事件可以逐步积累，被正反馈放大，最终决定结果。由报酬递增决定的经济问题不是静态的、决定论的问题，而是随机事件和正反馈或称非线性为基础的动态过程问题。阿瑟运用概率数学寻找解决其可能性方程的一组不动点决定一个报酬递增问题的一组可能解或可能形式,使用这种工具,经济学家就可以精确定义报酬递增问题,确定其可能的结果,并研究如何达到这种结果的过程,报酬递增不再是完全无法分析的一片混沌了。阿瑟提出了偶然性与必然性,关键时刻的小波动将影响最终选择的结果,技术惯例或标准,像某种技术一样,越来越多地被正反馈所锁定。阿瑟以后的经济学家开始了金钱外部性的研究,典型的是网络外部性的引入。阿瑟与概率理论家合作,为处理这种现象发展了数学方法,这些数学推论令人清晰地看到了一组组不同的历史事件是怎样导致完全不同的结果。沿着结构主义思想,阿瑟确实把报酬递增理论推到了一个新的阶段,它与自然科学中关于复杂的进化系统研究不谋而合,使得研究者开始将报酬递增放在一个更为宽广的科学框架之下进行思考和建模。阿瑟对报酬递增的研究的主要贡献在于,一是肯定了偶然事件,关键时刻的小波动会影响最终的选择结果,这是进化论、生物学思想的最初体现。二是提出了以知识为基础的相关产业的高固定成本、低边际成本的特点,这也是正反馈产生的原因。三是认为随着成本降低和收益增加,报酬递增在高技术产业将成为普遍。四是与概率理论家合作,未处理这种现象发展了数学方法,这些数学推论令人清晰地看到了一组组不同的历史事件是怎样导致完全不同的结果。五是清晰了正反馈的经济特征。六是证明了正反馈将带来多重均衡。七是随着正反馈概念的接受,经济学家们已经开始采用复杂而非简单的,路径依赖、不断进化、自组织而非决定论、可控论、机械论和可预测的观点来描述经济世界。阿瑟对报酬递增研究的贡献是确立了现代网络经济理论研究的初步框架。以网络外部性为基础的,网络经济具有转移成本、正反馈、路径依赖、多重均衡的基本特征,现代网络经济理论框架开始确立。

　　报酬递增在经济学界受到普遍关注在于信息与网络,网络经济的核心是信息如何进入决策活动中,经济学长期认为信息是外生的,主流经济学把信息问题作为研究的一个主要内容还是从肯尼斯·阿罗开始,阿罗指出人们需要花费人力和物力改变经济生活中的不确定性,而之中改变的作用因素就是信息。新古典经济学的理论和方法是建立在完全市场假设之上的,这种完全市场的条件之一就是信息的完备性，这个条件等价于市场和经济环境的确定性。从奈特、诺依曼和凯恩斯一直到斯蒂格利茨和阿罗的时代，经济学家一直将信息作为一种既定的外生因素来认识和研究，后来阿克洛夫、斯彭斯、斯蒂格利茨和赫维兹等开创了信息问题的研究，其研究的根本问题是信息的内生化问题。斯蒂格利茨认为"一旦认识到人们所知道的是内生的，那么很显然，他们所不知道的也是内生的"，同时认为信息经济学的一个核心问题是获得信息和隐藏信息的激励，这就把信息、行为和效率内生有机地联系到一起，从信息的供求来认识问题。

如果简洁明了地概括信息外生论和信息内生认识论的区别与联系，就是前者只发现了外生信息如何影响甚至决定人们的选择和决策，而后者不仅注意了信息的外生性，更强调信息与人们的选择和行为决策之间存在着内在的相互作用关系，强调对信息的供求，这就是对信息的社会属性的认识，这种认识和思维就非常自然地把信息问题提升到市场的高度，通过所建立的信息内生模型和均衡分析方法，从市场结构和制度来研究和解决信息问题。特别是阿克洛夫、斯彭斯和斯蒂格利茨等人的内生分析模型说明了抵消信息不对称性负面影响的很多社会制度出现的原因，其应用范围非常广泛。内生认识论就是把信息作为经济行为的内生变量和市场资源来分析，基于信息分析的现代经济研究不仅证明了制度的重要性，更解释了为什么会产生制度，制度是如何发展，他们该采取什么形式这些问题。

马尔萨克和贝尔曼尝试从效率变化的思路来研究信息的价值，阿罗想用"不确定性的减少需要成本"和"不确定性的负量度"的思路来解决信息价值问题。斯蒂格利茨开始想用一个特定信息结构的净价值可以定义为用它所表达的预期效用最大化来研究这个问题。后来他又尝试用边际分析来解决信息的价值研究，但他和拉德纳、阿诺特等人马上又发现，信息的价值存在着根本的非凸性，边际分析对信息来说还不能通用。所有关于信息、风险和不确定性问题的研究，在信息与不确定性及风险的研究中已经得到了结论，增加信息可以克服不确定性和降低风险，但是在模型分析中，增加信息如何克服效用函数和价值函数的非凸性问题至今一直没有解决，在模型研究中，交易的外部性，隐藏信息和信息不完全都归结为效用函数的非凸性。另外，人们都非常希望市场经济活动能够实现报酬递增的结果，但是由于内在机理和模型在涉及风险、信息和不确定性的问题中连分析函数的非凸性都不具备，甚至连边际分析的条件都不具备，所以更不可能有二阶条件的性质。

5.2 报酬递增的来源——资源演化的视角

5.2.1 不同社会发展阶段对资源需求的演变

人类先后经历了以广义农业为基本特征的生产阶段、以机器大工业为基本特征的生产阶段、以服务业为基本特征的生产阶段，这里我们将其简化为农业经济社会、工业经济社会，服务经济社会。在前两个经济发展阶段，土地、资本、劳动等对象性资源在提高生产力的过程中发挥着主导作用。随着人类迈入服务经济时代，知识、技术、数据、人力资源等操作性资源扮演的角色日益重要，并有超过对象性资源的趋势。三种社会经济发展阶段对资源需求情况如表5-1所示。

表5-1 不同经济社会发展阶段对资源需求的演变

	农业经济	工业经济	服务经济
资源构成	对象性资源	对象性资源为主，操作性资源为辅	操作性资源比重不断提高，并最终占据主导地位
对自然依赖的程度	很大	大	一般
产品/产出的知识含量	很低	低	很高
驱动经济增长的主要因素	劳动力	资本积累	知识和创新
报酬变化的方向	随资源投入增加而递减	随资源投入增加而递减，但递减幅度较农业经济社会平缓	随资源投入增加，报酬不变或增加

从资源构成看，农业经济社会主要依赖的是土地、劳动力等对象性资源，土地成为整个农业经济社会基础，但由于欠缺开采技术，在农业经济社会土地仅限于土地及其地表、地上的可见资源，例如田地、树木、草原、河流，地下矿产、油气资源由于技术的限制难以进行开发利用。劳动力作为作用于土地的主要生产者，而且由于劳动力是整个生产要素中的能动要素，劳动的劳动力的数量和质量是农业及整个国民经济与社会存在与发展的基础。到了工业经济社会，仍然以对象性资源为主，操作性资源为辅。对象性资源中，由于开采技术的发展，地下资源得到了深度开发，矿产、油气资源得到了有效利用，直接带来了工业生产的机械化与电气化。在机械化与电气化的支撑下，市场逐渐扩大，迂回生产变得有利可图，在这个阶段资本成为主要的对象性资源，资本决定了生产资料的投资，即迂回生产。在此阶段对劳动力的人力资本投资得到重视，教育与培训使得劳动力的能动性进一步增强。在服务经济社会，操作性资源比重不断提高，并最终占据主导地位。在服务经济社会，由于对象性资源的开发与利用已达到了一定的极限，继续带来经济增长，必须扩大可利用资源的范围，知识、技术、数据、人力资源开始进入生产过程，但在对操作性资源的认识过程中，经历了由外生对内生的过程，外生增长认为操作性资源可以优化对象性资源，从参数的改变，带来经济增长，但操作性资源仍不是增长的要素。内生增长认为操作性资源与对象性资源一样，是经济增长的要素，并且由于特征的差异，会带来报酬递增。

从对自然的依赖程度看，农业经济社会对自然依赖的程度很大，农业经济社会"靠天吃饭"是延续到现在的规律，农业科技发展的前提就是改变农业靠天吃饭的现状。肥料、温室、育种技术等的改变就是打破对土地肥力、气温、病虫害的依赖。在工业社会，对自然依赖的程度仍然较大，这时对自然的依赖主要体现在对矿产、油气等资源依赖，在工业社会对资源占有的程度，直接决定了经济增长的路径与经济发展的水平。到服务经济社会，对自然资源的依赖程度降低，由于操作性资源的非稀缺性与共享性，导致经济增长的重心转移到对操作性资源的开发与利用。从"产品/产出"的知识含量看，农业社会"产品/产出"的知识含量很低，农业经济社会的主要产品是农产品，由于农业生产者的知识与技术水平有限，对农业生产的改造与创新都集中在产量的提高，农产品大多是同质化的，知识含量低。在工业经济社会，由于依托的仍然是对象性资源，技术进步的初衷仍然是提升对象性资源的运用效率，"产品/产出"的知识含量仍然较低，价格竞争仍然是主要的竞争手段。在服务经济社会，由于知识、技术、数据、人力资源等操作性资源占主导，操作性资源的基本属性是知识性与差异化，导致其服务产出知识水平高，主要的竞争手段由价格竞争向差异化竞争转变。

从驱动经济增长的主要因素看，农业经济社会主要的要素是劳动力，劳动力数量与劳动力质量直接决定一个国家和地区经济的增长，这里的劳动力质量主要是指劳动力的体力状况，由于劳动力体力的稀缺性和消耗性，直接导致农业经济社会的报酬递减，劳动力的报酬递减也是古典经济学的前提。工业社会依托的主要要素是资本，资本积累的水平直接决定一个国家和地区经济的增长，从资本的原始积累看，主要工业国家依赖于暴力掠夺、殖民地贸易、盘剥小生产者与农民等完成了资本积累，然后在扩大再生产过程中减少对消费品的投资，增加对生产资料的投资，将剩余价值转化为资本积累。亚当·斯密在对生产性劳动和非生产性劳动界定过程中，指出"若只有勤劳，无节俭，有所得而无所贮，资本绝不能加大"。资本积累是工业经济社会经济增长的主要驱动力，新古典经济学以资本的报酬递减为基本前提与假设，所以工业经济社会报酬变化的方向也是报酬递减的。服务经济社会，驱动经济增长的主要因素是知识与创新，知识、技术、数据、人力资本的运用水平逐渐提高，不仅提升了对象性资源的产出效率，同时其基本性质带来的报酬递增，导致其成为驱动经济的主要因素。由于操作性资源报酬递增的假设，伴随着新增长理论、新贸易理论等理论的兴起，报酬递增思想才重新回到主流经济学的视野中。

5.2.2 对象性资源与操作性资源特征比较

接下来我们对对象性资源与操作性资源的特征进行比较，系统说明报酬递增的来源（见表5-2）。从消耗的程度看，对象性资源是消耗性的，操作性资源是非消耗性的，消耗性是指随着资源的开发与使用完毕，资源不可再使用的性质。消耗性直接决定了稀缺性，由于对象性资源是有限的，随着资源的使用，对象性资源势必逐渐减少。对象性资源的消耗性与稀缺性，导致其开发与利用边际成本会逐渐提高，而边际产出会逐渐下降，最终导致报酬递减。以土地为例，土地本身由于土地肥力的下降，在保持产量一定的情况下，必须增加对肥料的投入；在保持投入不变的情况下，产量必然逐渐下降。两种情况综合的结果是土地报酬递减。而操作性资源经过消费后，其效用仍然存在，操作性资源的非消耗性导致其非稀缺性，随着存储技术的发展与操作性资源的共享，其数量会呈现爆炸式增长，而且操作性资源共享的过程中会产生显著的外溢效应，数量增加与外溢效应的存在使得依托操作性资源的经济活动增值性较大或增值性无限。数据作为操作性资源其价值已经得到了普遍的认可，数据产生价值的核心是数据的非稀缺性，由于数据的二重性（任何数据都具有二重性，任何数据都代表着相应的实体活动的要素、资源和事物，反映实体主体的存在、活动与关系，数据是物质存在的反映；同时数据是实际存在和变化的资源，信息是报酬递增的核心要素），只要有人类活动一定会产生数据，王汉生（2018）认为只要是可被电子化记录的就是数据，由于数据获取手段与技术的发展，传统照片、视频、语音等都成为了数据，数据的范围极大扩展，而且由于数据是可共享的，在共享的过程中不仅会产生新的海量数据，更为关键的是数据在分享过程中其代表的主体的相互关系将清晰化，基于新的关系不仅会改变传统实体价值创造，而且会产生虚拟空间价值的创造，价值增值无限，这也是大数据与云计算技术爆发式增长的基本原因。而对象性资源消耗性与稀缺性的存在，使得其在使用与消费过程中必须以等价支付为前提，没有等价支付便会排除在使用或消费的范围之外，具有很大程度或完全的排他性。而且排他性的前提是产权的界定清晰，产权的界定也会增加依托对象性资源的社会生产的成本。对象性资源的排他性与产权界定交易费用的存在，使得依托对象性资源的经济活动的增值性被限制在一定范围、程度上，增值空间小。

表 5-2　操作性资源和对象性资源特点的比较

项目	操作性资源	对象性资源
消耗程度	非消耗性	经过消费物质形态基本不存在
稀缺性	非稀缺性	很大程度上有着明显的稀缺性

续表

项目	操作性资源	对象性资源
共享程度	可共享性	很大程度或完全的排他性
增值性	增值性较大甚至无限	在一定范围、程度上的增值性
外部性	正外部性	负外部性
交互关系	交互性	非交互性
典型代表	知识、技术、数据	土地、劳动、资本

资源的密集使用的过程中，企业与消费者的活动必然会给当事人之外的第三者产生直接影响，像这样企业的生产活动及个人家庭的消费活动会不通过市场交易，直接且无偿地对其他经济主体造成影响，这种情况我们称之为外部性，当这种活动对第三者造成不利影响时，就产生了负外部性，相反，企业或个人的行为对第三者产生有利影响，就产生了正外部性。对象性资源具有典型的负外部性，尤其是矿产、油气资源的使用，产生了典型的负外部性——污染，污染使得企业只考虑了私人成本，没有将社会成本内部化，其结果是过度生产，均衡结果偏离帕累托最优。新古典经济学由于产生的基础是对象性资源，其外部性大多指的是负外部性。操作性资源产生的外部性主要指正外部性，其中包括技术外部性与金钱外部性。技术上的外部性是产权的束在公共领域所导致的高昂交易费用和收益的不确定性。技术外部性的典型代表是新增长理论，罗默（1986）在索洛模型的基础上，将市场驱动的研究与开发内生化，将技术引入报酬递增过程中。卢卡斯（1988）将人力资本引入决策过程，人力资本的外部效应直接带来了报酬递增与经济增长。金钱上的外部性是由于分工所产生的种类和数量（市场规模）在经济行为者之间交互作用的收益和损失。数据、信息、网络产生价值的核心是典型的金钱外部性，在网络经济中又取得了另一个提法——网络外部性，网络外部性主要是指在网络中一种行为的价值的增加伴随着采取相同行为的市场主体的数量增多而发生。

5.2.3 理论推导

从上述分析可以看到，土地、资本、劳动等对象性资源是报酬递减的或边际收益递减的；知识、技术、数据、人力资源等操作性资源是报酬递增的或边际收益递增的。为了分析方便，我们假设企业的总收益函数满足以下形式：总收益函数 $R(m, n) = r_1(m) + r_2(n)$，其中 m 代表土地、资本、劳动等对象性资源，n 代表知识、技术、数据、人力资源等操作性资源。$r_1(m)$ 代表对象性资源的收益函数，满足边际收益递减，因此 $r_1(m)$ 递减；$r_2(n)$ 代表操作性资源的收益函数，满足边际收益递增，因此 $r_2(n)$ 递增，对于总收益函数来讲，$dR(m, n) = \frac{\partial r_1(m)}{\partial m}dm + \frac{\partial r_2(n)}{\partial n}dn$ 的增减，即总边际收益的效应是增大还是减小，取决于对象性资源决定的边际收益的递减量和操作性资源决定的边际收益递增量的比较。在这种情况下，当 $\frac{\partial r_1(m)}{\partial m} > \frac{\partial r_2(n)}{\partial n}$ 时，$dR(m, n)$ 递减，即总边际收益是递减的，也就是说随着要素投入的增加，报酬是递减的；当 $\frac{\partial r_1(m)}{\partial m} < \frac{\partial r_2(n)}{\partial n}$ 时，$dR(m, n)$ 递增，即总边际收益是递增的，即随着要素投入的增加，报酬是增加的。具体来看，在农业经济时代，人类在严重依赖自然的前提下不断加深对自然经济的认识，随着种植水平的提高、劳动工具的改进等，使对象性资源占绝对比重的农业经济获得了发展，但在农业经济社会末期，受土地、劳动力等自身固有属性的限制，经济发展开始缓慢甚至停滞，表现在图 5-1 中则是曲线 $r_1(m)$ 在农业经济社会阶段斜率从较高水平开始下降。由于农业社会技术水平低下，操作性资源投入几乎没有，因此，$r_2(n)$ 曲线的斜率在农业经济社会几乎为零。在工业经济社会发展进程中，对象性资源投入仍占总投入的较大比重，但操作性资源的投入也开始出现，特别是在工业社会后期，操作性资源的投入明显加大，表现在图 5-1 中曲线 $r_2(n)$ 在工业经济社会后期斜率显著增大，即拐点 O 后斜率的显著变化。人类进入到服务经济社会后，操作性资源占的比重远远超过对象性资源，所以曲线 $r_2(n)$ 的斜率在知识经济社会出现加速增长，相应收益不断增大；而曲线 $r_1(m)$ 在这个阶段的斜率无限趋于零，收益也相应增长缓慢，从而使总收益曲线 $R(m, n)$ 与 $r_2(n)$ 在知识经济社会阶段图形趋于一致。相应在图 5-2 中对应给出了随着要素投入的增加，边际收益的变化情况。传统经济时代，产品只是劳动、资本等对象性资源简单组合的产物，产品中的技术含量在分析中常常被忽略，因而随着要素投入的增加，收益是递减的。因此，

报酬递减规律成为微观经济学的重要前提假设就非常合理,并且具有较强的解释力;而在工业经济社会后期以来,操作性资源在总生产要素中所占的相对比重日益提高,如果继续把报酬递减规律作为微观经济学的前提假设就显得不合时宜,这也正是在信息产业领域中报酬递减规律无法解释现实情况的原因所在。如果全社会产品中的操作性资源的比重超过一定比例,则经济增长方式将会相应发生不同于以往仅仅依靠对象性资源投入而带来的变化。传统的计算经济增长时,由于技术(知识)外部效应无法明确计算而作为外生变量的情况会由于知识产品的大量出现、交易价格稳定而被纳入内生变量,在一定的条件下,经济增长往往表现出报酬递增的特征。综上所述,对象性资源与操作性资源在总生产要素中的比例结构决定了报酬的方向,当对象性资源比例超过操作性资源,经济增长放缓;当操作性资源超过对象性资源时,经济增长加速。

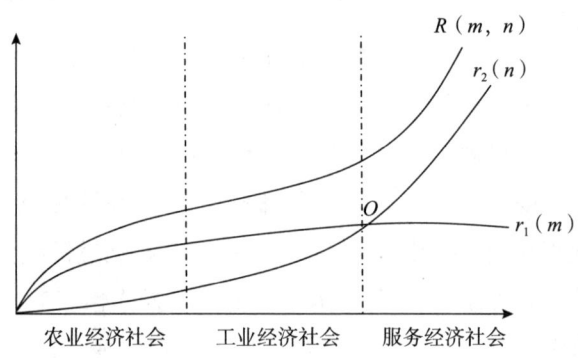

图 5-1　不同社会阶段收益函数的变化

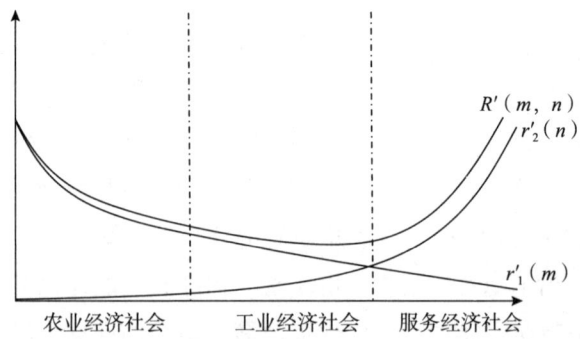

图 5-2　不同社会阶段边际收益函数的变化

5.3 操作性资源、报酬递增与服务业增长

5.3.1 操作性资源与报酬递增

操作性资源投入增加所带来的报酬递增主要产生于两个层次：一是操作性资源仍是外生的，仍然是变量（参数），通过操作性资源的投入改变对象性资源的产出报酬方向。以经济增长的索洛模型为例，在索洛增长模型中技术仍然是外生参数，但是技术进步是能克服资本边际产出下降的，并且从长期来看，一国的经济将与技术进步同比例增长。二是操作性资源内生化带来的报酬递增。关于知识、技术、数据、人力资源等操作性资源与对象性资源一样，使经济增长的要素已经得到了经济学家与企业实践的普遍认同，但是关于操作性资源内生分析仍停留在经验判断或初步的实证分析阶段，缺乏完整的理论体系与框架。

5.3.2 报酬递增与服务业增长

舒尔茨在《报酬递增的源泉》一书中开宗明义："经济学家寻求发现报酬递增起源的努力并非徒劳。这导致了知识的进步，而知识的进步又带来了收入的增长。同样正确的是，每一次进步，作为一个过程，最终还是受制于报酬递减。这意味着不存在已为人知的、独特而持久的收入增长过程。"也就是说，可以被验证的报酬递增，是一个阶段性的现象，且引起报酬递增的因素也在发生变化，而从长期看是报酬递减规律在起作用。这好像和市场与企业家的关系相似：企业家在创造超额利润，市场使其平均化，企业家又继续创造超额利润，周而复始，市场的平均利润率规律总是在起作用。近几十年来，经济学关于报酬递增的研究，是和索洛剩余、全要素生产率的研究联系在一起的。舒尔茨说："现在我们有大量的数据显示，在生产力增长方面存在着巨大的未得到解释的剩余，这种剩余体现了我们对经济增长无知的程度。在这些未得到解释增长的组成部分中，隐藏着各种报酬递增的因素。"在若干与报

酬递增有关的要素中，人力资本的重要性现在经常被置于首位。对于这一点，舒尔茨是这样说的："我们的经济系统的最突出特点就是人力资本的增长。没有它，除了那些从财产中获得收入的人，就只有艰苦的体力劳动和贫穷。"在舒尔茨那里，人力资本经常表述为专业人力资本。他说："我现在转向对经济思想和有关证据的搜寻工作，以评估认为专业人力资本是报酬递增重要来源的假说。我将会不辞辛劳地去考察大量的有关企业家的绩效的证据，以显示从报酬递增事件中获得的收益率。"

关于报酬递增与服务业增长我们可以从两方面看，我们将报酬递增分解为投入减少与产出增加两种效应。关于投入减少带来的效应，我们知道服务业是处理交易的，它的发展有一个重要作用，就是降低交易成本。现阶段，中国存在着生产成本很低，交易成本却非常高的问题。服务业发展的过程中，由于知识、数据、人力资源的引入，新零售、新物流、新金融、新技术全面发展，从新物流来看，以京东为例，2016年京东商城正式宣布京东物流正式向第三方开放，将过去十年积累的经验与价值，服务中国商业社会，为外部企业降低供应链成本，提升流通效率。新零售、新物流、新金融、新技术相互共享接口、实现兼容，将形成覆盖全社会的新的商业基础设施，将在更高水平上降低全社会交易成本，提高交易效率。关于产出增加效应，服务业发展的过程中，由于知识、数据、人力资源的引入，由于其报酬递增的特征，将与对象性资源一起带来产出增加。以作为新零售、新物流、新金融的核心的数据为例，伴随着零售、物流、金融等活动，自然会产生数据，数据被记录下来，数据被算法处理，然后直接形成决策，并且新零售、新物流、新金融的数据经过兼容，其相互关系可以得到验证，数据将进一步产生指数级增长，其来源于我们所说的网络外部性（网络协同效应），新零售、新物流、新金融、新技术形成的新的商业基础设施，将形成巨大的黑洞效应，卷入周边更多的资源与要素，网络效应进一步增强，并且这个过程是不可逆的。

拓展阅读

阿里巴巴的大数据战略[①]

1. 阿里巴巴大数据概况

阿里巴巴集团是一家由中国人创建的国际化的互联网公司，自成立以来，逐渐发展完善了B2B交易平台、支付宝、淘宝网、天猫等主要电子商务业务，并陆续在大数据、云计算等领域发力。早在还没有多少人知道"大数据"一词的2008年，阿里巴巴就将大数据作为公司的基本战略，走在了国内其他企业的前列。阿里巴巴集团董事局主席马云在2014年召开的第十四届中国年度管理大会上表示，阿里巴巴公司其实并不是电子商务公司，实质上是一家数据公司。在淘宝网、天猫商城、阿里巴巴金融、菜鸟物流等产品的背后，阿里巴巴真正的目标都是数据。阿里巴巴试图通过不同的服务或产品获取整个社会的相关数据，并利用数据来预测用户行为和社会发展趋势，用数据创造价值才是阿里巴巴的最终目的。

阿里巴巴在大数据领域的优势首先体现在其拥有海量的数据资源上。以淘宝网为例，用户进行购物的整个交易过程的每一个节点都会产生大量的数据，这些数据都将为阿里巴巴所用。其次阿里巴巴在大数据方面的优势还表现为其掌握的信息最全面，而且最有商业价值，这些信息包括阿里巴巴客户的购买信息、信用信息、金融信息等。阿里巴巴的大数据不仅用于公司内部分析决策，它还开发出许多面向商家的大数据工具，例如数据魔方、卖家云图等，通过这些大数据工具商家可以及时把握市场趋势、了解用户需求，通过有目的的数据分析，还可以提高消费者的购物体验。此外，阿里巴巴还推出淘宝指数，供有需要的研究人员、统计机构等进行相关调查研究。

由此可见，阿里巴巴大数据的健康快速发展，得益于其具备完善的大数据生态系统，针对阿里巴巴大数据生态系统的构建机制进行分析对如何构建

[①] 李北伟，季忠洋，朱婧祎. 大数据生态系统构建机制研究——以阿里巴巴为例 [J]. 情报科学，2018（2）：43-47.

我国的大数据生态系统具有一定的普适性。

2. 阿里巴巴大数据生态系统模型

从阿里巴巴的大数据概况分析可知,阿里巴巴旗下的业务平台如淘宝、天猫、支付宝等每天都会产生大量的数据信息,其中包括干扰数据、失真数据、待加工数据等,阿里巴巴通过采集、传输、处理等技术对海量信息进行整合、提炼和价值挖掘,最终形成有巨大价值的信息为企业内部决策提供支持,并通过数据交易市场为外部消费者提供大数据产品及数据信息等消费品。据此,本文初步提出阿里巴巴大数据生态系统模型框架图(见图5-3)。

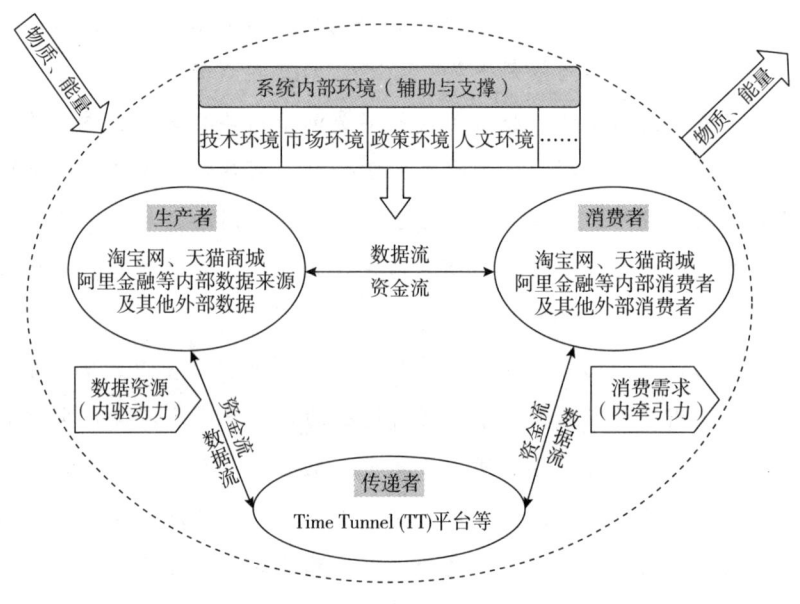

图5-3 阿里巴巴大数据生态系统模型框架图

3. 阿里巴巴大数据生态系统构建机制

阿里巴巴大数据生态系统构建的主导机制。阿里巴巴的大数据发展处于由CEO直接领导的一级战略地位,同时为指导并协调各部门的运营,阿里巴巴领导层又成立了横跨各部门的大数据委员会协助各部门工作及数据基础设施平台的底层互通。此外,阿里巴巴通过对旗下业务平台的海量数据进行整合,构建企业的大数据资源库。在做好企业自身数据资源整合的同时,阿里巴巴也在展开外部数据资源整合工作,如对新浪微博股权的收购以获取微博用户数据足迹，对高德软件的股份收购以分享其用户数据信息、交通信息及地理位置信息等。阿里巴巴对墨迹天气、UC 浏览器、美团等的并购也都离不开数据资源的获取。同时，阿里巴巴不断加大大数据人才培养力度，如建立数据分析师队伍，开展"全民性的数据普及教育"活动，与高校联合培养人才等，这都为阿里巴巴大数据生态系统的运行与构建打造了良好的生态环境。可以说，阿里巴巴大数据生态系统的成功离不开领导层的远见卓识。

阿里巴巴大数据生态系统构建的基础机制。阿里巴巴大数据生态系统中数据架构与技术架构的协同配合，为它的构建与运行提供了基础。①数据采集。阿里巴巴旗下的平台上每天有数亿用户在进行商业、娱乐等活动，源源不断地产生海量数据，因此作为阿里巴巴数据架构中第一步的数据采集极其重要。阿里巴巴通过制定标准的数据采集体系保证数据采集的全面性、高效性及规范性，并将采集的数据传输到数据存储平台。阿里巴巴通过 Aplus.JS 与 UserTack 两大体系进行日志数据采集，并通过 TimeTunnel（TT）平台进行数据传输，TT 平台既包括数据库的增量数据传输，也包括日志数据的传输。②数据计算。阿里巴巴通过数据存储及计算云平台（MaxCompute 和 StreamCompute）和数据整合及管理体系（OneData）对数据进行计算处理。MaxCompute 负责数据存储及计算，StreamCompute 负责支持数据流式计算需求，两大平台均由阿里巴巴自主研发；OneData 负责对海量数据进行统一处理并提供标准数据输出。③数据服务。当数据已被整合和计算好，阿里巴巴需要提供大数据产品和应用进行数据消费，因此阿里巴巴构建了自己的数据服务层，通过接口服务化方式对外提供数据服务，数据服务层对外提供数据服务主要是通过 OneService 平台。④数据应用。经过上述阶段，数据已经准备好可通过合适的应用提供给用户，让数据最大化地发挥价值。阿里巴巴对数据的应用表现在各个方面，如推荐、金融、信用、文娱、物流等，而商家、阿里巴巴内部人员及其他组织群体等都是阿里巴巴的数据应用方。

阿里巴巴大数据生态系统构建的核心机制。随着阿里巴巴大数据业务的扩大，阿里巴巴大数据市场逐渐主导其大数据的发展。从 2005 年开始，阿里巴巴不断研发并推出数据魔方、云镜数据、量子恒道等大数据产品，满足旗下电商平台的信息需求。此外，阿里巴巴在大数据上的关注点也在从集团内部走向外部。2016年1月20日，阿里巴巴发布全球首个一站式大数据平台"数加"，平台旗下包含一系列的大数据产品及服务，覆盖数据采集、计算引擎、数据加工、数据分析、机器学习、数据应用等数据生产全链条，致力于让全球任何一家企业、个人都能用上大数据。

阿里巴巴大数据生态系统构建的保障机制。阿里巴巴在2012年就设立了首席数据官岗位，负责推进"数据分享平台"战略，并在公司内部开展"全民性的数据普及教育"活动，使每一位员工都要具备运营数据的能力。2016年，阿里巴巴与贵州理工学院联合共建"阿里巴巴·贵州理工大数据学院"以培养大数据人才。同时，阿里巴巴也在致力于培养有能力开发出具体做销售的商用化大数据产品的数据管理人才，以实现大数据的市场价值的最大化。总之，复合型的大数据人才为阿里巴巴大数据生态系统的构建与运行提供了有力保障。

本章小结

报酬递增是经济增长的理想状态，在传统以操作性资源为主导的经济增长模式中，长期遵循报酬递减规律，当数据、知识、人力资源等要素进入经济决策，并成为核心要素时，由于其非消耗性、非稀缺性、可共享性、正外部性、交互性的特征，使得服务业中报酬递增逐渐由特殊性向普遍性转化，使得李嘉图基于"收益递减规律"基础上的资本主义经济最终进入稳定状态的预言始终没有到来，而与此形成鲜明对照的是经济发展进程虽然时有波澜，但以服务业为主导的报酬递增新路径，仍然使得全球经济大体上保持着增长的势头。

学术观察

（1）操作性资源、报酬递增与服务业增长。

（2）报酬递增的内生分析。

**参考文献**

[1] 阿林·杨格,贾根良.报酬递增与经济进步[J].经济社会体制比较,1996(3):52-57.

[2] 贾根良.报酬递增经济学:回顾与展望[J].南开经济评论,1998(6):29-36.

[3] 钱书法.劳动分工深化、产业组织演进与报酬递增[J].马克思主义与现实,2003(6):99-103.

[4] 石涛,陶爱萍.报酬递增:特殊性向普遍性转化的分析[J].中国工业经济,2007(4):5-12.

[5] 董林辉,段文斌.技术进步的原因与性质——基于分工和报酬递增的研究[J].南开经济研究,2006(6):41-49.

6 价值网络

6.1 价值链理论概述

6.1.1 价值链

迈克尔·波特认为每一个企业都是用来进行设计、生产、营销、交货以及对产品起辅助作用的各种活动的集合。所有这些活动都可以用价值链表示出来，一个企业的价值链和它所从事的单个活动的方式反映了其历史、战略、推行战略的途径以及这些活动本身的根本经济效益。一定水平的价值链构成是企业在一个特定产业（业务单元）内的各种活动的组合。一个产业或部分范围的价值链过于广泛，因为它可能会混淆竞争优势的各种来源。虽然同一产业内的企业有相似的价值链，但竞争对手的价值链常常有所不同。竞争者价值链之间的差异是竞争优势的一个关键来源。一个产业中企业的价值链可能会因为产品的不同特征、卖方、地理区域或分销渠道的不同而有所区别。

就竞争角度而言，价值是买方愿意为企业提供给他们的产品所支付的价格。价值用总收入来衡量，总收入则是企业产品所得到的价格和所销售的数量的反映。如果企业所得到的价值超过创造产品所花费的各种成本，那么企业就有盈利。为买方创造超过成本的价值是任何基本战略的目标。分析竞争地位时必须使用价值而不是成本，因为企业为了获取经营差异化所带来的价格溢价常常有意抬高成本。

价值链列示了总价值，并且包括价值活动和利润，价值活动是企业所从事的在物质上和技术上的界限分明的各项活动。他们是企业创造对卖方有价值的产品的基石。利润是总价值与从事各种价值的总成本之差。这一差额可以用很多方法来度量。供应商和渠道商的价值链也包括一个差额，他对于分别认识企业成本地位的各种资源非常重要，因为供应商与渠道利润都是买方所承担成本的一部分。

每一种价值活动都是用外购投入、人力资源和某种形式的技术来发挥其功效。每一种价值活动也使用和创造信息，例如买方数据、业绩参数和废品统计，价值活动也可以创造资产如存货和应收账款，或负债如应付账款。

价值活动可以被分为两大类，基本活动与辅助活动。基本活动如图6-1底部所示，是涉及产品的物质创造及其销售、转移给卖方和售后服务的各种活动。任何企业中，基本活动都可以划分为如图6-1所示的五种基本类别。辅助活动是辅助基本活动并通过提供投入、技术、人力资源以及各种公司范围的职能以及相互支持。企业的实践反映了这样的事实，即采购、技术开发和人力资源管理都与各种具体的基本活动相联系并支持整个价值链。企业的基础设施虽并不与各种特别的基本活动相联系但也支持整个价值链。

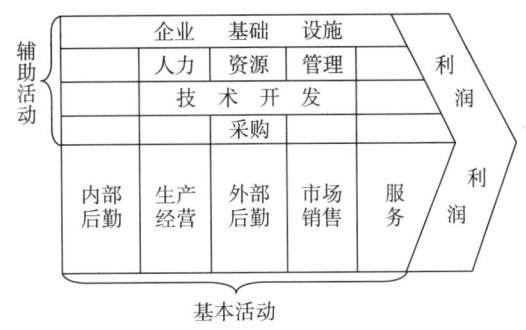

图6-1 产业链的基本活动

因此价值活动是竞争优势的各种相互分离活动的组合，每一种价值活动与经济效果结合是如何进行的，将决定一个企业在成本方面相对竞争能力的高低。每一种价值活动的进行也将决定它对卖方需要以及差异化的贡献。与竞争对手的价值链的比较揭示了决定竞争优势的差异所在。

对价值量而不是附加价值的分析是研究竞争优势的一种适宜的方法。附加价值（销售价格减去外购原材料的成本）有时被看作是成本分析的焦点，因此它被看作是企业能够控制成本的因素。然而，附加价值并不是成本分析的坚实基础，因为它对原材料与许多用于企业活动的其他外购投入的区分不正确。而且，如果没有同时对用于开展这些活动的投入成本的研究，活动的成本行为就不能被认识。此外，附加价值不能明确显示企业与供应商之间的联系，而正是这种联系能够削减成本或增强经营差异化。

6.1.2 价值的创造

定义有关价值活动要求将技术上和经济效果上分离的活动分解出来，如生产与营销这样广义的概念必须进一步细分为一些活动，产品流、订单流或文件流在这种分解中或许有益。分解一定程度上依赖于这种活动的经济性和分析价值链的目的。这些活动被分离和分列的基本原则是：具有不同的经济性；对差异化产生很大的潜在影响；在成本中比例很大或所占比例上升。在使用价值链分析揭示出对竞争优势重要的差异时，对一些活动的分解必定会成功；而另一些活动则被组合起来。以为他们被证明对竞争优势无足轻重或决定于相似的经济性。

迈克尔·波特关于价值链定义与价值来源的论述中不难发现，企业价值的来源是价值链分解，基于价值链分解产生了制造外包与服务外包，制造外包与服务外包是企业价值的主要来源，尤其随着全球经济一体化的加剧，制造外包与服务外包在全球层面展开，在全球空间要素的再配置进一步提高了价值创造的能力。关于外包简单的定义为"企业签订外部供应合约完成过去在内部进行的经济活动"，科斯在《企业的性质》以及《社会成本问题》中论述市场和企业是两种可以相互替代的生产组织方式，企业内部协调费用与市场交易费用的比较，是选择市场合约还是企业合约的决定因素。江小涓（2008）根据科斯的论述，把外包看作一个从企业内部合约转向外部市场合约的过程，即重新划定市场和企业边界，这是一个典型的"科斯问题"。并且其认为企业内部合约转向外部市场合约的关键是企业内部协调费用与市场交易费用的比较，当市场交易费用低于企业内部协调费用时，企业选择进行外包与外化。卢峰（2008）具体对外包过程中的利益来源于成本约束进行了经济学分析，其认为外包将为企业带来比较优势效应、规模经济效应、学习效应与结构瘦身效应，同时将增加运输与商务旅行成本、信息交流成本、潜在风险成本、其他交易成本。综合江小涓（2008）、卢峰（2008）的观点价值链的价值来源主要是外包，具体包括制造外包与服务外包，外包是市场合约替代企业合约，在其替代过程中，企业主要权衡利益来源于成本约束，而不仅仅局限于内部协调费用与市场交易费用的权衡。

6.1.3 价值链理论及其不足

在有关价值链的论述方面，波特的价值链概念最具代表性。波特认为，价值是买方愿意为企业提供给他们的产品所支付的价格。它往往用总收入来衡量。一定水平的价值链是企业在一个特定产业内的各种活动的组合。应当说，价值链扩展了以往人们惯用附加价值来分析价值增值的范围，加强了对与价值链有关的各种资源配置活动的认识。价值链概念的形成源于产业经济的观点，在整个产业中，产业的价值活动由上游企业向下游企业传递。同样，在范围相对较小的单位产品价值链上，由于每一种价值活动的资源配置方式和配置成本会因企业差异有所不同。因此，创造成本或差异的竞争优势是企业价值链的一个功能。按此逻辑，价值链产生价值的假设是，企业价值是按单位的生产组织活动顺序产生的。链环的下游在组织内是影响价值的关键。然而，任何一个组织首先是不同主体的集合，在人们有限理性的假定下，组织的价值认同是不同主体价值观博弈的结果，由此产生的是组织在追求一种组织利益的平衡。其次环境的迅速变化已使企业组织活动的不确定性大大增加，组织方式上的柔性要求和组织间联盟管理的重要性越来越成为价值增值过程的关键因素。具体地说，价值链的思维及其局限性表现在以下几个方面：

线性思维，注重分析，忽视综合与交互行动。价值链分析者认为，无论企业在价值链中独立完成多少环节的工作，它都是在对上、下游可选择企业进行竞争性分析的基础上开展业务。同时，在企业组织内部，重点强调的是资源配置效率，以产生差异化和低成本。当然，在环境变化的速度不快且与企业业务有关的主体中存在相对影响力很强的主体时，价值链可较好地服务于该强势主体,其他主体不得不在同样的价值链上寻找自己的位置和竞争优势。但是,当环境变化快且有关主体之间需要合作与竞争并存时,上述分析思维就难以适应。首先,快速变化的环境使得企业必须联合不同的主体共同把握机会,从而客观上产生了利益主体间的网络关系。其次,企业在平衡资源配置效率和创造机会、适应变化时,会越来越关注后者,因此,新的思维方式将逐步代替原有的思维方式。最后,新思维方式的产生将必须能够综合有关主体的需求和实现这一需求的活动,而所有活动的联系将在价值网络的环境下进行,活动开展的过程就是价值创造的过程。

静态地看待竞争,忽视创新和资源的价值创造。价值链关注各环节上有关主体间的竞争关系,强调尽可能地利用经济选择权,以在价值形成的过程中实现自身价值的最大化。"波特的理论是静态的,在这一理论中,战略思维关注的是在固定的经济馅饼中得到最大可能的份额"。事实上,主流经济学体系从创建到现在,一直将创新作为黑箱来处理,从而导致在分析企业价值过程中忽视创新。由于价值网络中的利益主体之间存在着复杂的竞争与合作关系,并且这种关系在随时间和环境的变化而变化,因此,有效的创新,特别是价值网络的群体创新不仅是重要的,而且是维系群体存在、实现价值创造的基础。另外,价值链模型把资源(如信息)看作是价值增值过程的辅助成分而非价值本身的源泉是不正确的。

注重资源的单向配置,忽视价值系统中因素的多重影响。持价值链观点的人认为,尽管相关的主体之间有着不同程度的竞争关系,但下游组织为上游组织提供着需求,从而资源分配是从上游向下游单向配置的,即下游组织得到需求满足并向上游组织支付费用。然而,现实社会的需求往往是双向甚至是多向的,上、下游组织可以相互创造新的需求。例如,多元化企业联盟的关系往往难以用一条价值链来描述,资源在不同价值链上配置必然使得多个价值链发生多向的联系,从而构成价值网络。近年来,原本竞争十分激烈的同行公司纷纷合作,加入到电子商务的价值创造的网络之中,共同构建它们的价值网络系统。在上述情况下,价值链的概念已不能作为分析交互关系的工具和理论基础来有效地说明问题的性质并提出合理的解决方案。价值网络相对于价值链而言,就是要人们在关注自身价值形成的同时,也要更加关注价值网络上各节点的联系,冲破价值链各环节的壁垒,提高网络在主体之间交互作用对价值创造的推动作用。

6.2 价值网络

6.2.1 价值网络产生的原因

6.2.1.1 操作性资源的内生化,操作性资源的交互性是形成价值网络的基础

在第 5 章我们系统介绍了操作性资源在企业投入的比重日益提高,而且操作性资源在总要素投入比例超过对象性资源是报酬递增由特殊性向普遍性转变的根本原因,在对比分析操作性资源与对象性资源的基本特征时,我们没有分析操作性资源与对象性资源的交互关系,在这里我们详细地补充说明。操作性资源的交互性是形成价值网络的供给基础。

交互性是指相互作用、相互影响的交流互动的性质,土地、资本等对象性资源由于其被动性,不存在相互交流互动的可能,劳动力作为作用于土地的主要生产者,而且由于劳动力是整个生产要素中能动要素,其交流互动的能动性决定了农业及整个国民经济与社会存在与发展。但随着技术的发展,尤其是物联网技术的创新与应用,对象性资源与其构成的主要商品将产生交互性,对象性资源的交互性是构成整个智能化工业革命的基础。知识、数据等操作性资源从其产生根源看便具有关系性与交互性的本质特征。约瑟夫·熊彼特认为,经济发展的基础是创新,即把获取的原料、资源等生产要素进行重新组合(即"新组合")以产生新的生产方式。科学家和工程师通过对不同学科的知识、理论和技术的组合来创造新知识。事实上,对已有知识的重新组合也是新知识产生的途径之一。从熊彼特对知识的描述过程看,知识产生过程是知识的相互作用、相互影响交流互动的过程,知识拥有显著的交互性。数据具有二重性,任何数据都代表着相应的实体活动的要素、资源和事物,反映实体主体的存在、活动与关系,数据是物质存在的反映;同时数据又是实实在在的要素。数据从产生看，因为其产生于其主体的关系，所以其主体的相互交流互动产生了海量数据——大数据。

那么为什么交互性会产生价值网络呢？我们从网络产生的原因看，系统性与交互性是网络产生的核心因素。网络的系统性是指无论网络如何延伸，也不论新增多少网络节点，它们都将成为网络的一部分，同原网络结成一体，因此整个网络都将因为网络的扩大而受益。网络的交互性是指网络内的任何两个节点之间具有互补性，可以进行交流互动。物联网支撑的对象性资源以及操作性资源本身的交互性都使得其满足构建网络交互性的基本条件。

6.2.1.2 消费者需求的多样化、个性化是价值网络形成的需求来源

从现阶段消费特征看，消费者的个性化、多样化消费逐渐成为主流。消费的个性化的内在含义是消费者提出个性化主张，企业与消费者共同完成价值创造，我们知道从消费者提出价值主张，直接或间接通过中介传递到企业，企业根据消费者个性化需求进行设计研发，并进行消费者反馈，最终内置化制造或制造外包，整个过程产生了一个完整的价值创造过程。与传统的大众化消费不同，消费的个性化增加了价值创造链路的数量。消费的多样化的内在本质是消费者逐渐尝试多种商品与服务，消费的重点不仅仅停留在多样化的商品上，更注重逐步体验多样化的服务。多样化要求商品与服务提供主体提供更多商品与服务的选择，消费的多样化与消费的个性化一样，都增加了价值创造的链路。可以看出从消费的个性化、多样化来看，价值创造仍停留在价值链阶段，依托产业链构成的物质基础，形成了多条实体价值链。由于信息具有二重性，任何信息都代表着相应的实体活动的要素、资源和事物，反映实体主体的存在、活动与关系，信息是物质存在的反映；同时信息是实际存在和变化的资源、活动和行为，信息是报酬递增的核心要素。基于实体价值量，将产生依托于信息增值的虚拟价值链，实体价值链与虚拟价值链共同构成了传统的价值创造过程。在消费多样化、个性化里隐含着一个更深层次的价值创造逻辑，消费多样化要求消费者不仅要提供更多商品，还要提供更多的服务，甚至提供基于商品与服务组合的一体化解决方案。消费的个性化的来源是创新的内生化，要求个性化的商品与服务融入更多创新服务，个性化的内在逻辑也指向了提供商品与服务组合的一体化解决方案。由此可见，

消费多样化、个性化隐含着一个更深层次的价值创造逻辑就是提供商品与服务的一体化解决方案。Vagro 和 Lusch（2004）将商品与服务的一体化解决方案定义为生态系统，即在服务主导逻辑下，企业提供的是商品与服务一体化的生态系统。现实的典型企业的商业模式实践也为验证"企业真的提供的是商品与服务一体化解决方案的生态系统"提供了现实基础，从汽车、手机等传统的制造业典型商品看，手机逐渐成为智能生活的一体化解决方案，不仅提供硬件手机，更是基于手机提供更多服务应用，服务应用的范围远远超过消费者的认知范围，商品加服务的生态系统在企业实践中已经成为常态。消费的生态系统对传统价值创造的理解是颠覆性的，传统商品与服务的价值创造是链路式的，各个价值创造链路平行设定。但是消费的生态系统化，要求传统的商品与服务进行组合并深度融合，在价值创造的理解是价值链进行交叉。那么回归到价值创造的过程看，价值创造的链路数量增加，并且链路不断进行交叉，其结果是价值网络的形成，即价值创造在价值链增加与交叉的基础上，跃升到价值网络阶段。

6.2.1.3 技术进步尤其是网络信息技术是价值网络形成的直接来源

资源的交互性为价值网络构建提供了供给要求，需求的多样化与个性化为价值网络构建提供了需求来源，那么技术进步，尤其是互联网与物联网技术的发展为匹配供给与需求的价值构建要求提供了技术可行性。互联网技术与物联网技术发展为价值网络建设提供了技术支持，无论价值链与价值网络的构建，核心都是价值活动的分解与重构，网络信息技术与物联网技术为价值网络中各节点与链路信息交互提供了渠道来源，并且极大地降低了价值网络中节点与链路交互的成本，尤其是在全球范围内进行服务外包、制造外包，并在外包基础上进行价值活动重构与整合时，网络信息技术的作用更为突出。信息交流代替人员移动超越了诸多传统服务提供或消费对相关生产者和消费者人员空间位置限制，推动了服务外包广度和深度的拓展。更为关键的是网络信息技术不仅外在地为供需匹配提供了渠道，提升了价值网络节点与链路的交易效率，更为关键的是网络信息技术成为了内生的要素，从价值传递走向价值创造。网络信息技术参与价值创造体现在：一是改变了资源的基本属性，例如资源的交互性；二是新产品与服务的产生；三是交易范围与时间的扩大。

6.2.2 狭义价值网络理论

李垣、刘益（2011）认为，价值网络是由利益相关者之间相互影响而形成的价值生成、分配、转移和使用的关系及其结构。价值网络改进了价值识别体系并扩大了资源的价值影响，同时使组织间联系具有交互、进化、扩展和环境依赖的生态特性。Suzallle Begrer 认为，价值网络的基本特征是从分离的而不是垂直一体化的产业组织形式来理解范围、规模的外部经济特性，这导致对资源、能力的研究从企业内部向外部拓展。在这种观点下，企业被认为是置身于资源、信息等物质流所组成的网络之中。价值网络潜在地为企业提供获取信息、资源、市场、技术以及通过学习得到规模和范围经济的可能性，并帮助企业实现战略目标，如风险共享，价值活动或组织功能的外包，组织能力的提升等。

吴海平（2001）认为，价值网络的本质是在专业化分工的生产服务模式下，通过一定的价值传递机制，在相应的治理框架下，由处于价值链（产业链）上不同阶段和相对固化的彼此具有某种专用资产的企业及相关利益体组合在一起，共同为顾客创造价值。它是产品或服务价值的不可分割性或互补性导致共同创造的这一价值的企业联结成为一个整体——价值网络。每一个网络成员创造的价值都是最终价值的不可分割的一部分。产品或服务的价值是由每个价值网络的成员创造并由价值网络整合而成的。价值网络的思想打破了传统价值链的线性思维和价值活动顺序分离的机械模式，围绕顾客价值重构原有的价值链，使价值链的各个环节、不同的主体按照整体价值最优的原则相互衔接、融合、动态互动。利益主体在关注自身价值的同时，更加关注价值网络上的各节点的联系，冲破价值链各个环节的壁垒，提高网络在主体之间相互作用及其对价值创造的推动作用。

6.2.3 狭义价值网络理论的不足

狭义的价值网络理论虽然深入诠释了合作带来的价值增值，但是并未改变传统价值链观念下企业价值创造逻辑的基本假定：①价值创造就是将投入转换为产品，产品是企业与顾客间传递价值的中介（Stabell 和 Fjeldstad, 1998），企业通过对投入—转换—产出过程的控制来创造价值并分配价值，这一观点对知识、信息等虚拟要素价值的认识是不够的。在价值链或狭义价值网络理论中，仅仅认识到信息或知识对投入转换过程的效率改进（如降低生产成本和交易费用、缩短交货期等）以及由此带来的增值效应，但对信息或知识产生的独立价值（如信息或知识转让带来的收入）则关注不多。②顾客是价值链或价值网络中价值传递的汇点，顾客支付体现了价值增值的实现。对焦点企业而言，参与者在价值网络中承载的功能和角色各不相同，一般观点是，顾客通常表现为企业的收入源，顾客支付构成了企业收入的主要部分；供应商等则表现为企业的成本元素；而竞争者和互补者表现为收入、成本的协调元素（它们可能影响焦点企业的收入，也可能影响成本）。这一思维定式显著地限制了价值网络中各参与者的属性和功能定位，也限制了价值网络的建构范围和拓展空间。从企业价值网络实践来看，受竞争和技术快速变迁的影响，参与者在网络中的角色和功能定位正在发生颠覆性的变化，比如传统的收入源（如顾客）可能丧失收入功能，传统的成本协调元素（如竞争者）可能变为收入协调元素，甚至传统的成本元素也可能演变为收入源，这造成了网络组织价值创造方式的动态变迁。

本书认为，狭义的价值网络不足以解释日益多样化的网络形态，企业商业模式的创新更应该从广义的价值生态系统的角度展开。企业价值的实现并非依赖于简单的投入转换过程，而取决于一个更为复杂的联结顾客、企业及其他参与者的协作机理。企业商业模式创新是一个不断重新解构并重构价值网络以实现参与者各方价值的过程，甚至是对现有价值网络的颠覆性创新和重组。

价值网络的重构需要注意以下几个转变（Hearn 和 Pace, 2006）：①从简单的合作或竞争转向关注复杂的组织间合作行为，价值网络成员只有共同努力才能创造价值，合作是价值创造的重要手段，但合作过程应该在一个更大的网络范围内展开，并且是一个动态的不断重新分工和重新组合的过程；②从关心顾客转向关心价值的共同创造者，顾客固然是价值创造体系的重要组成部分，但合作者在价值创造过程中的功能和定位日趋多元化和丰富化，合作者正逐步成为价值网络中的新的核心体,因而更值得引起重视和关注; ③从单一的产品价值思维转向网络价值思维,产品功能并非单一而往往具有外部性效应,对某些参与者来说是无用的产品但对其他参与者来说可能极富价值从而带来额外收入,此外单一产品并不是实现价值的唯一载体,组合价值让渡往往更能够满足顾客需求并带来更大的增值效应,尤其是信息、知识等虚拟性产品组合,在互联网经济中日趋展现其价值性和重要性;④从企业战略思维转向网络战略思维,也就是说,企业在制定个体战略时必须置身于其所处的价值网络或价值生态,将之作为一个整体来考虑,以实现企业个体战略与网络整体战略的有机结合。

6.2.4 广义价值网络理论

价值网络作为众多参与者构成的联合体,所有参与者的共同努力能够创造出更高的经济价值。但是网络整体价值最终还原为节点企业价值和节点顾客价值(梁运文等,2005)。企业价值反映了企业的长期获利能力;顾客价值则体现了顾客从交易中的获益,一般指"顾客感知利得"超出"所付成本"的部分(Zeithaml,1988),也就是经济学上的消费者剩余。企业价值的实现与顾客价值的创造密不可分,企业价值目标的实现取决于如何更好地、更有效率地满足顾客需求(Normann 和 Ramírez,1993),从而在为顾客创造(或传递)价值的过程中谋求盈利。但是顾客价值仅仅是实现企业价值的必要而非充分条件,企业即使很好地为顾客创造了价值,并不等于必然能够从中获利,尤其受竞争等因素的影响,企业有时候甚至以牺牲自身利润来提高顾客价值。

企业建构价值网络的最终目的是盈利,如果网络不能给企业带来利润,其维系网络的动机会降低。企业在建构价值网络时必须权衡两个不同的问题:一是如何创造(或传递)顾客价值;二是如何实现企业盈利;这是两种密切相关但并不相同的逻辑关系。首先从顾客价值创造的角度,焦点企业试图通过协同其他参与者的力量以更好地为顾客服务,因为企业只有不断提高顾客价值才能赢得竞争,否则就失去了吸引和保有顾客的基础。顾客价值创造的关键是顾客中心化,这个过程需要解决以下问题:①企业的目标顾客是谁,即企业打算向谁提供产品或服务；②企业的价值定位是什么，即企业拟向顾客提供怎样的产品或服务；③企业如何实现顾客价值的创造与传递，这关系到企业与合作者之间的分工与协作问题。其次从企业价值实现的角度，焦点企业必须解决"我的利润从何而来"的问题；企业价值的实现逻辑不同于顾客价值的创造逻辑，收入来源和成本控制才是企业价值实现的基本要素。

企业价值实现过程需要考虑以下内容：①企业的收入从何而来，谁将是企业主要的收入来源；②企业收入实现的条件是什么，如何保持收入源的稳定性；③如何控制成本。价值网络实质上是一个价值交换系统，网络价值的创造（或传递）过程就是一个或多个企业、顾客、供应商、战略伙伴之间复杂的动态交易过程（Allee，2000，2008）。传统观念下，顾客价值创造（或传递）和企业价值实现过程是高度一致的，它只是企业与顾客之间价值交换的不同流向而已，如图6-2所示。企业向顾客提供有价值的产品（或服务），顾客为获取产品（或服务）必须支付相应的费用，企业在为顾客创造（或传递）价值的同时就实现了自身利益。当然这可能是一个长期过程，初始交易阶段企业为吸引顾客转移、培育顾客忠诚度需要投入大量的费用，虽然无法马上获得回报，但最终会从与目标顾客的长期交易中得到补偿。企业价值实现的关键：一是如何提高来自目标顾客端的收入；二是如何控制上游供应端的成本，狭义价值网络的建构重心即围绕于此。

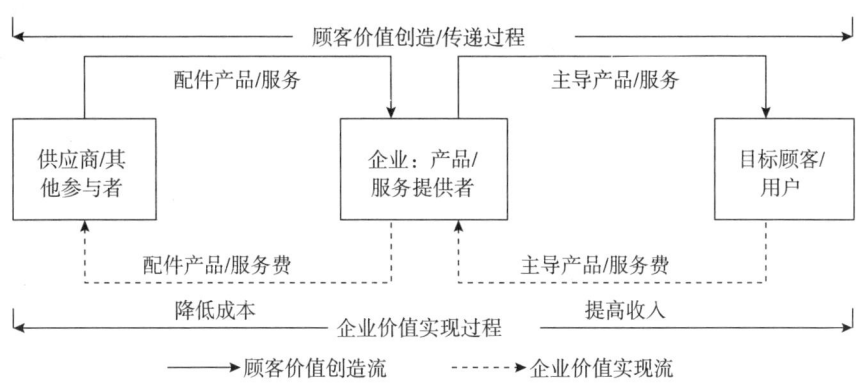

图6-2 价值交换的一般逻辑

一般逻辑下的价值交换行为大都按质论价，顾客为获取高品质产品或服务必须支付高价格，顾客的支付构成了企业收入的基本来源。然而随着全球竞争、市场变化和新技术变迁，尤其受信息技术和互联网经济的推动，产品（或服务）价格与价值日益呈现背离状态，顾客越来越能够以较低的价格甚至免费享受高质量产品（或服务），这反映了企业商业模式变迁的一个显著趋势：顾客价值创造（或传递）过程与企业价值实现过程逐步分离，也就是说，即使企业向顾客提供了满足其需求的优质产品或服务，也无法直接从中实现收入。顾客价值创造与企业价值实现之间并不存在天然的线性关系，顾客价值的提高并不意味着企业价值的必然实现。这种分离导致了企业收入逻辑的颠覆性变化，如图6-3所示：一是主导产品未必给企业带来收入，企业要获利就必须重构产品组合或服务组合。比如在当前互联网经济中，主导产品/服务 A 的交易越来越倾向于免费或低价，企业只有在主导产品基础上开发附加产品或增值产品 A_i 才能保证收入，这已经成为当前企业商业模式创新的重要路径之一。二是目标顾客未必给企业带来收入，企业必须重构用户组合以拓展新的收入源。许多互联网企业虽然拥有数量庞大的顾客群 A，却无法直接产生收入的免费用户，为了保证运营的持续性，企业只有拓展新的能够带来收入的顾客群 B，通过为之提供附加产品 B_i 来牟利。这些新收入源 B 可能是在原顾客群的基础上分离出来的收费用户，也可能是全新的、迥异于原顾客群的新客户源。免费用户与收费用户之间存在潜在关联性，数量庞大的免费用户群尽管无法给企业带来直接收入，却往往是吸引新客户源的必要条件。从这个意义上讲，网络组织的建构重心已由改善"投入转换效率"转向如何拓展新的收入源。不论产品组合重构，还是用户组合重构，它们都可以视为原目标顾客群基础上的新增价值活动，这些新增价值活动与原顾客价值的创造密不可分，但其目的是为了实现企业价值。从这个角度上看，价值网络可以被分拆为多条不同的价值链，每条价值链由不同的参与者构成，不同价值链上的参与者彼此间互为依存、相互依托，在焦点企业处交融连接成一个功能互补的综合体。焦点企业利用不同参与者及不同商品之间的关联性，通过整合多条价值链上的互补性价值活动，实现对参与者的分离定位，比如有些参与者是为顾客价值创造而存在的，有些则是实现企业收益所必需的。不管怎样，顾客价值与企业价值是互为支持、缺一不可的，一个成功企业在构建网络时必须处理好两者之间的关系，否则价值网络将是不稳定或不可行的。

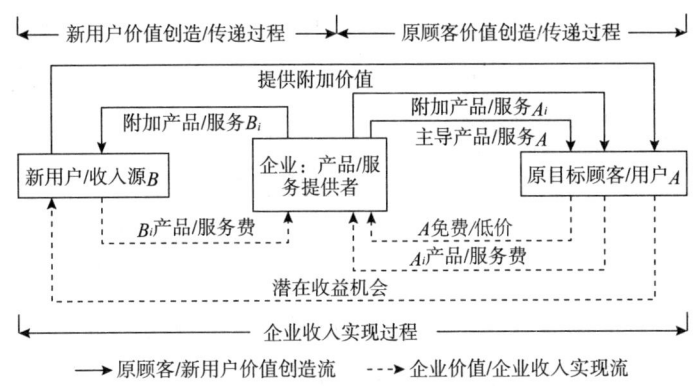

图 6-3　价值交换的重构逻辑

6.3　价值网络理论新发展与服务生态系统

6.3.1　价值网络理论的新发展

以网络组织的概念概括出其一般性，具体是指两个或两个以上的独立企业在重复性交易的基础上通过正式契约和非正式契约所构成的互相依赖、共担风险的长期合作、相对稳定的企业组织形式。网络组织中的成员企业之间是相对独立的经济实体，它们之间也就必然存在一种交易关系，但这种交易关系又不完全同于一般市场上的商品交易关系，因为，企业之间又带有科层组织内部的指挥、协调、统一等因素，因而，网络组织是介于市场和科层组织之间的一种中间层组织。

网络组织是多个企业在重复交易中所形成的一种经济组织，它既非市场组织又非科层组织，是两者的渗透和融合。网络中的每一个成员企业都是独立的法人，企业之间仍然存在一种交易关系，但企业间并不仅仅是停留在一般的交易上，而是通过企业间的协作，使知识、技术、品牌、经营管理权和战略控制权在网络组织系统内各成员企业之间能有效地让渡、复制或传播,让资源(尤其是无形资源)共享实现外部规模经济,通过合作取得双赢。正是在网络成员企业间的资源共享使企业的规模边界和能力边界由重叠转变为分离,使能力边界扩大,从而使网络组织的边界特征主要表现为一种能力边界。在网络组织内,在价值链中或产业链中拥有关键性资源的核心企业行使控制和指挥权的方式与其他企业进行交易,是在标的物交易进行的同时相伴经营管理知识的跨企业使用,是知识、信息、决策、管理、品牌和声誉向组织内其他企业的外溢,是核心企业向合作企业的核心能力的输出和超边界管理。传统的企业是在企业内部通过权威来指挥、协调和合作,企业边界主要是规模边界,而在网络组织中市场主体已经超越了规模边界所要求的产权边界或所有权边界,与相关企业不仅在市场界面上交流,而且在一定程度上将核心能力的构成要素如知识、信息、管理等介入与之相联系的企业内部生产过程,发挥原来只有在科层企业中才存在的指挥、协调和干预作用,从而使网络组织中核心企业的能力边界向外扩展或外溢,核心企业原来的规模边界和能力边界重叠的局面将被打破,规模边界和能力边界将会分离。与此相应,网络组织中的其他合作企业作为核心企业能力外溢的接受者,其企业边界也将发生变化,即原有的规模边界和新接受的能力边界的集合。而这种边界的动态组合和变动,将使原有企业核心能力强化,突出现有的竞争优势。为此,企业将舍弃与核心能力关联度低的业务,而将资源集中在最具有优势的核心业务上,相应企业的规模边界将随之缩小,而能力边界则会扩展。虚拟企业几乎没有有形资产,规模边界趋于模糊。但它却具有较强的无形资产,并形成一种核心能力,这种能力往往是一种营运整合能力,或者是为网络组织中的其他成员提供一个颇具实力的规模和平台。虚拟企业的主要功能是为最终消费者提供一个"总体解决方案"(李海舰,2005),因而,其能力边界扩大。对象性资源决定企业的规模边界、操作性资源决定企业的能力边界。企业的规模边界是传统新古典经济学生产者剩余最大化,企业的能力是和企业的知识、技术、品牌、声誉及社会资本相联系的,由于知识及技术具有外部公共性,不同的企业均可使用,这些资源的使用不会导致边际成本上升和边际效益递减,恰恰相反,知识、技术的使用能使边际成本递减和边际效益递增,因而,企业的能力边界有时表现为无限增大的趋势(李海舰,2005)。

6.3.2 服务生态系统——以新零售为例

在传统的价值链主导阶段,企业为了获得竞争优势,将依托价值创造的多少进行价值链分解,在保留核心业务与高价值创造环节同时,将非核心业务进行外包,非核心业务外包的结果是社会产生了独立的产业,随着外包趋势的加快,独立的产业将获得规模经济、学习效应等,独立的产业以生产性服务业为主,生产性服务业效率的提升将促使企业进一步外包,进而形成良性的价值创造循环。在此基础上,零售业作为衔接生产与消费的中介,其发展也遵循着基于成本优势的专业化分工的结果。具体而言由于专业化分工,商业从制造业中分离,成为了交换而交换的独立经济部门,人类产生了第三次社会分工。零售业作为商业的支柱,为了适应消费升级与价值链分工的要求,产生了百货商店、超级市场,满足多样化需求,为了进一步在分工中提升效率,连锁经营应运而生,连锁经营的产生,进一步提升了零售业态效率,满足了制造业外包的需要,连锁经营的实质是将规模经济引入全社会价值创造链路,零售业在形式上满足了生产的单一性与消费多样性的双向匹配,在本质上满足了成本优势上专业化分工的要求。

在现代的价值网络主导阶段,随着价值创造由价值链向价值网络跃升,企业为了进一步获得竞争优势,开始在专业化分工的基础上进行深度融合,通过深度融合价值网络中的节点与链路将获得网络外部性,进而带来报酬递增。在此基础上生产性服务的作用不仅仅是将知识、技术、信息等要素引入专业化生产的飞轮,从而获得效率提升,更关键的作用是为价值网络的构建提供黏合剂,黏合节点与链路,构造价值网络。正如阿林·杨格(1928)指出的,在大部分的经济社会中,在原料生产者和最终产品消费者之间所插入的专业化企业网络越来越复杂。从零售业看,零售业态的连锁经营为价值网络的搭建提供了物质基础,而零售业态的交叉组合为零售价值网络的构造提供了直接来源。零售业态的交叉组合体现在零售业态逐渐由对微观单业态的研究向宏观零售产业多业态组合演化的不断深入。在此阶段,购物中心、商业综合体融合多业态开始成为零售业态的演化的主要方向,购物中心、商业综合体实质是为了满足消费者个性化、多样化需求的高效整合，为消费者提供一体化解决方案，各业态的交互融合不仅获得了稳定的用户基础，更为关键的是带来了全新的价值增值来源。在零售业态连锁的基础上，开始了多业态组合，基本搭建了覆盖全社会的零售实体网络。随着互联网的兴起以及在电子商务的率先应用，电子商务不仅创造了全新的虚拟价值创造空间，更为关键的是线上线下的深度融合，使得价值网络节点与链路的系统性与交互性增强，价值创造节点与链路增加，节点与链路的信息不对称程度降低，节点与链路的交互性增强，零售价值网络更加稳固。

6.3.2.1 零售业态演化与新零售模式

从价值创造的过程看，零售业态从价值链中介向价值网络主导演化。传统零售业态在整个价值创造过程中起着价值链中介的作用，将制造业产品通过零售业态转移到消费者，同时将消费者需求变化传递到制造业企业。现代零售业态在价值创造过程中起着价值网络主导作用，零售业态沿袭着价值链中介的作用，双向匹配生产与消费，完成商流、物流、资金流、人员流过程，完成实体价值创造。同时围绕实体价值创造过程，基于流通过程中产生的数据，进行信息共享的价值创造、跨组织流程再造的价值创造、顾客价值的商业模式创新、价值星系的开放式创新（见图6-4）。

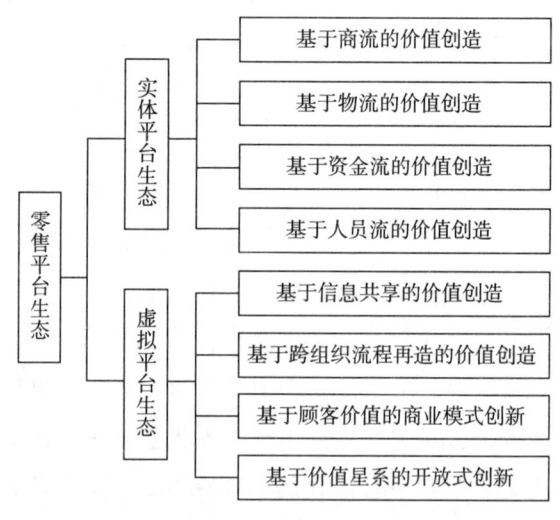

图6-4 新零售的价值创造

6 | 价值网络

零售平台生态是在零售业态平台化基础上产生的，所谓零售平台生态（系统）是指围绕零售活动和价值创造，一系列关系密切的企业与组织机构，围绕核心的零售业态经营主体，基于商流、物流、信息流、资金流、人员流等进行优势互补和资源共享，组成的一个有机生态系统，零售平台生态中的各个"物种"各司其职，相互交织形成完整的零售价值网络。物质、能量和信息通过这个价值网络在联合体内流动和循环，共同组成一个多要素、多侧面、多层次的错综复杂的零售平台生态系统。

图 6-5 描述了零售平台生态系统的构成及其依存关系。零售平台生态系统是由零售业态与商业基础设施协同演化的结果，零售业态生态系统中，零售业态将具有多业态组合与全渠道融合特征，零售平台生态系统中，商业基础设施外包逐渐深化，由市场合约变为企业合约。商业基础设施是价值创造的来源，是在逐渐外包的基础上实现了节点与链路的深度整合。零售平台将为消费者赋能，消费者信息能力显著提升，在此基础上，消费者将产生时间复制效应，即在同一时间做更多的事情，复制更多时间，带来更多闲暇时间，张维迎（1998）认为信息问题最终是时间节约问题，零售平台生态系统将为数字化消费者提供更多时间，从而增加其效用。零售平台生态系统助力制造商智能化升级，实现制造商追求完美的状态，即报酬递增由特殊性向普遍性转化。

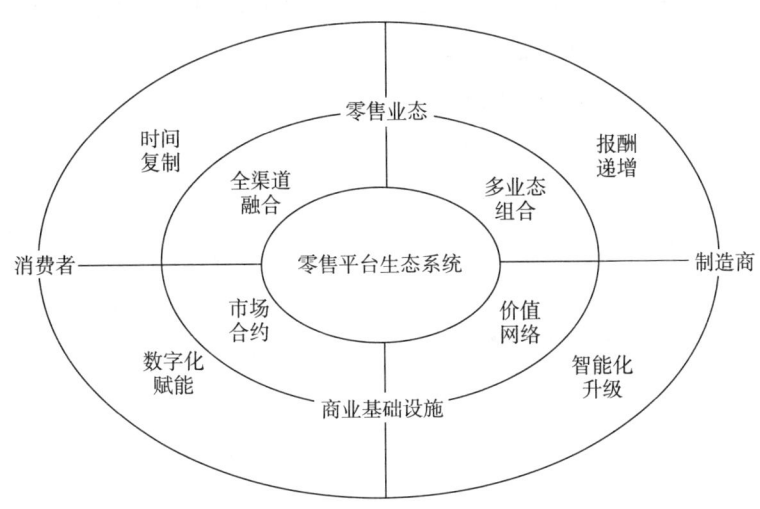

图 6-5 零售平台生态系统概念模型

6.3.2.2 新零售模式的价值创造分解

(1) 实体价值创造。

基于商流的价值创造。传统对商流的界定来源于马克思主义商品流通理论,认为商流就是商品所有权转移过程,即实体商品在购销之间进行的交易,也就是复杂的商品流通 W—G—W′。关于商流是否创造价值的问题,长期存在争议。亚当·斯密基于商品—服务两分法,将劳动分为生产性劳动和非生产性劳动,界定生产性劳动和非生产性劳动的核心是产出的可储存性,即有形的商品是可储存的,无形的服务是不可储存的,商品流通属于典型的无形的服务,是非生产性劳动,不创造价值。经济学家对非生产性劳动不创造价值的观点基本接受,并因此判断流通服务是不创造价值的。不过均忽略了亚当·斯密从来没有把所有的服务提供均作为非生产性劳动,他在讨论资本的各种用途时,把农业投资、工业投资、批发商业投资、零售商业投资作为并列的四种资本用途,这四种投资方法,又相互密切的联系,少了一种,其他不能独存,可见商业作为当时主要服务,其中的劳动一定是生产性劳动。遗憾的是,商业不创造价值一直是对亚当·斯密的误解,这种误解一直延续至今。马克思首先肯定了商品流通的价值,马克思曾形象地指出,商品的出售是一个惊险的跳跃,这个跳跃不成功,摔坏的不是商品,而是商品的所有者。马克思从商品的劳动价值论的角度认为商品具有两重性,使用价值与价值,具体劳动创造使用价值,抽象劳动决定价值,商品流通凝结了无差别社会必要劳动时间,是具体劳动与抽象劳动的统一,因而具有价值,而且其价值通过社会再生产交换环节的作用得以体现。

商流创造价值是确切的,那么商流具体创造价值的活动如何体现呢?阿罗·德布鲁认为商品是完全由其物质性、时间性和空间性刻画的货物或服务,微观经济学普遍关注时间性与空间性。商品流通创造价值的活动是实现了实体商品时空属性,并通过其模式创新,节约了实体商品时空属性实现的消耗。零售业态演化的实质体现就是减少商品时空属性实现的消耗。传统零售业态演化的实质是通过百货商店、购物中心、连锁经营的技术创新与模式创新,减少了实体商品所有权转移的时空属性实现的消耗。对比业种店与百货商店,百货商店在时空属性实现过程中,通过集中购买减少了所有权实现的时间,同时减少了商品所有权实现的空间移动，百货商店通过模式创新减少了所有权转移的时空属性实现的消耗，继续探究模式创新的实质是制度安排，模式创新是将创新要素进行重组，形成全新的制度安排，商流的价值可以引申为制度安排在商品所有权实现过程中时空属性消耗的节约，当然其中也包含技术创新对制度安排的保障。新零售模式即零售平台生态，通过全渠道融合，在更大程度上减少了实体商品所有权转移的时空属性实现的消耗，全渠道融合业态被普遍关注的首要原因是商品所有权实现的时间极大地缩短，从所有权实现过程看，在商品选择阶段，由于口碑、社交网络、比价应用的存在极大地缩短了商品选择的时间，在商品交易阶段，多元化的交易平台进一步减少了交易实现的时间。全渠道融合业态的演化，其实际是通过在更高水平、更大范围上的制度安排，创造了时间复制效应，张永林（2014）认为，所谓时间复制效应是指：全渠道融合业态可以使人们去进行时间复制，即把某一即刻要做的事情安排到其他时间去做，把同一时间复制为多个不同时刻，这就等同于其他所安排的时间是此刻时间的复制。简单地说，时间复制效应就是为消费者复制了更多的时间，可以使消费者在同一时间做多项事情，消费者创造了更多的选择时间和资源配置的自由度。复制的时间将为消费者创造更多的价值与价值来源选择。所有权实现的空间节约主要来源于物流，此内容将在基于物流的价值创造部分详细阐释。

基于物流的价值创造。传统的物流价值创造体现在物的属性，即物流在商流的引导下，实现物的时间属性与空间属性的变化，时间属性主要体现在储存，空间属性主要体现在运输。新零售模式物流价值创造首先体现在物理空间和时间维度上得到最大的延展，消费者不受区域、时段、店面的限制，商品不受内容形式、种类和数量的限制，消费者体验和商品交付形式不受物理形态制约。其次是更高水平更高效率的配置资源，由于物流基础设施的革命，形成了覆盖全社会的智能物流骨干网络，在物流平台、算法、大数据等的支撑下，可以实现各物流节点、参与环节的高效优化配置，最终实现时间消耗与空间移动最小化，完成整个物流过程。具体的物流活动进入精准管理阶段，以生鲜超市为例，物流的精准管理大致的思路是以距离最近的配送人员，在最优的线路上，以最小的消耗，将商品以最快的时间配送到消费者手中。当然在配送的过程中，由于共同订单的存在，算法的优化可以实现订单的共同配送，实现平均消耗的最小化。在此有必要阐释新的价值观，经济学上，我们主要关心的是怎样用科学合理的最少投入，获取到最大的经济效益和社会利益。宋则（2007）认为，物流的新价值观是物流强大的影响力在于最大限度地减少各种形式的"财富的沉淀和静止、资源的闲置和浪费"，提高所有时点中实际发挥作用的社会产品所占比重，最大限度消灭闲置、损失和浪费。在此基础上将其扩展到整个流通环节，流通的新价值观应该是在创造新价值的同时，不断将投入最小化，在现阶段尤其应将重点放到投入最小化的解决方案上。最后新零售的物流最大的价值创造来源于物流过程中产生的数据，关于物流数据的价值创造将在基于信息共享的价值创造中阐释。在这里，我们提出"5R"的概念，5R 即以最小的成本，在正确的时间（Right-Time）、正确的地点（Right-Location）、正确的条件（Right-condition）将正确的商品（Right-Goods）送到正确的顾客（Right-Customers）手中。

基于资金流的价值创造。新零售模式资金流的价值创造的变化主要体现在外源性资本对零售业的投入，新零售产生的直接原因是外源性资本的投入，长期以来中国零售业资本积累增长缓慢，直接导致中国零售企业资本、市场集中度低，在价值创造中处于被动地位。互联网主导的新零售演化过程，改变了中国零售业资本积累缓慢，依托内源性资本的被动局面，优质外源性资本引入，以及现代的约束激励机制，导致的直接结果是新零售企业在价值创造过程中处于主导地位，通过技术引入（创新）与商业模式创新，重构商流、物流、信息流、资金流，形成了中国零售业企业国际领先的地位。

外源性资本带来资本积累的加速，导致金融技术在资金流中加速应用，移动互联、大数据、云技术、区块链在新零售模式中的引入，直接导致的结果是零售活动中无现金时代的提前来临，资金流在一定程度上转变成为信息流，围绕资金流的数字化，产生了开放共享的信用体系与惠普金融服务平台。信用体系的产生，是零售资金流开拓的全面价值创造领域，在进一步降低信息不对称的同时，将加速开发更多的价值创造领域。惠普金融服务平台的产生将使得零售活动参与主体获得更广泛的资金管理和使用渠道，同时资金的管理与使用精细化管理成为可能，信用体系与普惠金融服务平台的产生的直接结果是资金创造价值渠道的拓展与资金使用效率的提高,金融技术在零售活动的应用使得零售企业长期追求的资金数字化、资金管理精细化成为可能,在更高层次上加速了资金流转。

基于人员流的价值创造。传统人员流的价值创造长期被零售企业忽略,零售业态的人员流主要体现在内部与外部人员流。内部人员流指零售企业人力资源从一种工作状态到另一种工作状态的变化现象,即零售人力资源的跨组织流动。外部人员流是围绕零售活动所进行的人员流动,在商流、物流、资金流过程中必然以人员的相应流动为代价。从内部人员流来看,在零售业产生典型的集聚与扩散效应。从零售业发展看先后经历了经验管理、科学管理和数据管理阶段。在经验管理阶段,管理者围绕长期积累的零售业态经验进行管理,以家乐福为例,跨国零售巨头集聚了早期中国优秀的经营管理人才,家乐福更被誉为零售业的"黄埔军校",挖角家乐福成为内资企业的首选,在此过程中外资企业的商业模式与管理经验外溢到内资企业,在特定的历史时期为提升中国零售业管理水平起到了关键作用。随着连锁经营在国内的普遍应用,管理信息系统、销售终端(POS)等技术引入零售业态经营,零售业进入了科学管理阶段。在科学管理阶段,中国零售业发展水平提高与人才培养能力的提升,带来了零售人力资源既具备相关经营经验又具备相应的专业水平的发展,在此阶段商业地产人才流通最为频繁,零售人才加速集聚与扩展,中国购物中心进入爆发式增长过程。进入新零售阶段,新零售模式要求由科学管理向数据管理转型,在此阶段零售人才真正开始向专业技术人才转变,不仅要求具备数据管理能力,还应储备商业管理知识。

外部人员流是围绕零售活动所进行的人员流动,外部人员流成为零售业态价值创造的主体。围绕商流、物流、资金流活动必然会产生人员流动与关系的确定,传统零售业态以经营商品与服务的组合为中心,通过提供商品与服务的差异化组合,增加客单价与复购率,但进入新零售阶段,提供商品与服务差异化组合的目的已转移到流量与转化率。如前所述,零售业态的典型特征演化为双边市场,双边市场价值创造的来源是交叉网络外部性,增加流量不仅能带来同侧的用户外部性,更能带来异侧的交叉网络外部性,吸引更多商品与服务提供商,提供更多差异化产品与服务的创新组合,同时开拓全新的价值创造领域，交叉网络外部性的累积因果效应，最终将导致零售平台生态报酬递增。零售业态以用户需求为核心，经营的战略重点从商品与服务向经营消费者转型，即零售业态=商品×人^2（该公式中的商品指的是零售业态经营主体提供的实物商品和服务商品，人是指消费者，该公式代表了未来零售业态经营的核心是从经营商品向经营消费者转变，并且消费者的增长不是线性与对数增长，而是指数增长）。

从实体价值创造过程看，新零售是以需求多样化、个性化为起点，商流、物流、资金流和人员流的各种组合，最终价值创造由链式结构向网络结构演化。价值创造由价值链向价值网络跃升，可以在更高水平有效配置各种资源，更大程度提升商流、物流、信息流、资金流的循环效率，最终实现零售业态价值创造的递增。

（2）虚拟价值创造。

基于信息流的价值创造。在阐述零售业态信息流价值创造之前，必须对数据的概念与信息的二重性进行说明。王汉生（2018）认为可以电子化记录就是数据，从零售业态演化历史过程看，零售业态的相关主体围绕商品与服务的交易可能都会产生数据，只是记录的手段欠缺，数据在零售业态演化中的作用一直没有凸显。在当前及未来可见的时间内，数据采集的基础性技术的突破性变革使得零售活动产生的数据可以被采集，以图像数据为例，零售活动产生大量图像数据，但由于图像转瞬即逝，没办法采集。在商业基础设施高度发达的今天，数码成像技术的成熟，如所有零售活动产生的图像都能记录下来，在此基础上零售企业进行进一步分析与建模，用以支撑零售企业决策。同时商业基础设施的物联互联，使零售活动产生的基础数据可以相互协同，并且相互验证，提高了数据的协同价值与精度，零售活动产生的数据可采集、相互验证，使得数据真正成为零售业态演化的驱动力量，由于信息具有二重性，任何信息都代表着相应的实体活动的要素、资源和事物，反映实体主体的存在、活动与关系，信息是物质存在的反映；同时信息是实际存在和变化的资源、活动和行为，信息是报酬递增的核心要素。从实体价值创造过程看，商流、物流、资金流、人员流都是实体具体的活动，具体的活动的相关参与主体之间将产生关系，实体价值创造是信息流产生的物质来源，信息流反映实体的存在、活动与关系。同时商流、物流、资金流、人员流产生的信息，是实实在在的资源，是创造价值的要素。

零售业态的参与企业可借助各节点与链路高度的信息共享，通过信息的收集、组织、选择、合成和分配，实现信息增值，为顾客创造新的价值。传统对信息流作用的论述主要体现在：从商流看，信息提升了企业与消费者的双向匹配程度，减少其信息不对称，降低交易费用。从物流角度看，信息能有效改善供应链运作绩效，降低供应链协作成本，降低库存。从资金流看，信息使得资金流数据化，使得信息流与资金流合一，进一步降低流通费用。从人员流看，信息能有效获取有关客户分类、客户偏好、客户购买历史以及市场预测等大量新的信息，发现不同客户群体的差异化需求，或潜在的新需求，有效增加消费者剩余。

新零售的产生的前提就是数据，对数据极致使用是新零售的核心驱动力量，新零售中信息的价值创造不仅仅停留在对原有商流、物流、资金流、人员流的提升与改造上，更在于信息成为独立的要素，内生并创造价值。具体来说，依托零售平台生态，将产生信息集聚，信息集聚的结果是报酬递增与交易效率提升。零售平台生态将产生时间复制效应，使得零售企业与消费者产生更多时间，进入下一个价值创造领域。零售平台生态将提升消费者的信息能力，进而提升消费者与商家的总收益。

基于跨组织流程再造的顾客价值创造。流程整合是合作企业在信息共享基础上的更深层次的合作，流程整合往往是经由跨组织流程再造与合理化后所实现的跨组织业务流程标准化与惯例化。由于供应链管理与协同商务解决方案（ERPII）等信息系统的应用，使虚拟整合的企业可以重新审视和设计跨越组织边界的业务流程，（如需求管理、订单履行、制造流程管理、采购、客户服务）。跨组织流程再造，一方面解决了跨组织业务流程接口的衔接问题，并实现流程的标准化与效率化，降低交易成本；另一方面在跨组织信息系统的支持下，通过重新定义成员企业的工作任务及其在流程中的角色，可以实现在传统协调手段下不能实现的跨组织合作，例如，准时交货（JIT）、供应链管理库存（VMI）、预测与补货等（CPER）。跨组织的流程再造具有明确的顾客价值导向，能有效去除流程中的非增值环节，在提高流程效率、增强供应链系统的敏捷性与柔性的同时，降低供应链的协作成本，使提供的产品或服务所消耗的资源降到最少，从而为顾客创造价值。

在新零售中，跨组织流程再造不同于传统的实体价值创造，实体价值创造是在既定资源下价值最大化的过程，而跨组织流程再造是打破既定资源下价值创造的过程，剔除流程中的非增值环节（X 非效），增加价值增值环节，重构价值网络。跨组织流程再造的逻辑起点是消费者多样化、个性化的需求分析，明确顾客的价值导向，零售业态由于有接近消费者的优势，将提出价值主张，由供应网络企业快速响应价值主张，高效完成价值创造过程。基于新零售的跨组织流程再造，是基于顾客价值的商业模式创新的基础，流程再造若由量的变化到质的变化即说明完成了基于顾客价值的商业模式创新。

基于顾客价值的商业模式创新。通过新零售业态，企业可以直接面对顾客，通过实时、频繁的交流与互动，更直观有效地了解客户需求，洞察市场需求变化，尤其在大数据技术与智慧商业基础设施的支撑下，可以精准地描绘消费者画像，在了解用户需求的基础上，更能深度挖掘、刺激用户潜在需求。在此基础上，企业可以精准选择细分市场，重新定义顾客价值主张，改变提供产品与服务的路径，或改变企业的盈利模式，从根本上创新企业的商业模式。这种基于顾客价值的商业模式创新，在为企业带来巨大竞争优势并实现显著经济效益的同时，也重构了企业价值创造体系，为顾客创造了新的价值。

基于"价值星系"的开放创新。基于价值星系的开放式创新，为顾客创造新的价值。在企业创新的实践中，许多创新可以追溯到顾客的建议或想法，以及供应商的创意和新技术。因此，在顾客、供应商和制造商之间建立良好的知识转移机制，进行跨组织的开放式创新，能有效提升企业的创新能力，并为顾客创造新的价值。基于零售业态可以形成以核心企业为中心的、核心企业与供应商、模块生产企业、经销商、合作伙伴以及顾客一起创造价值的价值星系。借助互联网和跨组织信息系统的支持，合作企业可以搭建起支持各方以及顾客之间知识交流、知识共享与协同创新的平台，这种合作组织间的开放式创新，能够使各方共享在产品与技术创新方面的创意、灵感与经验，其本身就是一种基于知识交流、知识启发与知识共享的信息增值活动，能够大大增强企业的创新能力,有助于改进产品性能、降低产品价格,促进产品的更新换代,为顾客创造新的价值。价值星系的作用是从顾客、员工以及其他相关人员中寻求新的创意灵感和解决方案,使外部智慧成为企业创新的重要源泉。

波特所宣扬的产业内各环节间通过竞争性、对立性、议价性的市场交易相互结合,构建一个垂直整合式价值链与价值体系,这样的产业世界观是静态的。Ghoshaletal(1999)认为波特的理论是静态的,在这一理论中,战略思维关注的是在固定的经济馅饼中得到最大可能的份额。Rayport 和 Sviokla(1995)认为,价值链模型把资源(如信息)看作是价值增值的辅助成分而非价值本身的源泉是不正确的。传统的零售业态是生产和由生产决定的分配端同消费端之间的中介要素。纪宝成等(2017)认为商品流通只是形式,商品价值的实现,也就是经济利益的实现及其在流通参与者中合理的分配与协调,才是商品流通问题的本质。传统零售价值创造的思维是基于波特的静态价值链理论,价值链创造的价值总和是既定的,在价值分配过程中难以避免地形成了零和博弈,即分配固定的经济馅饼。基于价值链价值创造与分配产生了渠道费用的零供矛盾以及价值链地位产生的利益分配不合理等问题,矛盾产生的根本就是忽略了信息、知识在零售活动中作为价值创造的关键要素所起到的作用,以及所有参与企业分享固定经济馅饼的零和博弈问题。Gulatietal(2000)产品或服务的价值是由每个战略网络的成员创造并由战略网络整合而成,每一个网络成员创造的价值都是最终价值不可分割的一部分。因此,价值创造需要构建一个由利益相关者组成的价值生成、分配、转移和使用的关系和结构——战略网络。以 Internet 为"促成技术"进行知识交流,厂商与顾客的关系重新组合,与供应商、合作者、战略联盟、竞争对手、员工、顾客等共同创造价值。各产业成员组成共创价值、成果共享,如星系四周密布网状价值链的价值星系。这就形成了横向、纵向交织的网状形态的、全社会各行各业的价值链交织在一起的更为复杂的价值星系。企业不能够再被简单地理解为传统的线性结构的价值链,而是陷入了一种结构更为复杂的、包含多个产业的价值星系。

线性的主要表述为可加性即 $f(x+y)=f(x)+f(y)$,齐次性即 $f(ax)=af(x)$,广

义地说线性系统指的是其满足线性叠加原理的系统即 $F(X_1, X_2, X_3, \cdots) = F(X_1) + F(X_2) + F(X_3) + \cdots$。非线性科学是新兴的科学，它研究的问题包含比如混沌、自组织、自适应、临界现象、复杂现象等。

所谓价值星系是一个企业间的中间组织，是一个企业引力集合的价值创造的系统，这个系统的各成员，包括作为"恒星"企业的经纪人公司、模块生产企业、供应商、经销商、合伙人、顾客等，共同创造价值，通过"成员组合"方式进行角色与关系的重塑，经由新的角色，以新的协同关系再创价值。价值星系是一组动态的关系，这种关系的创建是为了确保产品能以最佳的方式送达终端客户的手上，每个价值星系的成员企业根据实际的交易状况以及他们所能提供的增加值，在产品的价值创造中扮演不同的角色并占有不同的空间。价值星系是一种商业模式，它采用数字化供应链概念，达到高水平的顾客满意度和超常的公司市盈率，它是一种与心得顾客选择装置相连接，并受其驱动的快速可靠系统。价值星系成员之间的连接并不是简单的买卖关系，买卖关系只跨越价值链中的两个层面。每个价值星系成员都可以扮演资源调度员的角色，使整个合作群体创造的产品或服务满足某一客户或者某一客户群的具体要求。价值星系是一种柔性契约网络，是社会各行各业的价值链交织在一起的一种结构更为复杂的、包含各个产业的价值网络。Williamson（1975）认为各种组织形式和制度能否实现替代，需要交易频率、不确定性以及资产专用性三个变量来考察。威廉姆森的理论解释了科层制组织的本质及其边界约束条件，因为交易成本决定了科层制组织的最优扩展范围。市场经济条件下的各种组织形式和制度是相互替代、互补、互嵌等多种特征并存，并不仅仅是相互替代的。

零售业态是零售企业提供的组织形式。在我们看来，威廉姆森的企业与市场的二分法不能说明处于市场与企业之间的制度安排和组织形式。这是因为，市场经济活动往往处于这两者之间的模糊状态。因此，就需要一种介于市场与企业之间的另一种资源配置机制，其组织载体就是介于市场与企业之间的双边、多边准市场组织、中间组织、混合组织。Johnson 和 Mattson（1987）认为，应该有一种网络，这种网络不是严格的基于市场价格机制或科层制权威机制，它是企业组织间相互适应的协调。Larsson（1993）建议用市场、中间性组织和科层制企业的三级制度框架替代传统的市场与科层制企业两级制度框架，并形象地把中间性组织比作亚当·斯密的看不见的手。Williamson（1985）也承认，交易成本模型从来就未声称过它能够解释所有的组织现象。Coase（1988）认为，在资源配置全部实际情况中，只是存在着企业组织的内部交易与市场交易的划分是不对的。企业组织的内部交易发生在契约的范围内，同时契约之外也不可避免地受到市场交易的深刻影响，企业所用资源往往变成计划分配和市场交易的混合体。我们认为，除了配置资源机制和价值创造机制的市场与企业模式之外，还存在第三种模式，即企业之间共同创造价值的中间性组织，如战略联盟、价值网络、虚拟组织、价值星系等形式。中间性组织作为新的准市场组织，是一个高度标准化、模块化的系统。从经济学的角度看，中间性组织的本质特征是一种合作竞争型准市场型性组织，是介于市场和企业之间的一种制度安排。中间性组织就是以实施契约为目的而进行运转的，由各个模块要素所有者签订的一组不完备的要素使用权的特殊交易契约的履行过程。在价值星系中，"恒星"企业往往表现为有能力控制价值流路径的信息和资源，能够起到帮助其他企业建立连接桥梁的焦点企业，而星系成员都是一个个具有自组织特征的能力要素模块，他们由焦点企业外部市场中的供应商、协作厂家、中间商、企业用户以及最终消费者，甚至焦点企业内部市场中的其他部门的能力要素模块组成。这些能力要素互补、互嵌的模块相互合作，共同降低生产、交易以及市场认知等方面的不确定性，并支持"恒星"模块创新的实现。

在企业经营的资源要素中，土地、物质资本、资源、区位、规模、劳动力等生产要素是初级资源或低位资源，拥有这些资源模块组织就拥有一定的基于资源的优势、基于规模的优势或基于区位的优势，技术、专有技术、专利和知识等属于中位的资源，拥有这些资源的模块组织就拥有一定的基于知识优势和基于技术的优势。而组织能力、技术标准、品牌、商誉、市场准入、市场网络、顾客关系和社会资源等高级资源或高位的资源，由此形成了它的基于体系的优势。各种优势的能力要素通过价值星系这个柔性契约网络结合在一起，就可以实现资源和能力要素的整合，形成有效率的市场垄断结构。价值创造由地位资源模块的"行星"企业向高位资源模块的"恒星"企业流通,"恒星"企业正是把自己拥有的体系优势与"行星"企业的异质性资源结合才获得了竞争优势、垄断租金和熊彼特租金。价值星系中的企业如何设计"如何改变组织行为,以使共同创造成为顺理成章的事,而不是一种孤立而极端的行为",成为经营中一个越来越关键的问题。体验作为一种新的经济提供物而提出,无疑为顾客价值的提升提供了有力工具,然而,与产品、商品、服务不同,体验本身所具有的依赖于顾客内心的主观感知,需要顾客的参与,需要超越顾客期望,不可仿效等独特性质,一方面为企业构建竞争优势提供了可能,另一方面也对体验的创造与管理提供了挑战。价值星系是伴随着网络经济的发展而出现的,由于网络外部性的存在,随着"行星"企业的集聚增长,导致价值星系的价值创造能力呈现几何级数增长。

拓展阅读

"新零售"一周年,阿里巴巴的求索与梦想[①]

在2016年10月的云栖大会上,马云提出"新零售"战略,如平地惊雷般炸响了沉寂多年的实体零售行业。回顾这一年,阿里巴巴新零售的理论基础不断完善,布局明显加速,每一次股权投资都能引起二级市场的狂欢。线上线下巨头也纷纷入局,新业态新物种如雨后春笋般涌出,新零售的未来走向和投资机会成为市场关注热点。本文聚焦新零售的主角阿里巴巴,主要从战略角度分析其目前的布局动作及未来的宏大构想。

一、"新零售"一周年,进击的阿里巴巴和巨头们

(一)阿里巴巴零售布局明显加速

2016年云栖大会,马云首次提出"新零售"概念,随即引发行业广泛关注。阿里巴巴在零售方面的布局从2014年入股银泰开始,2015年又与苏宁牵手。在"新零售"战略提出之后,阿里巴巴在零售方面布局明显加速,典型

---

① 许荣聪,邹恒超. 新零售深度报告——"新零售"一周年,阿里巴巴的求索与梦想 [EB/OL]. 招商证券,2017-10-25. 经整理使用。

事件包括战略入股线下零售企业三江购物、联华超市和新华都,发展新兴业务如盒马鲜生、零售通、淘咖啡无人便利店。"新零售"的核心将从销售商品转向服务消费者,采用互联网、大数据、物流和支付等手段驱动线上线下融合,促进零售企业数字化转型。表6-1是阿里巴巴新零售布局事件的具体梳理。

表6-1 阿里巴巴新零售布局事件概览

时间	标签	事件
2014/03	银泰商业	阿里巴巴集团将以53.7亿港元对银泰商业进行战略投资。交易完成后,阿里巴巴集团将持有银泰商业9.9%股份及总额约37.1亿港元的可转换债券,持股比例不低于25%
2015/08	苏宁易购	阿里巴巴8月10日宣布将以约283亿元人民币战略投资苏宁,成为第二大股东;苏宁将以140亿元人民币认购不超过2780万股的阿里巴巴新发行股份。双方将打通线上线下全面提升效率
2016/01	盒马鲜生	盒马鲜生是阿里巴巴对线下超市完全重构的新零售业态。阿里巴巴1.5亿美元领投盒马鲜生,主营食品的支付宝会员店,打造线上线下全渠道商业模式。盒马鲜生首店于2016年1月在上海浦东金桥开店,面积4500平方米,创始人为原东京高管侯毅
2016/10	马云提出"新零售"	阿里巴巴董事局主席马云在杭州发表演讲,首次提出"新零售"的概念
2016/11	三江购物	阿里巴巴子公司以21.5亿元人民币收购总部位于浙江的上市公司三江购物32%的股份成为战略投资者
2017/01	银泰商业	阿里巴巴集团全资子公司阿里巴巴投资与沈国军组成的联合要约方以最大现金额198亿港元购入银泰商业计划股,交易建议完成后,阿里巴巴持股比例达73.73%,成为银泰控股股东。5月银泰私有化方案获批,股票于港交所退市
2017/02	百联集团	阿里巴巴在上海衡山宾馆宣布与百联集团达成战略合作
2017/03	阿里巴巴研究院	阿里巴巴研究院发布"新零售研究报告"作为阿里巴巴对新零售的权威解读
2017/05	联华超市	阿里巴巴集团与易果生鲜签订《股权转让合同》,阿里巴巴集团向易果生鲜购入联华超市18%股权,成为联华二股东

续表

时间	标签	事件
2017/07	阿里巴巴无人超市	杭州街头阿里巴巴第一家无人超市开业，顾客使用手机淘宝或支付宝扫码进店
2017/07	盒马鲜生	马云携阿里巴巴众高管巡店盒马鲜生，正式对外承认盒马鲜生地位
2017/08	易果生鲜	生鲜平台易果生鲜宣布完成D轮融资，投资方天猫注资3亿美元。2013年阿里巴巴投资易果生鲜，易果生鲜成为阿里巴巴在生鲜方面的战略合作伙伴。至2017年8月，阿里巴巴与天猫已先后参与过易果生鲜的四轮融资
2017/08	零售通	8月28日，阿里巴巴零售通宣布其覆盖的零售小店数量突破50万家，已成为快消B2B领域覆盖店数最多的平台之一。在这场名为"兼木成林容川入海"的战略发布会上，阿里巴巴表示将在未来一年覆盖100万家零售小店，并推出了零售通线下项目——天猫小店
2017/09	新华都	通过阿里巴巴成都及一致行动人入股新华都10%并达成战略合作
2017/11	高鑫零售	11月20日凌晨，阿里巴巴正式宣布，阿里巴巴集团将投入约224亿港元（约28.8亿美元），直接和间接持有高鑫零售36.16%的股份。高鑫零售是我国零售界目前规模最大的零售公司，旗下的欧尚、大润发两大品牌在全国29个省市自治区都开设有大量的大型超市、大卖场
2018/04	饿了么	4月2日，阿里巴巴集团、蚂蚁金服集团与饿了么联合宣布，阿里巴巴已经签订收购协议，将联合蚂蚁金服以95亿美元对饿了么完成全资收购
2018/08	星巴克	星巴克将在北京和上海的300家门店通过阿里巴巴旗下的饿了么试点外卖服务，并计划在年底前延伸到全国30个主要城市的2000多家门店

（二）巨头纷纷入局，新零售成行业热潮

京东零售布局不甘落后。除阿里巴巴外，其他电商巨头和实体巨头也迎头赶上，开启新零售转型之路。作为阿里巴巴的老牌竞争对手，京东这一年在零售方面也是动作频频。完成"第四次零售革命"相关理论体系建设，在线上线下融合方面的理念与阿里巴巴"新零售"异曲同工。在便利店改造方面提出百万便利店计划，将与阿里巴巴零售通正面交锋，两大巨头都意识到600多万夫妻老婆店的广阔市场。无人零售两个项目并行，已有产品落地。

传统实体企业积极培育新物种。线下传统零售企业也纷纷入局新零售，最为显著的表现即是加强新物种新业态的开发和探索。盒马鲜生、超级物种等的成功让新物种的尝试有了更为明晰的方向，如百联的RISO、大润发的大润发优鲜等。这些新物种从打法大方向来看有许多相似之处：①借助APP拓展门店覆盖范围内的线上到家业务；②提高生鲜比例、引入中高端生鲜；③设立餐饮档口，支持现买现做现吃；④调整布局和动线，增强用户体验；⑤商品定位精品化，客群结构年轻化。

但由于探索时间不长、新开（改造）新物种成本较高，实体零售企业在新物种尝试与推广方面相对谨慎。目前几大新物种中，盒马鲜生已经在全国渐渐铺开，永辉超级物种和天虹Space开始逐步复制推广，其他仍处于探索试点阶段。

（三）"新零售"概念的诞生动因：线上红利见底+技术逐步成熟

"新零售"之所以在2017年迎来爆发，背后有其时代的深层次原因，核心归结为两点：线上流量红利见底和技术进步。

1. 线上流量红利见底

伴随着电商行业增速放缓，电商企业线上流量红利逐步见底，纯电商收入遇到一定的天花板，线上获客成本大幅增长。因此要开拓新的利润增长点必须走入线下并实现线上、线下的全渠道融合。京东年报披露其16年底新获客成本为119元，同比提升近50%，阿里巴巴的线上买家数量增速也明显放缓，因此新流量的获取渠道开始往线下转移，经过新零售理念改造之后的线下渠道聚客能力不容小觑，线下零售的流量价值被重估。而对于传统零售企业来说，首先融合新零售理念的新物种能显著提升业绩，根据公开资料，步步高鲜食演义开业三个月以来，带动大卖场销售提升30%，毛利提升3个点。另外可以借助数据化手段将原有POS机孤立的销售数据升级为更丰富的用户数据，基于这些数据进行更好的精准营销、选品调整，使得线下零售从聚焦单笔交易到聚焦长期持有的一群用户的变现和运营能力。

2. 技术进步

新零售的发展需要相应的技术作为支撑，近几年移动互联网、移动支付、人工智能、大数据等技术进步对新零售发展具有很大的促进作用。移动支付技术成熟运用为新零售发展提供基础。2008年以后，无现金支付呈稳步增长的态势，特别是2015年，涨幅高达39.77%。便捷快速的移动支付等非现金支付方式已成为人们在超市、餐馆、购物商场、便利店等零售行业购物支付的首选。移动支付提升了购物体验、积累了大量用户数据，是开展新零售的一项重要基础技术。其他领域的技术进步将会从采购、生产、供应、营销等各个环节改造零售业，为新零售未来发展提供支撑。数据分析技术、地图技术、室内外定位技术等帮助B端和C端互相了解供需，进而使C2B柔性制造成为可能；机器视觉技术为无人零售提供解决方案；AR/VR技术可以提供线上、线下综合的线下消费体验；大物联网IOT使流通中的任何商品信息电子化，让物流、信息流、资金流真正地融为一体；区块链技术可以解决交易中B或C各方的身份认证、信用保证、合同合约、结算等基础商业问题。虽然目前这些技术并未完全成熟，商业落地还需时日，但是当技术积累达到一定程度时，必然可以成熟地用于零售业各环节，届时新零售的深度和广度将会完成进一步革新。

二、阿里巴巴的新零售版图，多板块齐头并进

阿里巴巴的新零售构想其实早已有之，从2014年收购银泰、启动零售通项目开始，阿里巴巴就开始进行零售方面的布局尝试，随着时代的变化，阿里巴巴开始越发意识到对线下零售布局的必要性和迫切性，"新零售"战略应运而生。"新零售元年"，阿里巴巴在零售上的布局一方面体现在内部齐头并进，进行零售多项目尝试，另一方面在外部通过入股或战略合作等方式牵手线下零售巨头，进行零售资源储备。由于与外部零售企业的合作目前落地内容不多，因此本文将更多聚焦于阿里巴巴内部的多条线零售业务探索，我们将这些项目进行了两个维度（自营or平台，增量创新or存量改造）四个区块的划分。

盒马鲜生代表的是创新型自营业务，以自有力量开发新业态新物种，创造增量市场，目前20家门店规模有限，更多的是起到一个新零售先锋和样本的作用。阿里巴巴私有化银泰商业之后，将其作为阿里巴巴自营的一块百货新零售试验田，以旗下51家百货店和购物中心来探索如何改造存量百货市场。阿里巴巴零售通同样是存量改造，但其面向的对象就是外部660万家遍

布中国的夫妻老婆店，以一个平台的模式服务小 B 客户，重塑末端商业数字体系。"阿里巴巴零售+"是云零售事业部（原商家事业部）培育的一个新零售项目，目前这一项目较为低调，但可以看出补齐了以平台形式做增量创新这块业务拼图，其致力于帮助 Online 品牌（尤其是淘品牌）做线下的门店等拓展，也有一些落地的成果（如家时代），同时这一项目未来也有计划主要针对专业集合店（如电器专卖店、母婴用品店、化妆品店）提供数据化的解决方案和供采销链路重构。同时这四个项目也覆盖了实体零售领域的四个主要细分业态——超市、百货、便利店和专业连锁，力图在零售的各个业态上都能有一定的探索成果。

三、新零售的十年大计，一切才刚刚开始

（一）线下零售体系的数据化革新

再来回顾盒马、银泰以及零售通所做的，其实都是在用不同方式对各个领域的零售市场进行数据化革新。盒马线下消费需通过盒马 APP 进行支付，能够实现线上线下数据的一体化运营和管理；银泰的 800 万会员与淘宝已经完成底层打通，从"-1 到 0"的"旧城改造"，本质其实也就是人货场核心业务的数字化革新；而零售通则是把视野扩展到了更广阔的万亿杂货店市场，通过平台赋能的模式，让这些贴近社区的商业毛细血管融入到阿里巴巴的大数据体系之中。

实体零售数字平台化能给阿里巴巴 GMV 的增长带来更广阔的空间。阿里巴巴在 2017 财年（2016/3/31～2017/3/31）GMV 达到 3.77 万亿元人民币，占同期我国网上商品和服务零售额的 68%，给阿里巴巴带来了 1582 亿元的收入。而同期全国社零总额达到 34 万亿元，接近阿里巴巴 GMV 的 10 倍，目前线下零售市场依然占据 85% 以上的份额，如果能将线下零售市场中的一部分通过数字化的方式接入阿里巴巴大平台，可以给 GMV 的增长提供更广阔的空间。

（二）领军新零售：更大的决心，更小的压力

这轮"新零售"浪潮由阿里巴巴引领，线上线下零售巨头企业相继入局。就这一年来看，阿里巴巴在这方面的步伐最快，布局最广，最有可能在未来带来行业革新式的突破。形成这一现象的主要原因，一是由于阿里巴巴作为

互联网企业,跟传统零售企业相比具有相对更高的效率和执行力,加之新零售作为顶层战略规划,在集团内部能享受更多更好的资源(如之前提到的"中供铁军"),集中人力物力财力办大事,才能使得目前几大业务条线短期之内快速铺开。二是阿里巴巴作为电商巨无霸,拥有淘宝天猫等业务稳定贡献收益,创新业务(2018财年之前盒马属于创新业务部)在整个集团中占比很小。因此对新事物的探索能够有更大的投入而不担心成本压力,据称盒马鲜生在开立首店之前进行方法论和模式探究时,就拿到4亿元作为试错成本,同时提供至少150位高级开发人员介入后台系统研发。而对于传统零售企业来说,进行新事物探索和改革会有一笔不小的开支,因此目前采取的动作都相对较为谨慎,大刀阔斧的改革需要管理层长远的眼光、巨大的决心以及整个企业的配合,具备这些资质的企业自然少之又少。

(三)十年之局,目前仍在探索期

阿里巴巴集团学术委员会主席曾鸣提到,"新零售"是对于未来十年二十年甚至更长时间的感知和机会。回看差不多十年前阿里巴巴提出的另一大战略规划"阿里巴巴云",可能会对窥见十年后的"新零售"有所启发:阿里巴巴在2008年确定"云计算"和"数据"战略;1年后阿里巴巴云成立;5年后取得技术突破,成为全球第一个提供5K计算能力的公司;6年后(2015财年)大数据计算工具MaxCompute正式商用,并作为财报中一个业务模块,7到9年后(2016财年至今),阿里巴巴云每个季度基本保持100%以上的收入增长速度,目前占整个收入比重大概达到5%左右。因此从2016年新零售战略提出,到业务突破和稳定贡献收益,可能还有漫长的路要走。

因此在新零售的第一年,阿里巴巴一方面进行小规模的模式和方法论探索,如之前提到的盒马鲜生、银泰和零售通;另一方面进行零售资源的积累,如入股三江购物、联华超市、新华都,给资源的磨合留出一定的时间。未来在这两条路上,阿里巴巴都会脚踏实地地走下去,当方法论探索成功,并能够顺利借助零售资源进行大规模落地之时,带来的必将是整个行业的深远变革。

本章小结

波特的价值链理论对于企业的经营产生了长期的影响,企业基于价值分解,专注于核心能力,将非核心业务外包与外化,已经成为企业经营"圣经"。在模块化生产、网络信息技术支撑、消费升级的作用下,企业经营开始由价值链向价值网络跃升。正如《创新者的窘境》观点,企业的真正的外部环境其实不是国家、市场、消费者、投资者,而是价值网络,就是企业和谁在一起。无论一个公司还是一个人,从长期看,价值不是取决于自己,而是取决于它的价值网络。

学术观察

(1) 新零售与价值网络升级。

(2) 模块化生产与价值网络构建。

参考文献

[1] 迈克尔·波特. 竞争优势 [M]. 北京:中信出版社,2014 (7).

[2] 原磊. 商业模式体系重构 [J]. 中国工业经济,2007 (6):70-79.

[3] 余东华,芮明杰. 模块化、企业价值网络与企业边界变动 [J]. 中国工业经济,2005 (10):88-95.

[4] 吴海平,宣国良. 价值网络的本质及其竞争优势 [J]. 经济管理,2002 (12):12-16.

[5] 李维安,周建. 网络治理:内涵、结构、机制与价值创造 [J]. 天津社会科学,2005 (5):60-63.

[6] 刘明宇,芮明杰. 价值网络重构、分工演进与产业结构优化 [J]. 中国工业经济,2012 (5):148-160.

7 双边市场

7.1 双边市场概述

7.1.1 双边市场界定

Rochet 和 Tirole（2004）从平台的定价结构的角度给出了双边市场的严格定义，这也是迄今为止国外经济学大家给出的双边市场的唯一的严谨定义。考虑一个平台，对买者和卖者的每个交互作用分别收取 α_B 和 α_S。如果在平台上实现的交易量 V 仅仅取决于总价格水平 $\alpha = \alpha_B + \alpha_S$，即对总价格在买者和卖者之间的分配是不敏感的，则双方之间的交互作用的市场是单边的。对比而言如果 V 随着 α_B 或 α_S 而变化，而 α 保持不变，则说这个市场是双边的。这个定义表明作为一个双边市场应该满足以下几个条件：①存在一个具有中介作用的平台，把市场的两个边联系在一起；②平台具有向两个群体定价，也就是收取费用的权利；③平台上的交易量与平台的定价结构有关，也就是说，不同的定价结构可能会导致不同的交易量。

Armtrong（2004）进一步将双边市场定义为：如果市场中交易平台通过一定的价格策略向交易双方提供产品或服务，并且一边所获得的效用取决于另一边参与者的数量，那么这样的市场便是双边市场。Rysman（2005）指出，双边市场必须符合以下两个条件：①市场的两边在同一个平台上进行交易；②一边的决策会对另一边的决策结果产生影响，特别是通过外部性起作用。

关于双边市场的界定，现在普遍认为所谓双边市场应当符合以下三个要素：

平台结构。存在一个或者多个平台结构，同时存在两类或者多类的终端用户通过这个平台企业提供的服务进行交易。由于信息不畅、比较高的交易成本以及根本无法交易等问题的存在，平台企业能够有效匹配平台两侧用户的需求，该平台可以扩大交易对象的选择范围，降低交易成本，并且对交易进行质量监控和保证。

交叉网络外部性。所谓交叉网络外部性，就是指平台一端用户的效用随着平台另一端用户数量的增加而提高。根据 Farrell 和 Saloner 对直接网络外部性与间接网络外部性的界定，交叉网络外部性属于一种特殊的间接网络外部性：两端用户之间是一种互补关系，脱离了彼此都无法从双边市场中获得效用。显然交叉网络外部性是双边市场特有的，而与之对应的是自有网络外部性，指的是其中一端用户的效用随着本端网络规模的扩展而提高，后者较为普遍。

价格结构非中性。平台企业在进行定价决策时存在价格结构非中性的特点，即不仅双边市场的总价格水平，而且双边市场的价格结构也会影响平台的交易量。价格结构非中性是指平台企业对平台用户收取的价格不同，其原因是交叉网络外部性的存在，如果平台一端用户数量少，将直接影响另一端用户的效用和平台的价值，为了提高一端用户的数量，势必对其进行补贴或者价格倾斜，其结果是价格结构非中性，但由于这一端用户数量的增长，另一端用户的效用和平台的价值将提升。价格结构非中性是双边市场的显著要素，传统的单边市场，其交易量 V 仅仅取决于总价格水平 $\alpha=\alpha_B+\alpha_S$，例如传统的菜市场，交易量 V 取决于菜价 α 水平的高低，而不取决于 α 如何在 α_B 与 α_S 之间倾斜。

7.1.2 双边市场分类

不同的研究视角将产生不同的分类，双边市场主要分类如下：

Evans（2003b）的关于双边市场的分类基本覆盖了目前双边市场的主要形态，比较科学规范，应用范围较广。Evans 从实证的角度将双边市场分为三种类型。

市场创造型（Market-Makers）：市场创造型使得双边的消费者交易方便，中介平台增加了买卖双方搜索成功的可能性并且减少了寻找合适的交易对象的时间，中介平台的存在增加了交易量。典型的例子是网约车平台、电子商务平台、外卖平台等。

受众创造型（Audience-Makers）：主要是媒体产业，例如电视、报纸、杂志、网站等会尽可能多地吸引读者或者上网消费者，这样企业才会愿意到该媒体上做广告。典型的例子是门户网站、今日头条等。

需求协调型（Demand-Coodinators）：该类型主要是IT产业、通信产业和银行卡系统等，例如Windows操作系统、安卓操作系统、银行卡平台。

除了Evans的分类之外，双边市场还存在其他的分类方式：

根据双边市场构成的复杂程度可以分为简单结构双边市场和复杂结构双边市场。简单的双边市场一般就是只有一个平台企业，连接着两边或多边的市场用户。而对于复杂结构的双边市场来说，形式就比较多样，如平台可能是多级的，甚至用户可以接入到不同层级的平台中。复杂平台的代表是阿里巴巴平台，阿里巴巴平台是多层的，包括交易平台淘宝、天猫、1688，物流平台菜鸟物流，信用平台芝麻信用，金融平台支付宝，数据平台阿里巴巴云等，多平台的兼容使得为阿里巴巴带来更多价值创造空间。

按照平台是否是瓶颈性质的，可以将平台分为瓶颈性和非瓶颈性平台。瓶颈性平台是指双方的需求只能通过既定的平台实现，该平台成为交易的唯一选择。电脑操作系统与手机操作系统在一定程度上属于瓶颈性平台。非瓶颈型平台主要的作用在于提高交易的效率，绕开平台双方的需求同样会得到匹配。

根据平台的开放程度可以分为开放式双边市场和封闭式双边市场。平台的开放程度取决于平台对双边市场用户自由参与程度的规定，一定程度的限制策略可能会有助于解决"过度拥挤"现象所带来的负效应。

按照平台是否自己提供服务，将平台分为经营服务性平台和协调服务性平台，前者在提供中介服务的同时以获取自身的利益为目的，后者协调有关各方关系，以追求整个行业或集团的总体利益为己任。

根据不同类型的交互作用可以分为交易型双边市场和信息型双边市场。

如电子商务交易平台便是一种典型的交易型双边市场,而媒体宣传平台则是信息服务型双边市场。

7.1.3 双边市场的特征

与传统单边市场相比,除了微观结构不同以外,双边市场还有许多其他方面的显著特征。

7.1.3.1 双边用户对平台的需求具有互动性

需求的互动性有两层含义。一是双边用户对平台的需求是相互依赖的。如果平台一端对平台没有需求,另一端也不会对平台有需求,一端对平台需求增加,另一端也会增加对平台需求。以网约车平台为例,随着乘客需求的增加,必然有更多的车加入网约车的激励,司机会增加对网约车平台的需要。二是双边用户对平台的需求以改善互动效用为前提。所谓互动,就是两个代理人为了满足自己的某种需求而采取相应行动并得到对方反馈的过程。仍以网约车为例,在网约车产生之前,传统巡游出租车存在诸多弊端,其核心是缺乏互动效用。网约车平台的加入,通过预约和差异化服务,互动效果显著提升,双边用户对平台的需求源于各自改善互动效用的激励。

7.1.3.2 交叉网络外部性

前已述及,所谓交叉网络外部性,就是指平台一端用户的效用随着平台另一端用户数量的增加而提高。交叉网络外部性是双边市场最典型的特征,交叉网络外部性源于双边用户对平台的需求具有互动性,一端用户数量的多少、提供产品与服务质量的好坏直接决定另一端的需求是否得到有效满足,效用水平的高低。以网约车为例,网约车数量多少、质量的好坏、司机服务水平的高低直接决定消费者效用,同时乘客数量的多少、消费水平的高低直接决定网约车与司机的数量与结构。

7.1.3.3 双边用户归属的复杂性

经济学家用单归属表示一个用户只接入(或使用)一个平台的情形,用多归属表示一个用户接入(或使用)多个平台的情形。用户单归属在一定程度上取决于某类双边市场是否只有一个垄断平台,当然垄断平台及瓶颈性平台在双边市场中属于少数,所以绝大部分双边产业的用户都是属于多归属的,即双边用户的多平台接入。在竞争的平台企业中，他们为双边用户提供的是具有替代性的产品与服务，这使得用户的需求并不是排他的，因此，用户的多平台接入行为也可以通过决策组合使其最大限度地提高自己的效用。以网约车为例，乘客存在普遍的多归属的现象，由于网约车平台在服务价格、服务质量的差异，可以为乘客在不同场景提供多样化选择，通过决策组合使其最大限度地提高自己的出行效用。

7.1.3.4 竞争的多维性

双边市场中的竞争具有多维性，主要表现在竞争类型与竞争策略上。对平台企业来说，这些都增加了分析、设计、选择和执行策略的复杂性和不确定性。首先，在竞争类型上，内部竞争与外部竞争同时存在。平台企业内部竞争主要指复杂双边市场，复杂双边市场是多平台兼容的产物，为了争夺相同的目标用户，内部平台展开竞争，购物中心的不同业态之间存在内部竞争，阿里巴巴天猫平台与淘宝平台也存在内部竞争。平台竞争主要体现在外部竞争，外部竞争主要包括：一是属性相同的差异化平台之间的竞争；二是属性不同的平台之间的竞争；三是双边平台模式和非平台模式之间的竞争。关于双边市场的竞争策略，可以采取传统的价格策略与差异化策略，同时也存在兼容策略、虚拟整合等策略。

7.1.3.5 双边市场具有中间组织特性

双边市场具有明显的中间组织特性。从参与主体看，双边市场包括平台企业和双边用户等各自独立的市场主体——有的是层级制企业，有的是作为个体的用户，他（它）们通过平台相互连接。从市场看，双边市场里存在三类市场：分别是一边用户对平台的需求市场、另一边用户对平台的需求市场、双边用户之间存在的产品或服务市场，这三个市场相互联系、相互依赖，交织在一起。最为关键的是，在双边市场里，具有显著层级制特征的平台企业与三类市场紧密结合，相互渗透，共同治理或协调着市场主体之间的交易或互动。从而可以把双边市场看作有市场的组织和有组织的市场：既有组织的特点，也有市场的特点；既利用了平台企业的层级协调机制，也利用了市场的价格协调机制，是典型的协调交易的中间形式。在此意义上，双边市场与双边组织是等同的。当然，与其他中间组织一样，双边市场也具有提高交易效率、减少交易成本、增加各方利益等功能。

7.2 双边市场在服务业的分布

双边市场的产业分布涵盖了农业、工业与服务业，但近年来服务业的投资热点与创新应用主要集中于服务业，结合本书的特点，我们从消费性服务业、生产性服务业、公共服务业的视角介绍双边市场在服务业的分布，如表 7-1 所示。

表 7-1 双边市场在服务业的分布

产业		案例	端1	端2	分类
消费性服务业	餐饮服务	饿了么	餐厅	消费者	市场创造型
	娱乐休闲服务	美团、大众点评	服务提供者	消费者	市场创造型
	文化艺术服务	优酷、虾米音乐、得到	内容服务制作方	受众	受众创造型
	酒店旅行服务	携程、去哪儿网	服务提供者	出行者	市场创造型
	移动端出行服务	滴滴出行、神州专车	司机	乘客	市场创造型
	综合服务	58同城	服务提供者	服务需求者	市场创造型
生产性服务业	金融服务	蚂蚁金服、京东金融	借方	贷方	市场创造型
	物流服务	菜鸟物流、丰巢	物流企业	用户	市场创造型
	零售服务	阿里巴巴、京东	商品提供者	消费者	市场创造型
	出版服务	亚马逊	版权方	读者	受众创造型
	数据服务	阿里巴巴云、百度云	数据提供方	数据需求方	需求协调型
	房地产服务	安居客、链家	卖方、出租方	买方、承租方	市场创造型
	人力资源服务	智联招聘、BOSS直聘	招聘方	应聘方	市场创造型
公共服务业	教育服务	慕课、网易公开课	老师	学生	市场创造型
	医疗服务	春雨医生、丁香园	医院、医生	患者	市场创造型
	政府服务	电子政务	政府	公众	需求协调型
	公益服务	轻松筹	受捐者	捐助者	需求协调型

7.2.1 消费性服务业

7.2.1.1 餐饮服务

双边市场在餐饮服务中的应用主要是通过搭建平台，协调传统线下餐厅与线下消费者，撮合用户与商户，其主要的收入来源于商户的服务费，对消费者免费，并进行红包补贴。餐饮服务的典型平台是"饿了么"。"饿了么"是 2008 年创立的本地生活平台，主营在线外卖、新零售、即时配送和餐饮供应链等业务。致力于用创新科技打造全球领先的本地生活平台，推动了中国餐饮行业的数字化进程，将外卖培养成中国人继做饭、堂食后的第三种常规就餐方式。在线外卖交易是"饿了么"的核心业务，主要从事用户和商户的交易撮合，目前已发展为全品类外卖平台，覆盖从早餐到夜宵的所有订餐时段及不同档次的餐饮品类。"饿了么"自主研发的 Napos 系统，是国内最早的外卖订单后台管理系统之一，为外卖商家带来极大的便利，推动了餐饮业的互联网化。物流是外卖服务的核心。2015 年 8 月，"饿了么"建立外卖行业首个即时配送物流平台——蜂鸟，致力于搭建全国最大的即时配送网络。物流平台包括自营配送团队、第三方加盟团队以及社会化众包配送。目前，服务于蜂鸟的注册配送员超过 300 万人，覆盖全国 2000 个城市。

7.2.1.2 娱乐休闲服务

娱乐休闲服务典型的平台是美团网，2015 年美团网与大众点评网达成战略合作，成为中国最大的生活服务电商平台。目前美团已经布局外卖、酒店旅旅、电影行业、点评等服务，其核心能力是搭建线下实体商户与用户的撮合平台，通过点评带来的口碑效应，提升商户与用户的双向匹配效率。

7.2.1.3 文化艺术服务

中国文化艺术服务的跨越式发展，得益于中国知识产权保护、运用水平的不断提升。其典型代表平台包括优酷、虾米音乐、得到等。其共同的特点是由于版权保护水平的提高，内容提供方通过音乐、电影、知识等内容的制作，在优酷、虾米音乐、得到等平台提供，受众通过付费的形式，享受优质的内容资源。

7.2.1.4 酒店旅行服务

酒店旅行服务平台主要围绕在线旅游 OTA（Online-Travel-Agency）展开，指的是旅游供给方与旅游需求方通过计算机及网络完成旅游交易以满足各自需求的旅游运营形式。是传统旅游基于计算机网络、电子商务技术的扩展。其需求方，即在线旅游者，使用互联网收集旅游信息、预订并购买旅游产品；其供给方，即在线旅游产业各部门利用互联网整合运营及对客服务，满足在线旅游者需求的同时获取利润。信息通信技术推动了旅游业运营模式的变革，同时在线旅游业也为信息通信技术的实际应用提供了更多的发展空间。其典型平台是携程网，携程成功整合了高科技产业与传统旅行业，向超过 3 亿会员提供集无线应用、酒店预订、机票预订、旅游度假、商旅管理及旅游资讯在内的全方位旅行服务，被誉为互联网和传统旅游无缝结合的典范。

7.2.1.5 移动端出行服务

移动端出行服务主要的业务范围包括网约车与共享单车。网约车是指通过信息撮合平台提供的车辆和驾驶服务，预约车辆实现点对点运输的服务方式，网约车的核心是平台，通过平台实现乘客与车辆、驾驶员的信息双向匹配。共享单车是指通过线上平台在人员密集区域提供单车共享服务。网约车典型平台是滴滴出行。滴滴专车在其《专车使用条款》第 1 条"我们的服务"就规定，滴滴出行平台提供的不是出租、租车及/或驾驶服务，我们所提供的仅是租赁车辆及驾驶人员的相关信息，我们只是您和供应商之间的平台。平台模式企业通过自建信息平台，通过复杂的路径规划和订单匹配算法，使平台实时精准地匹配即时用车需求与附近闲置私车资源，在价值重构上重新释放了司机碎片化时间，使人们充分共享高效的汽车资源。滴滴出行开放平台上线，对第三方应用及个人开发者全面开放 SDK 接口。截至 2016 年 4 月，腾讯地图、新浪微博、58 同城等 400 多个第三方应用和个人开发者产品已接入滴滴开放平台。平台模式可以短时间通过平台形成庞大的车辆、司机、乘客规模，但是用户安全与参差不齐的服务水平是其短板。

7.2.1.6 综合服务

2015 年 4 月，国内生活服务平台 58 同城发布公告，宣布与国内分类信息网站赶集网合并。合并后 58 同城将持有赶集网 43.2% 的股份，两家公司将保持双方品牌独立性。从目前的市场结构看，58同城占据绝对的市场支配地位，其提供房产、招聘、黄页、团购、交友、二手、宠物、车辆、周边游等海量分类信息，匹配服务提供者与服务需求者。

7.2.2 生产性服务业

双边市场分布于生产性服务业的各个领域，伴随着生产性服务业的集聚，生产性服务平台互联互通，形成了覆盖全社会的商业基础设施，为全社会交易效率提升赋能。

7.2.2.1 金融服务

传统的银行、信用卡组织都具有双边市场的特征，随着互联网金融的发展，越来越多地利用网络信息技术提供普惠金融的企业开始出现，其核心特征是双边市场，其中蚂蚁金服与京东金融是最典型的代表。蚂蚁金服是一家旨在为世界带来普惠金融服务的科技企业，蚂蚁金服起步于2004年成立的支付宝，2014年10月，蚂蚁金服正式成立，蚂蚁金服以"为世界带来更多平等的机会"为使命，致力于通过科技创新能力，搭建一个开放、共享的信用体系和金融服务平台，为全球消费者和小微企业提供安全、便捷的普惠金融服务。蚂蚁金服旗下有支付宝、余额宝、招财宝、蚂蚁聚宝、网商银行、蚂蚁花呗、芝麻信用、蚂蚁金融云、蚂蚁达客等子业务板块。

7.2.2.2 物流服务

物流业是融合运输、仓储、货代、信息等产业的复合型服务业，是支撑国民经济发展的基础性、战略性产业。中国物流成本居高不下，是制约中国经济高质量发展的关键因素。菜鸟物流、京东物流、顺丰物流等物流企业试图建立覆盖全社会的物流服务平台，全面提升中国物流效率，降低成本。菜鸟是一家互联网科技公司，专注于物流网络的平台服务。通过大数据、智能技术和高效协同，菜鸟与合作伙伴一起搭建全球性物流网络，提高物流效率，加快商家库存周转，降低社会物流成本，提升消费者的物流体验。菜鸟的使命是与物流合作伙伴一道，致力于实现中国范围内24小时送货必达、全球范围内72小时送货必达。数据显示，2017年中国已经进入日均包裹1亿个的超级繁忙时代。物流行业引入智能、开放的互联网协同模式，而非传统自建模式，才能更好地适应未来的物流需要。菜鸟的商业逻辑是搭建平台，让物流供应链条上不同服务商、商家和消费者可以实现高效连接，从而提升物流效率和服务品质，降低物流成本。通过菜鸟与合作伙伴的努力，全球智慧物流网络已经覆盖 224 个国家和地区，并且深入到了中国 2900 多个区县，其中 1000 多个区县的消费者可以体验到当日达和次日达的极致配送。

随着无界零售时代的到来，京东物流作为无界物流的引领者和实践者，以降低社会化物流成本为使命，致力于成为社会供应链的基础设施。将基于短链供应，打造高效、精准、敏捷的物流服务；通过技术创新，实现全面智慧化的物流体系；与合作伙伴、行业、社会协同发展，构建共生物流生态。通过智能化布局的仓配物流网络，京东物流为商家提供仓储、运输、配送、客服、售后的正逆向一体化供应链解决方案、快递、快运、大件、冷链、跨境、客服、售后等全方位的物流产品和服务以及物流云、物流科技、物流数据、云仓等物流科技产品。目前，京东物流是全球唯一拥有中小件、大件、冷链、B2B、跨境和众包（达达）六大物流网络的企业。

7.2.2.3 零售服务

传统零售服务，尤其是大型零售商具有典型的双边市场特征，如购物中心、百货商店、专业店等。进入互联网时代，电子商务迅猛发展，产生了阿里巴巴、京东、苏宁云商等一批全面领先的企业，其实质是双边市场，通过搭建网络平台，衔接厂商与消费者供需。近年来，由于电子商务的获客成本提高，电子商务企业主导了线上线下融合的新零售模式创新，新零售是复杂双边市场的典型代表。以盒马鲜生为例，盒马区别于传统生鲜零售渠道和纯线上生鲜电商。盒马生鲜采用门店（超市+餐饮）+线上模式，通过打通线上线下及业态创新融合，为消费者提供即时便捷、高品质、场景化的泛生鲜消费解决方案。其复杂双边市场特征主要体现在：实体店平台与线上平台融合，多元化商品与服务融合，商流、物流、信息流、资金流融合。

7.2.2.4 出版服务

以亚马逊为例，亚马逊采用的是"终端+平台"的销售模式。也就是说他们把自己庞大的数据资源与自己的 Kindle 阅读终端绑定在一起销售，这样两者互为依托可以产生很好的互促作用。亚马逊起步于网络书店，其对于图书的情节，使其始终致力于图书出版服务的变革。亚马逊通过 Kindle 阅读终端与电子书库的建立，同时以亚马逊数字资源为其提供数据支撑，正在构建图书从选题、编辑、审稿、排版、发行、终端阅读一体化平台。

7.2.2.5 数据服务

现有的数据平台包括以数据存储为主的存储型云平台，以数据处理为主的计算型云平台以及计算和数据存储处理兼顾的综合云计算平台。以数据处理（云计算）平台为例，云计算的服务商通过对软硬件资源的虚拟化，将基础资源变成了可以自由调度的"池子"，从而实现资源的按需配给，并做到向客户提供按使用付费的服务；客户可以根据业务的需要动态调整所需的资源，而云服务商也可以提高自己的资源使用效率，降低服务成本，通过多种不同类型的服务方式为用户提供计算、存储和数据业务的支持。

7.2.2.6 房地产服务

链家，成立于 2001 年，是以数据驱动的全价值链房产服务平台。提供二手房、新房、租房、旅居房产、海外房产等房产交易服务，并拥有业内独有的房屋数据、人群数据、交易数据，以数据技术驱动服务品质及行业效率的提升。链家是真正具备大数据处理能力的房产服务平台。历时 8 年，收集 36 个城市 7500 万套房屋信息，并建立业内独有的"楼盘字典"，为真房源奠定基础。通过对房屋数据、人群数据和交易数据的挖掘和处理，提供从找房到签约的各类线上产品，帮助提高交易效率，优化交易体验。链家通过发力移动互联网，多功能全渠道的产品矩阵大大增强了经纪人与客户之间的互动与互通，实现了房源、业主、客户和经纪人的高效关联。链家通过分析客户找房期间的高频交互数据，呈现客户交易行为的特征与偏好，帮助客户具象化其需求，建立客户与房源的关系图谱，实现精准匹配。为用户提供从找房、看房、买房、过户等一条龙服务，剔除并重构交易场景中冗余、复杂的流程，实现用户体验和作业效率的双提升。

7.2.2.7 人力资源服务

"BOSS 直聘"最大的创新就是"直聊"，也就是职场 BOSS 与人才网上面试双方信息透明，需求即时得到反馈，去掉了简历筛选环节，企业与人才直接对接。提高了那些极其想招聘的企业和想求职的人才之间的对接效率。而

"BOSS直聘"相较于通过"筛选简历"这种方式来招募人才,无疑是少了隔阂,让企业领导者直接认识到每一个求职者,也让求职者直接认识和了解企业BOSS,以增加双方认同感。

7.2.3 公共服务业

7.2.3.1 教育服务

中国大学MOOC是由网易与高教社携手推出的在线教育平台,承接教育部国家精品开放课程任务,向大众提供中国知名高校的MOOC课程。在这里,每一个有意愿提升自己的人都可以免费获得更优质的高等教育。MOOC是Massive-Open-Online-Course(大规模在线开放课程)的缩写,是一种任何人都能免费注册使用的在线教育模式。MOOC有一套类似于线下课程的作业评估体系和考核方式。每门课程定期开课,整个学习过程包括多个环节:观看视频、参与讨论、提交作业,穿插课程的提问和终极考试。课程由各校教务处统一管理运作,高校创建课程指定负责课程的老师,老师制作发布课程,所有老师都必须在高教社爱课程网实名认证过。老师新制作一门MOOC课程需要涉及课程选题、知识点设计、课程拍摄、录制剪辑等9个环节,课程发布后老师会参与论坛答疑解惑、批改作业等在线辅导,直到课程结束颁发证书。每门课程有老师设置的考核标准,当学生的最终成绩达到老师的考核分数标准,即可免费获取由学校发出主讲老师签署的合格/优秀证书(电子版),也可付费申请纸质版认证证书。获取证书,意味着学生达到了学习要求,对这门课内容的理解和掌握达到了对应大学的要求。

7.2.3.2 医疗服务

是一款集人工智能技术和医师专业知识为一体的医疗产品,致力于用科技手段帮助人们更清楚地了解自我需求、掌握健康信息,在寻医问药过程中获取更为便捷、专业、优质和经济的建议与服务;缓解"看病难、看病贵"的医疗状况。

"春雨医生"凭借"自诊"和"问诊"两大核心功能,经过6年多的沉淀和积累,逐步进化为健康领域高频次使用的人工智能"健康大脑"及互联网医疗的"连接器"。前者可提供包括自我诊断、机器导诊、众包分诊、辅助追问、辅助决策等多项功能；后者除了能通过移动端实时连接医患关系外，还提供诸如智能健康监测设备、第三方医疗监测机构、医院信息化系统、医药电商平台和医保支付平台等功能。

截至 2017 年 8 月，"春雨医生"已发展成为覆盖 17 个一级科室、吸引超过 50 万公立医院执业医师、服务患者超过 2 亿人次并积累数亿条健康数据信息的大型移动医疗服务平台。"春雨医生"从一款简单易用的移动产品已演变成为整个春雨企业的特色标识。

7.2.3.3 政府服务

政府服务模式转变的主要手段是电子政务，电子政务是政府机构运用现代计算机和网络技术，将其管理和服务职能转移到网络上完成，同时实现政府组织结构和工作流程的重组优化，超越时间、空间和部门分隔的制约，向全社会提供高效优质、规范透明和全方位的管理与服务。电子政务作为典型的平台，一端连接政府管理服务部门，一端连接社会公众，高效完成公众事务的办理。

7.2.3.4 公益服务

轻松筹首创的大病救助模式，将社交的强关系运用到大病筹款中，为求助者提供高效、透明、便捷的筹款渠道。轻松筹 150 人客服团队可保证每天 9 小时电话客服与 13 小时在线客服，全年无休。对于不擅长使用智能手机的用户可选择一对一顾问服务。轻松筹"智爱"系统的上线，在大数据和人工智能的加持下不仅加快了审核环节的速度，人机协作的方式让用户在更加高效、透明的模式下参与公益，保证爱心人士和求助者双方获得保障。要寻求帮助的大病患者，可通过轻松筹 APP 发起大病求助项目。截至 2018 年初，全国共有超过 160 万个家庭筹集善款总额超过 200 亿元。

7.3 平台的经济行为

7.3.1 平台的不对称定价策略

平台面对两个边的消费者，如果平台在两个边都制定比较高的价格，而且平台两边的消费者数都比较少,从平台的消费者的角度考虑,即面临一个比较高的价格,而且另外一边可以与之进行交易的消费者数量又很少,消费者是不愿意到平台上交易的。为了打破僵局,平台往往在一个边制定比较低的价格来吸引消费者到平台上来,利用网络外部性的作用,吸引另外一边的消费者到平台上交易,同时在另外制定比较高的价格来弥补平台运营成本并盈利。如饿了么、美团平台,其对商户收取服务费,而对消费者免费,甚至出于增加网络外部性的考虑,会给予消费者补贴。

7.3.2 平台的补贴和扶持策略

平台面临两个边的消费者,尤其是在进入市场的初期,面临着先撬动哪一个边的问题,由于平台上的消费者很少,产品和服务提供者一方认为到平台上交易无利可图,不愿意到平台上交易。对于一般的平台来说,供货商一边基本上是先于消费者一边到达平台的,例如对于超市平台和银行卡平台都是如此。这时平台会对产品和服务供给者采用补贴和扶持的策略。以移动端出行为例,由于专车司机与车辆的数量与质量直接决定消费者的服务质量,为了撬动司机与车辆一侧,平台在初期一般会补贴司机,以美团打车登陆上海为例,向司机打出"0抽成、每天600元保底"的丰厚条件,上线当日订单超过15万单,上线3日已占据上海市场超过30%的份额。

7.3.3 平台的产品差异化策略

只有在理论研究中才可以假设平台是完全相同的,在实际生活中,没有两个完全相同的平台。平台的一边一般是产品和服务的提供者,另一边是对这些产品和服务有需求的消费者。在竞争的市场环境中,平台的商业定位往往是不同的,有的平台为大众消费者提供综合服务,有的平台为专业消费者提供专业类服务,有的平台着眼于为中高端消费者提供质优价高的服务,有的平台则着眼于为低端消费者提供价格比较低廉但是比较实惠的产品。例如在网络招聘平台中,提供大型的综合性服务的网络招聘平台有智联、前程无忧网、中华英才网等同时着重于区域性服务、专业类猎头服务的专业网络招聘平台目前也在蓬勃发展,"BOSS直聘"更是提供了人才供需直接见面的差异化平台。移动端出行市场也存在差异化策略,滴滴出行致力于提供共享模式,没有自有车辆,高效的匹配降低了成本,提高了运行效率,但服务质量参差不齐。而神州专车、首汽约车、曹操专车定位于差异化群体,提供高价高质量服务,尤其首汽约车更将其重心定位于企业用车与会议用车,加大企业用户的开发力度。

7.3.4 平台的排他性策略

平台实现排他,一般需要具有以下的几个条件:一是平台具有较强的市场势力,这种市场势力一般来自于平台的市场份额、市场地位或者通过行政手段获得的势力。二是平台的市场规模一般足以保证消费者的收入或者消费者效用。三是消费者的多归属行为是可观察的。如果消费者在多个平台上交易的行为是不可观察的或者甄别这种多归属行为的成本非常高昂,平台即使实施排他,也很难有实际的实施效果。以天猫平台为例,为了保障其在服装品类的绝对优势,天猫平台与部分国际服装品牌签署独家合作协议,确保其差异性。

7.3.5 平台的纵向联盟策略

从交易机制的角度来说,纵向一体化是企业内部交易对市场交易的替代,如果平台一般通过的市场手段不足以吸引平台的产品和服务提供企业到平台上交易,那么纵向一体化就是很自然的策略了。以生鲜平台为例,盒马鲜生有专业的供应链团队,门店开到哪里,就和当地的供应商建立联盟,甚至直接组织农户进行生产。在海鲜方面,它自建了很多直采基地,明星产品帝王蟹就是在直采基地出产的。盒马鲜生将这些上游供应链整合的获益,都反映在了商品的价格上,让商品获得了比较好的性价比,既新鲜,又好吃。

7.3.6 平台的互联互通策略

平台互联的一个基本前提是两个平台以及消费者群之间可以相互兼容,否则即使互联,平台的消费者也不能和另一个平台的消费者进行跨平台的交易,互联也就失去了意义。由于双边市场的特殊性,平台之间的互联互通给消费者带来的效用是两方面的，一是来自于本边的收益，平台从互联的另一个平台的同边的消费者获得了直接网络外部性的收益。二是平台互联后，平台消费者可以从与互联平台的另一边的消费者进行交易中获得组间网络外部性的收益。平台互联互通的典型案例是阿里巴巴平台，阿里巴巴将电子商务平台（淘宝、天猫、1688）、物流平台（菜鸟物流）、金融平台（蚂蚁金服）、数据平台（阿里巴巴云）、线下平台（新零售）高效互联互通，其结果是阿里巴巴不仅使得消费者获得效用水平提高，而且依托阿里巴巴生态系统的企业也获得持续健康发展。

7.3.7　平台的消费者资质认证策略

平台除了采用种种措施吸引两边的消费者到平台上交易之外，还需要对交易用户的资质进行认证，特别是一些基于互联网交易的平台，由于互联网虚拟身份的特性，用户对于平台另一边的交易用户的资质很难判断，这就需要平台作为消费者资质认证的权威机构，对于双边消费者，尤其是产品和服务提供方进行资质认证，以保障消费者的合法权益，维护平台的品牌形象，使得消费者可以放心地到平台上交易。几乎所有服务业平台都涉及资质认证，外卖平台对商户认证，网约车平台对司机车辆认证，淘宝平台对商家进行认证，消费者资质认证是保障服务质量的核心，确保消费者合法权益。

拓展阅读

Uber 与共享经济①

Uber 是有史以来成长最快的公司，创立不到六年，市值已经攀升到 600 多亿美元。更重要的是，这家公司产生了巨大的社会示范效应。Uber 开始代指共享经济，成了最热门的词，一段时间很多人都在说要做某某领域的 Uber。

---

① 李伟，周立. 从颠覆到创新——互联网+时代企业转型的经典模式 [M]. 中国友谊出版社，2016：75-82.

Uber 最早是从车辆共享发展起来的，私家车车主在进行汽车消费行为的同时，又为出行需求者提供乘车服务，既是消费者，又是服务的提供者，由此促进车辆这一资源的充分使用。Uber 是一个通过应用程序实现私家车与乘客匹配的服务平台，促成交易，从而获取佣金。它依靠大数据、云计算、数字地图等实现乘客和车辆的智能快速匹配，订单的形成和实现都通过互联网完成。

Uber 属于典型的轻资产运营模式，本身不拥有车辆等固定资产，将线下闲置的车辆资源如私家车、出租车、汽车租赁公司等通过 Uber 第三方服务平台，实现服务者与需求者点对点的匹配。此外，Uber 还对闲置的车辆资源进行分类，分为低端、中端、高端车型，并为客户提供个性化服务如直升机、自行车同城快递、热气球、货运服务、搬家服务等，以满足客户的差异化需求。

具体而言，需求者向 Uber 发送乘车需求，Uber 通过定位技术、高峰定价技术、大数据和云计算等迅速获悉用户的位置信息并生成乘车费用，通过平台将需求信息发布给 Uber 司机，实现乘客与司机的快速匹配，解决了打车难和拒载等问题。用户可以实时查询司机的位置和距离，也可以查询实时费用，乘车结束后用户自主进行移动支付，还可以对司机进行评价，这将作为司机信誉等级核定的标准。具体的商业模式如图 7-1 所示。

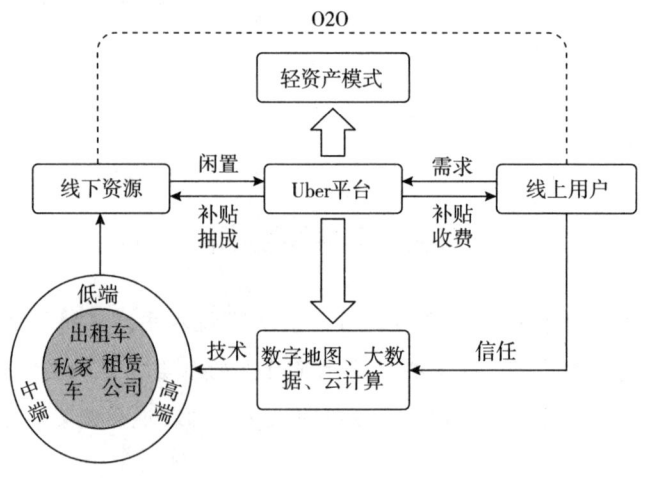

图 7-1 Uber 的商业模式

在高速发展之后，一年多 Uber 碰到了很大的挑战，增长乏力。Uber 到底做对了什么？又在哪些方面有什么样的欠缺？深入地解剖 Uber 可以更好地帮助我们理解和把握新商业模式的核心要素。

Uber 做对的事：数据智能。Uber 的成功很大程度上也是建立在数据智能的基础之上的。Uber 把一个传统行业改造为了一个基于数据和算法的智能商业。由于移动互联网的普及，智能手机变得极为廉价，GPS 的实时地图服务也足够地准确，乘客和司机的位置可以实时在线。而云计算、人工智能、机器学习的高速发展，使得实时匹配海量乘客和车辆成为可能。乘客和司机能够得到的高效和便捷，远远地超出了传统出租行业。

同时，由于数据智能引擎的存在还有很多创新被引进。最核心的就是市场定价。通过高峰期加价，引导乘客用不同的出价方式表达自己的需求，打破了传统定价的刚性，这是非常典型的用市场化的方法解决社会问题。没有数据智能的基础是做不到的。

Uber 忽略的事：网络效应。Uber 问题的核心在于没有真正意义上的网络效应。互联网时代价值创造最重要的源泉是网络效应。Facebook、微信都是非常典型的需求端的网络效应，用户会主动传播，帮助企业接近零成本地获取新用户；用户越多就会吸引更多的人加入这个网络，这个网络的价值自然就越来越大。一个重要的推论是没有网络效应，单靠规模经济是没有办法形成垄断的。那些依靠网络效应的企业，类似微信，才能够赢者通吃。如果在需求端没有网络效应，供给端的规模效应再强大，用户的转移成本依然很低。就像很多人手机上曾经装过好几个租车的 App，无论是滴滴、优步、神州还是易到，使用时可以随时切换。这么重要的高频应用为了使用时的方便，获得确定性的服务，对于用户来说，多下载一个 App 并不算太高的成本。同时由于在波峰时期，几乎没有任何一个网络能够提供足够好的体验，所以给跟随者也留下了生存的空间。更不用说司机们了，同时安装几个 App、同时接单几乎是常态。这其实是说，规模经济的壁垒比网络效应的壁垒要低得多，可以使用海量资本进行密集轰炸而克服。

本章小结

随着数字技术的飞速发展，互联网平台成为新经济的引领者，平台经济也逐步改变着我们的生产和生活。平台经济的实质是双边市场，双边市场具有典型的交叉网络外部性、价格结构非中性和平台结构，根据其功能不同可以分为市场创造型、受众创造型与需求协同型。通过对服务平台梳理，发现双边市场已覆盖生产性服务业、公共服务业与消费性服务业，实现了线上线下深度融合。未来，各双边市场将加速融合与兼容，平台企业将向平台生态跃升，实现更高水平的价值创造。

学术观察

（1）双边市场与服务业劳动生产率。
（2）平台兼容与平台生态。

参考文献

[1] 陈应龙. 双边市场中平台企业的商业模式研究 [D]. 武汉大学博士学位论文，2014.

[2] 纪汉霖. 双边市场定价策略研究 [D]. 复旦大学博士学位论文，2006.

[3] 朱振中，吕廷杰. 双边市场经济学研究的进展 [J]. 经济问题探讨，2005（7）：125-129.

[4] 程贵孙，陈宏民，孙武军. 双边市场视角下的平台企业行为研究 [J]. 经济理论与经济管理，2006（9）：54-60.

[5] 黄民礼. 双边市场与市场形态的演进 [J]. 首都经济与贸易大学学报，2007（3）：43-49.

[6] 曲振涛，周正，周方召. 网络外部性下的电子商务平台竞争与规制 [J]. 中国工业经济，2010（4）：120-129.

8 服务业增长与鲍莫尔——富克斯假说验证

在服务经济研究领域，服务业增长之谜（服务业是否是真实增长）始终是学者关注的主要问题，服务业增长之谜的讨论始于重商主义、重农主义与古典经济学，经济学家普遍认为服务是非生产性劳动，不创造价值，用于服务活动要素的增加，将限制经济增长，正如亚当·斯密指出的"用以维持非生产性人手的部分越大，用以维持生产性人手的部分必越小，从而次年生产物亦必越小……"其后劳动价值论、效用论、供求论阶段，虽然肯定了服务的价值，但由于服务自身具有的性质（无形性、不可存储性、生产与消费同时进行、异质性），使得人们长期认为服务业是次要的生产部门，劳动生产率低下，其增长不会像制造业一样带来迂回生产与规模经济，经济增长的主要动力来源于制造业。随着网络信息技术的应用，服务的基本性质与衍生属性发生改变，服务生产与消费可以分离，服务贸易成为可能，服务外包尤其是离岸外包迅速发展，印度通过发展服务外包产业，通过规模经济、学习效应与比较优势效应的获取，以服务业引领经济增长的模式得到了普遍认可。随着科学技术在服务业中的进一步应用，尤其是数据的低成本获取与储存成为可能，网络协同与数据智能不仅仅使得迂回生产在服务业中被普遍采用，服务业中机械设备、生产要素的投资比重逐渐提升，服务业中只要是能够被结构化的劳动，都会被机器取代，更为关键的是教育水平提高带来的人力资本、信息、知识等报酬递增要素内生化，成为服务业增长的核心要素，服务业中报酬递增逐渐由特殊性向普遍性转化，使得李嘉图基于"收益递减规律"基础上的资本主义经济最终进入稳定状态的预言始终没有到来，而与此形成鲜明对照的是经济发展进程虽然时有波澜，但以服务业为主导的报酬递增新路径，仍然使得全球经济大体上保持着增长的势头。

8.1 服务业增长之谜

长期以来对服务业是否是真实增长存在质疑，服务业增长是规律还是幻觉，争议较大。部分经济学家认为，所谓经济增长中服务业比重的上升，并不是经济增长过程中一种真实图景，而是一种幻觉。他们认为，在经济增长过程中，服务业的真实份额并没有增加。所谓服务业份额上升，只是服务业的价格上升，以及统计技术的进步，交换范围的扩大，服务业管理体制的日趋完善。

质疑一：统计技术的发展

如表8-1所示，为了全面掌握中国第二产业以及服务业的基本情况，2005年，中国进行了第一次经济普查，根据该项经济普查的结果，国家统计局根据经济普查资料对2004年GDP进行了重新核算，并主要对1993年以来的GDP历史数据进行了修订。根据经济普查的初步测算，中国2004年GDP现价总量为159878亿元，比快报核算增加了23002亿元，增幅为16.8%。其中服务业从43721亿元修订为65018亿元，修订增加了21297亿元，修订提高比例为48.7%，占全部修订的92.6%。

2004年，GDP重新核算后，与年快报数相比，第一产业与第二产业比重有所下降，服务业比重大幅度上升，第一产业比重由原来的15.2%下降到13.1%，下降了2.1个百分点；第二产业比重由原来的52.9%下降到46.2%，下降了6.7个百分点；服务业比重由原来的31.9%上升到40.7%，上升了8.8个百分点。

依据国内生产总值（GDP）核算制度和第二次全国经济普查结果，按照国际惯例对2008年全国GDP初步核算数进行了修订，国家统计局对2008年全国GDP初步核算数进行了修订。从修正结果看，第一产业比重下降了0.6个百分点，第二产业比重下降了1.1个百分点，第三产业比重上升了1.7个百分点。

利用第三次全国经济普查数据对 2013 年国内生产总值（GDP）修订的结果，修订后的 2013 年 GDP 为 588019 亿元，与 2013 年初步核算数 568845 亿元相比，总量增加 19174 亿元，增幅为 3.4%。国家统计局国民经济核算司司长程子林指出，此次 GDP 修订最突出的变化是我国三次产业结构更趋优化，2013 年三次产业比例由初步核算的 10.0 : 43.9 : 46.1 修订为 9.4 : 43.7 : 46.9。第一产业增加值占 GDP 比重降低了 0.6 个百分点，第一产业占国民经济比重首次降至 10% 以下，第三产业大幅超过第二产业。修订结果显示，第二产业比重降低了 0.2 个百分点，而第三产业比重上升了 0.8 个百分点。

表 8-1　三次经济普查对服务业增加值的修正

时间	经济普查	现价总量（亿元）		构成（%）	
		修订数	初步核算数	修订后比例	初步核算比例
2005 年	第一次经济普查	65018	43721	40.7	31.9
2009 年	第二次经济普查	131340	120487	41.8	40.1
2014 年	第三次经济普查	275887	262204	46.9	46.1

资料来源：全国经济普查主要数据公报。

经济普查以后对 GDP 修订的幅度越来越小，也表明了我们常规的统计调查工作和 GDP 核算工作越来越准确，特别是服务业的统计越来越健全。第一次经济普查以后对 GDP 修订幅度比较大，主要是当时对服务业的统计能力比较薄弱，最近几年我们大力加强了服务业的调查统计，所以普查以后对 GDP 修订的幅度越来越小。

质疑二：鲍莫尔—富克斯假说（Baumol-Fuchs Hypothesis）

服务业"成本病"也称为鲍莫尔成本病。原因在于最早对服务业相关问题进行研究的是鲍莫尔（Willian. J. Baumol）。首先，鲍莫尔构建了一个两部门非均衡增长模型，在该模型中，经济体被分为劳动生产率增长率为零的"停滞部门"和劳动生产率增长率为正的"进步部门"，前者主要指服务业部门，后者主要指制造业部门。假定劳动为唯一的投入要素，两部门的初始名义工资水平相同，随着劳动生产率的提高，名义工资水平按相同的速度同方向增长。当"进步部门"的劳动生产率提高而"停滞部门"的劳动生产率几乎不变时,两部门的名义工资均增加,前者劳动生产率的提高所带来的产出增加抵消了名义工资的上涨,但后者因劳动生产率不变,名义工资的上涨会导致该部门的产出成本增加。因此,"进步部门"的技术进步会间接性地提高"停滞部门"的产出成本。如果"停滞部门"的产品富有需求弹性,那么价格提高会导致消费减少,进而导致产出减少;如果其产品缺乏需求弹性,那么工资的上升会导致消费需求增加,因为鲍莫尔非均衡增长模型认为两部门的实际产出比例保持不变是实现经济均衡发展的前提,进而导致劳动力从"进步部门"不断流向"停滞部门",增加后者的就业吸纳能力和劳动力比重,拉低整体经济的增长速度,即服务业生产率相对滞后会阻碍整体经济的发展(W. J. Baumol,1967)。此后,鲍莫尔在两部门非均衡增长模型的基础上,引入一个初始时生产率提高、成本下降,而后来价格和成本逐渐接近"停滞部门"的新部门,即包括进步投入和停滞投入的"渐进停滞部门",扩展为三部门非均衡增长模型。同时,鲍莫尔也实证了经济的均衡增长导致劳动力不断流向"停滞部门"和"渐进停滞部门"中的停滞部分,这与两部门非均衡增长模型所得结论具有一致性(Baumol、Blackman、Wolff,1985)。富克斯基于美国1929~1965年的数据从服务业就业角度表述了和鲍莫尔基本相同的观点,使服务业就业比重上升的主要原因是服务业劳动生产率的相对滞后,鲍莫尔的观点得到富克斯的实证支持(V. R. Fuchs,1968),学术界将鲍莫尔和富克斯的观点称为鲍莫尔—富克斯假说。

质疑三:市场范围因素

在现代市场经济背景下,市场交换范围的扩大,使得大量自我服务转换为市场交换性服务。在现有的统计方法中,自我服务很少进入到统计的范围,而市场交换型服务很容易进入统计范围内。因此市场交换范围的扩大,将是服务也在统计学意义上得到了增长。市场范围主要分为两方面:一是在消费性服务业方面,主要体现面向最终消费者的消费性服务的交换范围扩大,例如钟点工大量替代了家庭主妇,使家政服务成为了一种市场交换型服务。二是在生产性服务方面,由于现代产业分工体系的存在,大量内置化生产性服务外包与外化,从自我服务向市场服务转变。关于第一类消费性服务市场范围扩大对服务业增长的影响,从理论上看是存在的,但从现实看,在我国,由于受统计调查基础和数据来源方法的限制，现阶段就连有酬的家庭服务（如比较规范的"家政服务"或比较零散的"保姆服务"等，这些都属于"市场性""社会化"的家庭服务，有别于"家庭内部的自我服务"）尚且难以做到适当地统计和反映，更不必说其他。关于生产性服务的外包与外化问题，生产性服务外包与外包的统计，随着经济普查的开展，已从基本调查单位和数据采集源头入手，建立了比较完善的统计调查制度，现有的统计能够客观地反映其增长。

8.2 中国服务业增长的表征

8.2.1 服务业增长的数据表征

如表8-2所示，从1992~2017年中国服务业增加值与就业看，服务业增长明显，服务业从9668.9亿元增长到427032亿元，服务业产出比重由35.6%增长到51.6%。服务业就业人员由13098万人增长到34860万人，就业比重从19.8%增长到44.9%。从产出比重与就业比重看服务业增长是一种规律。

表8-2 1992~2017年第三产业增加值与就业情况

年份	第三产业增加值（亿元）	第三产业产出比重（%）	第三产业就业人员（万人）	第三产业就业比重（%）
2017	427032	51.6	34860	44.9
2016	383365	51.6	33757	43.5
2015	346149.7	50.2	32839	42.4
2014	308058.6	47.8	31364	40.6
2013	277959.3	46.7	29636	38.5
2012	244821.9	45.3	27690	36.1
2011	216098.6	44.2	27282	35.7

续表

年份	第三产业增加值（亿元）	第三产业产出比重（%）	第三产业就业人员（万人）	第三产业就业比重（%）
2010	182038	44.1	26332.3	34.6
2009	154747.9	44.3	25857.3	34.1
2008	136805.8	42.8	25087.2	33.2
2007	115810.7	42.9	24404	32.4
2006	91759.7	41.8	24142.9	32.2
2005	77427.8	41.3	23439.2	31.4
2004	66648.9	41.2	22724.8	30.6
2003	57754.4	42	21604.6	29.3
2002	51421.7	42.2	20958.1	28.6
2001	45700	41.2	20164.8	27.7
2000	39897.9	39.8	19823.4	27.5
1999	34934.5	38.6	19205	26.9
1998	31558.3	37	18860	26.7
1997	27903.8	35	18432	26.4
1996	24107.2	33.6	17927	26.0
1995	20641.9	33.7	16880	24.8
1994	16712.5	34.4	15515	23.0
1993	12312.6	34.5	14163	21.2
1992	9668.9	35.6	13098	19.8

资料来源：历年《中国统计年鉴》。

8.2.2 服务业增长的理论与实践

上述已经分析，随着服务业统计调查制度的不断完善，统计技术与市场范围对服务业增长的影响在一定程度上已经解决。制约服务业增长的核心问题是服务业"成本病"问题，即服务业占 GDP 比重的上升主要是因为服务业的生产率增长速度低于制造业的增长速度,因而服务业的成本大幅度上升,造成服务业在GDP中的份额大幅度上升。关于服务业"成本病"问题争论较大,汇丰中国在2016年7月发布的《中国的新挑战:服务业发展越快,生产率增长越慢》研究报告,虽然房地产、金融等高端服务业可提供较高的生产率,但农民工更趋向于集中在零售、交通和物流等低端服务业,这将拉低中国经济整体人均产出的平均值,因为中国服务业的生产率水平只有工业的80%。报告还指出:"经济理论和经验证据都认为,对发展中国家而言,'去工业化'(Deindustrialisation)过早到来可能对经济造成破坏。它会堵塞生产率增长的渠道,从而降低经济潜在增速,以及赶上发达经济体的可能性。这种'再平衡'过程中的效率损失可能会非常大。2012~2015年,制造业农民工的总人数减少了近700万,而三大服务业(批发和零售业、房地产业、交通和物流业)的人数却增加了500万。""从2015年的数据来看,制造业每个工人的产出比在三大服务业工作的工人要多出4.5万元。因此如果所有这500万人都在制造业而非服务业工作,那么2015年中国的总产出将增加2250亿元,约占年GDP的0.3%。""从拉美国家的经验来看,缺乏足够的投资,倾向于专攻短期而非长期的比较优势,这些都是发展中国家常犯的错误。这种发展策略会导致工业发展不充分,减缓生产率的增长。鉴于中国人均GDP只有美国的14%,我们认为,现在就向服务业拉动的增长模式转变为时过早。"江小涓(2017)认为长久以来,传统服务业是一个劳动生产率较低的部门,这源于传统服务的本质特征。互联网改变了服务提供方式,服务的性质也随之改变。总体来看,服务业全行业生产率显著提高,有些甚至超出了现代制造业的水平。随着信息技术特别是互联网技术的发展,服务业劳动生产率低的状况总体上已经改变。

近年来,被认为劳动生产率较低的零售、交通和物流等低端服务业,成为了外源性资金投资的热点。阿里巴巴提出新零售战略后,线上线下其他巨头也纷纷入局,新业态新物种如雨后春笋般涌出,无人业态、便利店、生鲜超市、百货商店、专业店成为投资热点,其核心是在利用网络信息技术、物联网技术等智慧商业基础设施赋能零售业态,实现全渠道融合发展,新零售的典型企业实践是不断提高零售企业效率,满足消费者多元化、个性化需求。

从交通业看，无论是货物运输还是乘客出行，在技术进步的支撑下，通过精准对接交通供需，提升服务品质和用户体验，提高运输服务质量和效率，降低运行成本。其核心是以智能化带动交通现代化，实现旅客便捷出行、货物高效运输。中国是全球第一个全面承认网约车合法化的国家，网约车通过高效的供需匹配，在实现闲置车辆高效配置的同时，满足了乘客多样化出行需要。从物流业看，阿里巴巴、京东、顺丰等企业正致力于构建覆盖全社会的"中国智能物流骨干网"，一个是在国内，要做到任一地方24小时必达，把中国物流成本占GDP的比重降到5%以下。另一个是在全球，要沿着"一带一路"，eWTP节点，打造全球72小时必达。在终端配送方面，正全面尝试无人车、无人机、无人仓，物流领域无人化趋势加快。

从上述分析可以看出，从统计数据看，服务业产出比重与就业比重显著增长。随着服务业统计调查制度的不断完善，统计技术与市场范围对服务业增长的影响在一定程度上已经解决。服务业增长是规律还是幻觉的核心是服务业劳动生产率是否增长以及与制造业的比较。

8.3 服务业"成本病"的国内外研究现状

8.3.1 服务业"成本病"的国外研究现状

通过美国1948~2001年的行业数据的实证检验可以得到，和鲍莫尔—富克斯假说相同的结论，服务业作为"停滞部门"的价格相对上涨，吸纳更多的劳动力，而整体经济的增长速度放缓（Nordhaus，2008）。随着数据处理技术的不断完善，通过把欧盟服务业分为11个行业并计算各行业对整体服务业发展所产生的贡献，结果显示除了教育行业，其他行业吸纳的劳动力越多，反而会阻碍整体服务业的发展，也证明了欧盟服务业存在鲍莫尔成本病（Fernandez、Palazuelos，2012）。但是任何新事物的产生总是会伴随着争议，这些争议的存在反而会促进新事物不断走向完善。鲍莫尔—富克斯假说在国际上得到支持的同时也会受到质疑。不同于以上的实证研究，一些学者基于服务业全要素的测算基础上，利用美国1995年以后的数据进行实证分析，认为美国不存在鲍莫尔成本病（Triplett、Bosworth，2004）。而且由于服务业内部行业存在异质性，劳动力向服务业内部某些行业转移不一定会产生负面影响，反而会对经济增长产生正面影响，如果大力发展这些行业，则经济中未必存在鲍莫尔成本病（Maroto-Sanchez，2010）。虽然关于鲍莫尔—富克斯假说的争议不断，但不可否认的是，鲍莫尔—富克斯假说（Baumol-Fuchs Hypothesis）仍然是关于服务业"成本病"问题的主流学说之一。从鲍莫尔—富克斯假说中可以得到产生服务业"成本病"问题的四个基本条件：①服务业生产率滞后于制造业生产率；②服务业的名义价格上涨；③劳动力积极向服务业转移，服务业的就业比重大；④总体经济增长率减缓。这四个基本条件成为判断一个国家或区域是否存在服务业成本病的重要标准。

8.3.2 服务业"成本病"的国内研究现状

我国服务业迅速发展这一经济现象引起了众多学者的关注，国内涌现大批学者对这一现象进行研究。其中，国内关于服务业相关问题的研究大多集中在两个方面：①服务业的发展对整体经济、产业结构的影响；②是否存在服务业成本病的研究及研究方法。

在这些关于服务经济发展对整体经济、产业结构的影响的研究中，国内一些学者通过将我国和其他国家的数据进行比较，建立多元回归模型分析了经济增长与服务业发展之间的关系，并预测了服务业今后的发展，服务业比重将有明显提升，在整体经济的发展中占有更加重要的地位（江小涓、李辉，2004）；运用省际面板数据对服务业与经济增长之间的一般均衡关系进行了经验分析和数值模拟，发现提高服务业劳动生产率及其增长率有利于促进服务业及整体经济的发展（程大中，2010）；在这些研究中，也不乏学者对中国服务业及其内部各行业的发展与经济增长之间的关系进行检验，认为由于服务业具有异质性和复杂性的特性，中国服务业及其内部各行业的发展对经济增长产生的影响是有差异的，应该有区别地分析其内部各行业的发展与经济增长之间的因果关系（王治、王耀中，2009）；从生产过程是否可标准化的角度，服务业被划分为可标准化服务业和不可标准化服务业，这两类服务业的异质性会对经济生产率产生不同的影响，服务业的结构及其异质性对整体经济的影响应该加以重视（李建华、孙蚌珠，2012）。更有学者认为生产者服务业全要素生产率增长率对整体服务业的全要素生产率增长率贡献偏低导致服务业发展相对滞后，进而影响经济的快速增长（谭洪波、郑江淮，2012）。

近些年来，我国在实现工业化之后正式进入服务化阶段，服务业在整体经济中所占比重逐渐提高，在整体经济中占有越来越重要的地位。然而，随着经济的发展，服务经济的快速发展对整体经济的负面影响也逐渐显露端倪。而国内关于是否存在服务业"成本病"的研究却相对匮乏。一些学者运用"非均衡增长模型"从经验角度实证了服务业的劳动生产率增长相对滞后，对服务的需求缺乏弹性，认为中国的大多数地区已经显露出服务业"成本病"的征兆（程大中，2008）；将鲍莫尔模型进行扩展，用服务业与制造业劳动生产率之差来表示服务业技术进步之后的情况，基于东、中、西部地区省际面板数据实证得出我国已出现服务业"成本病"的问题（朱轶、熊思敏，2010）；采用引入时间趋势变量的超越对数生产函数的随机前沿模型，基于我国东部地区省际面板数据进行实证分析，认为我国东部地区存在服务业"成本病"的现象（邱小欢，2010）。

国内关于是否存在服务业"成本病"的研究主要集中在国内各地区以及各省市这些局部地区（邱小欢，2010；程大中，2008；郑晓芳，2011），但是中国地域幅员辽阔，地貌丰富多样，东、中、西各地区在资源拥有量和经济发展水平上均存在差距，服务业在各地区的发展呈现不均衡的状态，存在较大的空间差异（程大中，2003；张建升、谭伟，2011）。更有学者进一步指出由于东、中、西部各地区的市场化进程不一致导致三大地区服务业技术效率存在显著差异，进而导致我国服务业区域发展失衡的问题更加严重化（顾乃华、李江帆，2006），地区差异对服务业发展的影响应该加以重视。除此之外，基于全国范围内的文献大多利用劳动生产率这一单要素来测量服务业是否处于滞后状态来分析判断我国是否存在服务业"成本病"的问题（程大中，2008；朱轶、熊思敏，2010）。但是由于服务业产出难以量化等特点，服务业劳动生产率容易被低估，所以应使用全要素生产率（TFP）来计算服务业生产率，而不是局限于用人均产出来衡量（Ten - Raa, T., R. Schettkat., 2001）。而且使用单要素计算服务业生产率会忽略产出增长中的劳动和资本的综合作用，但是 TFP 不但可以克服单要素这个固有的缺点，同时还可以反映技术进步、效率提高对生产率的贡献。国内一些学者使用超越对数生产函数分析了 1992~2002 年中国各省的服务业生产率，认为服务业全要素生产率的增长是服务业经济增长的主要贡献力量（徐宏毅、欧阳明德，2004）；基于1993~2007 年中国 31 个省市的面板数据，运用 Malmquist 指数测算了各省市的服务业全要素生产率，证实了我国服务业生产率处于区域发展不平衡的状态（尹琳琳、苏秦，2009）。

综上所述，在国内相关研究中，早期关于服务业生产率的测算主要集中在以劳动生产率为代表的单要素生产率测算方法，用全要素生产率测算服务业生产率的测算方法在后期逐渐受到重视，但是存在点到即止的现象。所以本书将研究时限延长，基于 1998~2017 年全国 31 个省市的全部省际面板数据，从以全要素生产率代替单要素生产率测算服务业生产率的角度出发，结合我国实际国情，综合考虑全国范围内的地区差异对服务业发展水平所造成的影响，采用八大综合经济区的区域划分方法，更加全面深入地对我国服务业发展现状进行实证分析，以此来检验我国是否存在服务业"成本病"的问题无疑具有重要的理论与现实意义。

8.4 研究方法与数据来源

8.4.1 全要素生产率的测算方法

8.4.1.1 索洛残差法

索洛残差法最早由索洛提出，其基本思路是首先估算出总量生产函数，采用产出增长率减去资本、劳动力要素的增长率的残差来估算全要素生产率的增长。在规模收益不变和希克斯中性技术假设下，全要素生产率增长就等于技术进步率。设总量生产函数为

$$Y_t = Ae^{\lambda t}K_t^{\alpha}L_t^{\beta} \tag{8-1}$$

其中，Y_t 为实际产出，L_t 为劳动投入，K_t 为资本存量，α、β 分别为平均资本产出份额和平均劳动力产出份额，在规模收益不变和中性技术假设下，全要素生产率的增长率为

$$\frac{\Delta A}{A} = \frac{\Delta Y}{Y} - \alpha\frac{\Delta L}{L} - (1-\alpha)\frac{\Delta K}{K} \tag{8-2}$$

为估计出 α、β，对方程（1）两端同时取对数。

$$\ln(Y) = \ln(A) + \lambda t + \alpha\ln(K_t) + \beta\ln(L_t) \tag{8-3}$$

在规模报酬不变的约束条件下 $\alpha+\beta=1$ 下有：

$$\ln(Y_t/L_t) = \ln(A) + \lambda t + \alpha\ln(K_t/L_t) \tag{8-4}$$

估计出 α、β 后代入方程（8-2），可得出全要素生产率增长率。

8.4.1.2 隐性变量法

隐性变量法的基本思路是将全要素生产率作为一个未观测变量即隐性变量，借助状态空间模型（state-space-model）利用极大似然估计给出全要素生产率估算。

具体估算过程中，为了避免出现伪回归，需要进行模型设定检验，包括数据平稳性检验和协整检验。平稳性检验和协整检验的方法很多，常见的方法有 ADF（the-Augmented-Dickey-Fuller）单位根检验和 JJ（Johansonand-Juselius）协整检验。由于产出、劳动力和资本存量数据的趋势成分通常是单位根过程且三者之间不存在协整关系，所以往往利用产出、劳动力和资本存量的一阶差分序列来建立回归方程。采用 C-D 生产函数，且假设规模收益不变，则有如下观测方程：

$$\Delta\ln(Y_t) = \Delta\ln(\text{TFP}_t) + a\Delta\ln(K_t) + (1-\alpha)\Delta\ln(L_t) + \varepsilon_t \tag{8-5}$$

其中 $\Delta\ln(\text{TFP}_t)$ 为全要素生产率增长率，假设其为隐性变量，且遵循一阶自回归即 AR 过程，则有如下状态方程：

$$\Delta\ln(\text{TFP}_t) = \rho\Delta\ln(\text{TFP}_{t-1}) + \upsilon_t \tag{8-6}$$

其中，ρ 为自回归系数，满足 $\rho<1$，υ_t 为白噪声。这样，利用状态空间模型，通过极大似然估计同时估算出观测方程（8-5）和状态方程（8-6），从

而得到全要素生产率增长率的估算值。

8.4.2 全要素生产率测算的方法选取及指标确定

正如上文所述，不同方法计算的全要素生产率差异较大，相同方法由于指标选取的差异计算结果也不尽相同。随着经济理论的发展和新兴经济成长，选取合适的测算方法与数量指标成为全要素生产率测算的核心。易纲、樊纲、李岩（2003）认为索洛残差法存在的主要缺陷是用资本存量替代资本服务，从而低估资本投入对经济增长的贡献，从而高估全要素生产率，并提出由于中国资本存量中部分用于基础设施建设，而没能在当期发挥其"生产力"，同时技术引进费用也从资本存量中剔除，必须对资本存量数据进行处理。Barro 和 Sala-i-Martin（2004）认为由于要素增长率非外生，系数会随时间项变动等因素的存在，经济计量法不适合全要素生产率的计算。CarstenA. Holz（2006）在选取新增固定资产作为资本流量的基础上，利用索洛余值法对中国全要素生产率进行了重新估算。李宾、曾志雄（2009）认为对于转型经济体，应允许系数项随时间可变，因而采用要素份额可变的增长核算法适合中国国情。赵志耘、杨朝峰（2011）认为隐型变量法虽然排除了误差项的干扰，但在测算中由于假定遵循一阶自回归，使得测算结果趋近水平线，大量全要素生产率变动的信息被平滑掉，信息丢失，因而不适用于全要素生产率的计算。综上我们认为，索洛余值法虽然在资本存量计算方面存在较大分歧，但由于数据的可比性和成熟的应用，我们仍采取索洛余值法对全要素生产率进行估算，本文与其他文献的主要差别在于投资流量 I_t 的选取和资本存量 K_t 的计算。

在利用索洛残差法估计全要素生产率时最核心的要点是资本存量 K_t 的估算，关于 K_t 的估算主要工作包括投资流量、价格指数、折旧率、基期资本存量的选取和确定。

目前被普遍采用估算资本存量的方法是 Goldsmith（1951）提出的永续盘存法。由于中国一直未进行过资产普查，所以资本存量的计算一般都是通过流量的累加得到的，基本的公式为

$$K_t = \frac{I_t}{P_t} + (1-\partial)K_{t-1} \tag{8-7}$$

其中 K 表示资本存量，I 表示资本流量，P 为投资品价格指数，用于把价格折算到不变价格，∂ 表示折旧率或重置率。具体的计算步骤包括：一是基期资本存量的估算，基期基本存量估算的差异较大，普遍的方法是利用基期的投资流通和资本产出比进行估计，由于折旧的存在，基期资本存量对后续资本存量估算影响较少。二是选取当然的投资流量 I，关于投资流量 I 的选取主要集中在四个指标：固定资本形成额、新增固定资产投资、全社会固定资产投资、积累额。三是价格指数的选择与确定，从1991年开始，国家公布固定资产投资价格指数，被认为是平减当期投资流量的最合适指标。但问题是1990年以前的投资流量用什么指标平减比价合适呢，现有的做法包括利用工业品出厂价格指数替代，借助固定资本形成总额及固定资本形成指数来构造投资隐含平减价格指数等。四是折旧率的确定，关于折旧率的确定方法没有统一，目前普遍采用的方法是估计一个合理的折旧率，对历年资本存量进行抵减。资本数据的计算是全要素生产率及其增长率计算的核心，不同计算结果的差异主要体现在资本存量的差别。

先前的研究方法都是在永续盘存法的基础上展开的，但指标的选取和细节处理上差异较大，比较具有代表性的成果如表8-3所示。

表8-3 资本存量估算方法的代表性成果

文献作者	基期资本存量	投资流量	价格指数	折旧率
张军、吴桂英、张吉鹏（2004）	固定资本形成/10%	固定资本形成总额	投资隐含平减指数	9.6%
李宾、曾志雄（2009）	K_0 影响忽略不计	新增固定资产	投资隐含平减指数	5%
Holz（2006）	K_0 影响忽略不计	新增固定资产	固定资产投资价格指数	推算
郭庆旺、贾俊雪（2005）	全民所有制工业企业GDP估算	固定资产投资额	固定资产投资价格指数	5%
谢千里、罗斯基、郑玉歆（1995）	不详	建筑安装成本指数与设备购置价格指数的加权平均数	工业新增固定资产	统计数据

续表

文献作者	基期资本存量	投资流量	价格指数	折旧率
王小鲁、樊纲（2003）	不详	全社会固定资产投资、投资交付使用率、固定资本形成	固定资产投资价格指数	5%
赵志耘、杨朝峰（2011）	$K_0 = I_0 / (g+\delta)$	固定资本形成总额	固定资本形成平减指数	5%

根据现有的研究成果，本文认为在1952年基期资本存量K_0选取仍然采用国际标准的做法$K_0 = I_0 / (g+\delta)$，关于价格指数P_t，1991年后由于统计年鉴公布了固定资产投资价格指数，1991年后采用该指标比较合适，1952~1990年价格指数通过固定资本形成总额及固定资本形成指数来构造投资隐含平减价格指数，关于折旧率∂和投资流量I_t的选取争议较大。关于折旧率∂，从理论上讲，利用永续盘存法计算资本存量时∂应该是重置率而非折旧率，只有在资本存量按照几何递减的情况下，我们才用折旧率替代重置率。现有的把部分研究成果都将折旧率∂设定为5%，王小鲁、樊纲（2003），卜永祥（2002），赵志耘、杨朝峰（2011），李宾、曾志雄（2009）都将折旧率∂设定为5%；部分文献将固定资产折旧设定在10%左右，刘明兴（2002）将∂设定为10.96%，张军（2004）将折旧率∂设定为9.6%，单豪杰（2008）将∂设定为10.96%，雷辉（2009）将∂设定为9.73%，本文认为折旧率对资本存量计算和全要素生产率的估算的影响非常大，甚至是首要因素，这与李宾（2011）认为折旧率对资本存量估算结果影响最大的观点是一致的。张建华、王鹏（2012）分别在将∂设定在5%、7%、10%的水平上，计算了全要素生产率平均增长率，结果显示在趋势大致一致的基础上结果差异较大，也证明了折旧率对资本存量的影响。关于资本折旧率估算的研究，陈昌兵（2014）采用极大似然法利用生产函数估计了我国不变和可变折旧率，得出1978~2012年中国固定不变折旧率为5.65%左右，本文利用相同的做法对其进行验证，得出的结构基本趋同，本文将5.65%作为进行资本存量估算的折旧率∂。关于资本存量的选取，从现有的研究看，用固定资本形成总额要优于新增固定资产投

资。固定资本形成总额=全社会固定资产投资+土地改良+新增畜牧、林木、矿产价值–处置的固定资产价值。新增固定资产=全社会固定资产投资×固定资产交付使用率。由于固定资本形成总额与SNA体系的相容性,以及普遍使用及可比性,本文认为固定资本形成总额作为I_t是合理的指标选择。

8.5 服务业劳动生产率计算

通过方程(8-5)计算得出中国2002~2015年固定资本存量,通过中国统计年鉴及各省份统计年鉴的实际GDP和就业人数计算全要素生产率,对方程(8-4)进行OLS估算,结果如下:

回归模型显著性的F检验表明,模型整体是显著的。此外相关的拟合优度是组内R^2,第一产业的$R^2=0.9010$,第二产业的$R^2=0.9240$,第三产业的$R^2=0.9816$。说明模型与数据解释程度均达到90%以上。具体的回归结果见表8-4至表8-6。

表8-4 第一产业回归结果

yy	Coef.	Std. Err.	z	p>|z|	[95% conf. interval]	
kk	0.178811	0.027387	6.53	0.000	0.1251333	0.2324886
ll	0.6877371	0.661192	10.40	0.000	0.5581459	0.8173283
t	0.0638471	0.007195	8.87	0.000	0.0497452	0.077949
_cons	0.8187445	0.4582601	1.79	0.074	-0.0794287	1.716908

表8-5 第二产业回归结果

yy	Coef.	Std. Err.	z	p>|z|	[95% conf. interval]	
kk	0.3594437	0.0318256	11.29	0.000	0.296792	0.4220954
ll	0.2936169	0.0664992	4.42	0.000	0.1627095	0.4245297
t	0.0450772	0.0071566	6.30	0.000	0.0309888	0.0591655
_cons	3.047702	0.4530725	6.73	0.000	2.155785	3.939619

表 8-6 第三产业回归结果

yy	Coef.	Std. Err.	z	p>|z|	[95% conf. interval]	
kk	0.3306712	0.0240841	13.73	0.000	0.2834672	0.3778752
ll	0.3551817	0.0382924	9.28	0.000	0.2801299	0.4302335
t	0.0602792	0.005568	10.83	0.000	0.0493662	0.0711922
_cons	2.522478	0.2872083	8.78	0.000	1.959561	3.085396

根据回归结果，第一产业：$\alpha = 0.1788$、$\beta = 0.6877$；第二产业：$\alpha = 0.3594$、$\beta = 0.2936$；第三产业：$\alpha = 0.3307$、$\beta = 0.3552$。

再分别计算出实际产出、就业人数和资本存量的逐年增长率，一并代入方程（8-4），可以得到我国 2002~2015 年的资本产出、劳动力产出、全要素生产率增长率。

根据表 8-7 三次产业劳动生产率的省际比较，从第一产业劳动生产率增长率看，除山西省、辽宁省、上海市、浙江省、福建省、湖北省、西藏自治区、陕西省、新疆维吾尔自治区 9 省区外，第一产业劳动生产率增长率呈负增长趋势。第二产业劳动生产率增长率看，黑龙江省、安徽省、福建省、江西省、山东省、海南省、重庆市、四川省、贵州省、陕西省、甘肃省、宁夏回族自治区 12 省区第二产业劳动生产率的增长率为增长趋势，其余省份地区为负增长。从第三产业劳动生产率增长率看，辽宁省、黑龙江省、湖南省第三产业劳动生产率为负增长，其余省份第三产业劳动生产率为增长趋势。

从具体三次产业劳动生产率数据对比看，剔除湖北省第一产业劳动生产率增长率外，2015 年三次产业劳动生产率增长率的关系是第三产业劳动生产率增长率高于第二产业、第一产业劳动生产率增长率，而第二产业劳动生产率增长率与第一产业劳动生产率增长率省际波动较大，但总体而言第二产业劳动生产率增长率要高于第一产业劳动生产率增长率，尤其是从珠三角、长三角、京津冀中国三大圈看，第三产业劳动生产率增长率高于第二产业劳动生产率增长率，其趋势是明显的，如图 8-1 所示。

表 8-7 三次产业劳动生产率增长率的省际比较

省份	第一产业	第二产业	第三产业
北京市	-0.0277	-0.0127	0.0133
天津市	-0.0174	-0.0184	0.0268
河北省	-0.0054	-0.0001	0.0046
山西省	0.0047	-0.0079	0.0083
内蒙古自治区	-0.0115	-0.0235	0.0045
辽宁省	0.0016	-0.0311	-0.0198
吉林省	-0.0108	-0.0013	0.0224
黑龙江省	-0.0054	0.0023	-0.0142
上海市	0.0047	-0.0105	0.0041
江苏省	-0.0115	-0.0001	0.0069
浙江省	0.0016	-0.0067	0.0152
安徽省	-0.0108	0.0051	0.0051
福建省	0.0023	0.0041	0.0298
江西省	-0.0132	0.0041	0.0049
山东省	-0.0204	0.0056	0.0054
河南省	-0.0169	-0.0675	0.0210
湖北省	0.2379	-0.0001	0.0116
湖南省	-0.0136	-0.0374	-0.0019
广东省	-0.0036	-0.0016	0.0075
广西壮族自治区	-0.0114	-0.0147	0.0274
海南省	-0.0038	0.0047	0.0155
重庆市	-0.0361	0.0058	0.0132
四川省	-0.0137	0.0031	0.0069
贵州省	-0.0056	0.0241	0.0148
云南省	-0.0063	-0.0063	0.0009
西藏自治区	0.0245	-0.0041	0.0595

续表

省份	第一产业	第二产业	第三产业
陕西省	0.0062	0.0000	0.0484
甘肃省	-0.0044	0.0032	0.0140
青海省	-0.0066	0.0059	0.0086
宁夏回族自治区	-0.0081	-0.0111	0.0220
新疆维吾尔自治区	0.0155	-0.0003	0.0324

资料来源：历年《中国统计年鉴》。

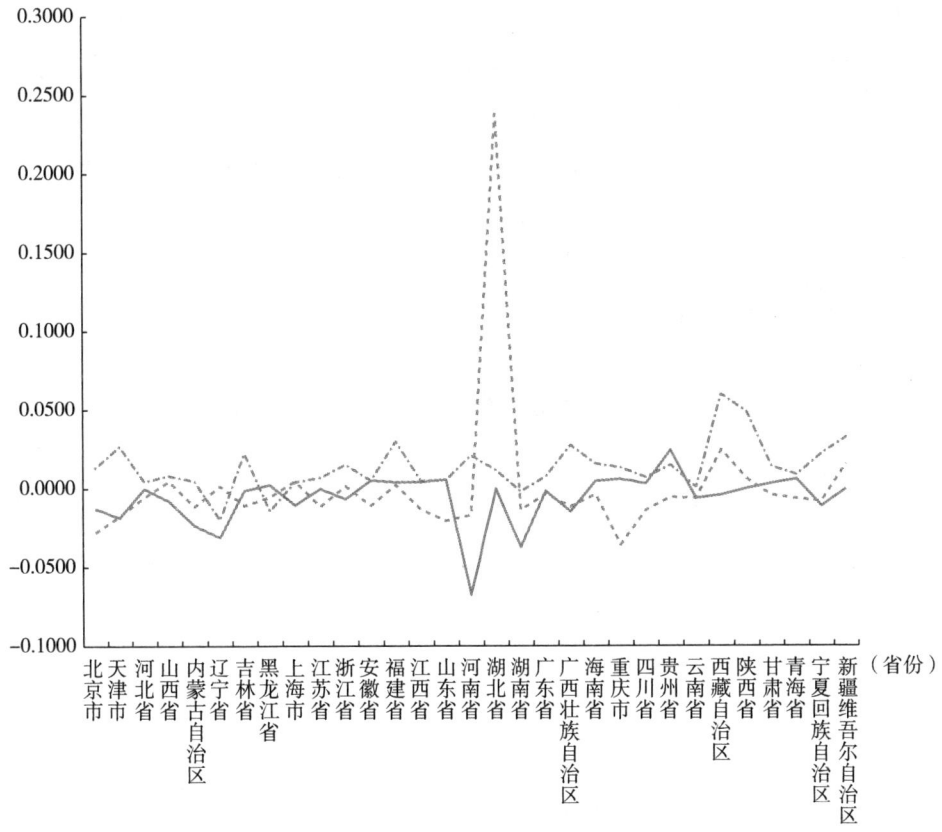

--- 第一产业劳动生产率　—— 第二产业劳动生产率　-·- 第三产业劳动生产率

图 8-1　三次产业省际波动

按照国务院发展研究中心对经济区域的划分,将全国划分为"八大经济区域",按照八大经济区域的划分,我们将三次产业劳动生产率增长率进行重新加权平均,得出八大区域劳动生产率增长率情况,如表8-8所示。从第二产业与第三产业劳动生产率对比看,第三产业劳动生产率增长率要普遍高于第二产业劳动生产率增长率,但东北地区第三产业劳动生产率增长率仍为负增长,这从一个角度说明进入后工业化阶段第三产业发展滞后、第三产业劳动生产率增长率低已经成为制约地区经济增长的核心因素,第三产业增长是经济发展的原因。从第二产业劳动生产率增长率看,南部沿海经济区(包括福建、广东、海南三省)和西南经济区(包括云南、贵州、四川、重庆、广西三省一市一区)第二产业劳动生产率呈现增长趋势。从经验判断看,这与广东、重庆等地区加快制造业转型升级,打造先进制造聚集区密切相关。以手机制造为例,根据工信部《2016年电子信息制造业运行情况》,广东以2016年高达9.6亿部的手机产量排名第一,重庆则以2016年2.87亿部的手机产量位列第二。从汽车产量看,2016年广东达到280.06万辆位列第一,重庆以266.34万辆位居第二。从制造业的情况看,经验判断与实证结果是吻合的。

表8-8 中国八大经济区域三次产业劳动生产率平均增长率情况

经济区域	第一产业	第二产业	第三产业
东北地区	-0.004900865	-0.010049457	-0.003866678
东部沿海	-0.001744048	-0.005791203	0.008712522
北部沿海	-0.017734023	-0.006384599	0.012535698
南部沿海	-0.001691536	0.002369371	0.01763105
黄河中游	-0.004371796	-0.024727401	0.020539268
长江中游	0.050074412	-0.00707265	0.004923193
西南地区	-0.014594966	0.002420287	0.01262015
大西北地区	0.004185528	-0.001279545	0.027301359

资料来源:历年《中国统计年鉴》。

原毅军、刘浩（2009）认为服务业企业需要通过服务创新减少劳动力投入量，提升劳动生产率的增长率，缩小与制造业的差距。王恕立、滕泽伟、刘军（2015）认为服务业生产率增长的源泉主要是技术进步，通过提升技术、效率来促进服务业增长还有很大的余地。夏杰长（2016）认为实际上，随着科学技术的发展特别是信息技术的发展，服务业自身正在发生剧烈的变革，技术创新和商业模式的变化已经深深地改变了部分服务业的特性。近年来，从实际情况看，服务业劳动生产率的提升主要来源于外源性资金投入带来全行业技术水平提升。2017年我国服务业500强企业的研发支出平均增长18%，超过制造企业7.5个百分点。越来越多的服务企业注重线上线下互动，整合标准化的服务资源，探索了多样化的"互联网+"跨界合作模式。服务业是固定资产投资的主阵地。2017年，第三产业投资增长9.5%，高于第二产业增速6.3个百分点，占固定资产投资的比重达59.4%。服务业投资增长带来的技术进步覆盖整个服务行业，从消费性服务业看，移动互联网技术的加速应用，使得餐饮服务、移动端出行服务、休闲娱乐服务效率普遍提升。从生产性服务看，外源性资本的投入，加速形成了新零售、新金融、新物流等高端生产性服务业的新技术应用，使得生产性服务业成为全社会效率提升的基础设施。从公共服务业看，中国"互联网+"指数报告（2018）指出医疗、教育指数增长继续领跑，公共服务技术水平不断提升。

关于技术服务业的技术进步情况，刚好可以利用全要素生产率增长率来体现，全要素生产率通常称为技术进步率，主要衡量技术进步在产业（企业）产出中的作用。根据索洛余值法技术，中国各省份全要素生产率增长率的情况见表8-9。从三次产业全要素生产率增长率看，除内蒙古自治区、广西壮族自治区、海南省、西藏自治区、陕西省、甘肃省、宁夏回族自治区、新疆维吾尔自治区外，其余省份第三产业全要素生产率增长率均为正增长，明显高于第二产业全要素生产率增长率。

表 8-9 三次产业全要素生产率增长率情况

省份	第一产业	第二产业	第三产业
北京市	-0.1144797	-0.011068024	0.052667684
天津市	0.018911729	-0.045124379	0.001948462
河北省	-0.045216786	-0.112156935	0.0258567
山西省	-0.107865723	-0.222904172	0.106024169
内蒙古自治区	-0.024658754	-0.029688103	-0.02636354
辽宁省	0.024591415	-0.089339738	0.0952072
吉林省	0.020747468	-0.099551156	0.015472534
黑龙江省	-0.021663239	-0.180165653	0.0749974
上海市	-0.119125716	-0.001523608	0.077666796
江苏省	0.075083069	-0.021647942	0.038343969
浙江省	-0.018860598	-0.009320071	0.023843266
安徽省	-0.021378877	-0.091388109	0.08643295
福建省	-0.016632246	-0.040057709	0.018197615
江西省	0.02630285	-0.057935842	0.04889142
山东省	0.02246986	-0.045370018	0.032197165
河南省	-0.017218481	0.002163921	0.047758883
湖北省	-0.241019572	-0.034809511	0.024148967
湖南省	0.017703317	-0.023693454	0.035885338
广东省	0.017301739	-0.018132883	0.03847471
广西壮族自治区	0.019458065	-0.015516367	-0.0075059
海南省	0.035297759	-0.039407834	-0.02309235
重庆市	0.090055245	0.002109801	0.033331749
四川省	0.013195997	-0.105744388	0.104536245
贵州省	0.189531651	-0.000829164	0.007468986
云南省	-0.031025946	-0.020391014	0.018294873
西藏自治区	-0.006856484	0.060655172	-0.0327392
陕西省	-0.052582547	-0.117131528	-0.00642857

续表

省份	第一产业	第二产业	第三产业
甘肃省	−0.00231422	−0.218687766	−0.00726924
青海省	−0.065186259	−0.112101513	0.069309355
宁夏回族自治区	0.051557057	−0.039887956	−0.01844932
新疆维吾尔自治区	−0.031983808	−0.171773223	−0.028589

资料来源：历年《中国统计年鉴》。

从上述结果看，第三产业全要素生产率增长率高于第二产业全要素生产率增长率，直接证明了第三产业技术进步减少了劳动力投入量，提升了劳动生产率的增长率，缩小了与第二产业的差距。第三产业技术进步带来对第三产业的直接影响是对服务的基本属性与衍生属性的改变。传统服务具有无形性、生产与消费同时进行、异质性和难以储存的特点。外源性资金投入带来全行业技术水平的提升，尤其是网络信息技术在服务业领域的深度应用，改变了传统服务的特征，从服务的不可分离性看，在技术进步的推动下，服务生产与消费同时进行的基本特征得到了根本改变，进而改变了服务不可分离性派生的服务的不可贸易属性。对鲍莫尔—富克斯假说的检验成为服务经济理论的长期理论问题，鲍莫尔—富克斯假说的核心问题是服务业劳动生产率是否是相对停滞的。由于传统生产与消费的不可分性，由于不能使用提高效率的机器设备和缺乏规模经济，服务业劳动生产率低。现阶段，从服务活动看服务企业通过服务创新减少劳动力投入量，提升劳动生产率的增长率。由于服务的可贸易性与产权界定清晰，迂回生产变得经济，企业在服务活动提供中，对机器设备与人工的替代进行了权衡，在可控的范围内，机器设备对人工的替代是服务活动中的普遍规律。物流业从仓库内到最后一公里配送的无人化运动在人工智能、大数据的助力下，从自动化分拣机、机器人仓库、无人卡车、智能货柜、无人机等开始迅猛发展。由于智能终端、无人银行、互联网金融技术的引入，目前除了一些大额度的交易操作还需要到普通银行办理外，在无人银行内绝大多数的业务都能全覆盖，能实现物理柜台业务的90%以上的业务办理。在大数据与云计算技术的支撑下，人工智能技术高速发展，传统服务提供过程中标准化、流程化的工作将实现人工智能的替代，人工智能对工作效率的提升必然能够解放大量的劳动力。

拓展阅读

人工智能能够根治"鲍莫尔病"吗①

人工智能目前已是科技领域和经济领域最热门的话题之一，之所以热门，主要是由于它正在或者即将给经济社会带来颠覆性的革命。从经济学角度探讨人工智能的发展，主要是从人工智能对劳动力的替代入手的，这就必然会涉及著名的"鲍莫尔病"问题。

美国经济学家鲍莫尔（Baumol）于1967年构建了一个两部门非平衡增长模型，该模型成功解释了主要经济体在20世纪大部分时间里的产业结构变迁以及经济增长趋势。鲍莫尔把宏观经济分为具有正劳动生产率增长率的进步部门和不存在劳动生产率增长率的停滞部门，并在几个关键假设条件下得出：随着时间的推移，进步部门的单位产品成本将维持不变（这里指劳动力成本），而停滞部门的单位产品成本将不断上升，因此，消费者对停滞部门产品的需求如果不是完全无价格弹性的，那么停滞部门不断上升的单位产品成本将会促使消费者减少对该部门产品的需求，结果会导致停滞部门不断萎缩并最终消失。而假设停滞部门的产品需求完全无价格弹性，那么虽然停滞部门的单位产品成本不断上升，但仍然会有劳动力不断向该部门流入，从而该部门不但不会萎缩还会逐步吸纳大量的劳动力进来，正由于劳动力不断从进步部门向停滞部门转移，因此整个国家经济增长速度将逐渐变为零，这就是著名的"鲍莫尔成本病"与增长病，简称鲍莫尔病。鲍莫尔同时指出，进步部门主要是指制造业，而停滞部门是指服务业，包括教育、市政服务、表演艺术、餐饮、娱乐休闲等，鲍莫尔举例指出，在表演艺术市场上，300年前演奏莫扎特的四重奏需要四个人，而300年后演奏同样一首曲子仍然需要四个人，劳动生产率始终没有发生变化。

---

① 谭洪波. 人工智能能够根治鲍莫尔病吗 [N]. 光明日报，2017-12-19.

鲍莫尔病理论推理简洁明了，也能解释市场经济国家服务业成本高的现象。但是鲍莫尔1967年的理论模型假设过于简单，比如只有两个部门、服务业仅作为最终产品、不考虑开放经济，因此随后的一些学者对鲍莫尔病分别从理论和实证两个层面进行了扩展和检验。理论方面的研究主要是对鲍莫尔病模型的扩展，鲍莫尔（1985）在之前的研究基础上，为了克服把整个服务业看作停滞部门的局限性将模型扩展为三部门模型，除了进步部门、停滞部门之外还引入了渐进停滞部门。另外，Ngai 和 Pissarides（2007）从理论上对鲍莫尔病进行了更加一般化的扩展，她们在鲍莫尔的基础上假设有 n 个部门，每个部门都有不同的劳动生产率增长率。鲍莫尔（1985）、Ngai 和 Pissarides（2007）在模型扩展之后得到了基本与鲍莫尔（1967）相同的结论。Oulton（2001）假设服务业不再是最终产品部门，而是为第二产业提供中间投入的部门，由此得出在产业结构变迁方面与鲍莫尔相同的结论——劳动力仍然持续不断地从第二产业流向服务业，但同时在经济增长方面得出了与鲍莫尔不同的结论——最终经济不会停滞。实证检验方面，一类研究认为主要发达国家存在鲍莫尔病，鲍莫尔（1985）利用美国1947~1976年的历史数据实证检验发现这段时期美国进步部门和停滞部门的实际产出份额相当稳定，因此随着相对价格的上升，停滞部门服务业的支出和劳动力所占份额急剧上升。Nordhaus（2008）和 Hartwing（2011）分别利用美国和欧盟1948~2001年的数据发现美国和欧盟都存在鲍莫尔成本病和增长病。另一类研究则发现美国等发达国家不存在鲍莫尔成本病和增长病。Triplett 和 Bosworth（2004）利用美国1995~2001年的数据实证研究发现服务生产行业的平均劳动生产率增长了2.3%，而有形产品生产行业的这一增长率仅为1.8%，并认为美国不存在鲍莫尔病。Timmer 等（2007）利用欧盟 KLEMS 数据库进行实证分析后发现，自1995年以来，希腊、爱尔兰和荷兰的服务业劳动生产率加速增长，他们的实证结果也证实了这些国家并不存在鲍莫尔病。

从最初鲍莫尔（1967）提出的两部门模型到三部门模型，再到一般的 n 部门模型，在上述研究中最关键的假设是不同部门之间劳动生产率进步速度的差异，不同学者主要争论的焦点也在于此，但是随着科学技术的发展，服务业行业内部逐渐开始大规模分化，某些服务行业在 ICT 技术的大规模应用下其劳动生产率快速增长，其增长速度甚至超过了作为进步部门的制造业劳动生产率的增长速度，比如金融、电信、商业流通等行业。与此同时，某些服务业依然像鲍莫尔描述的那样，劳动生产率进步缓慢，成本不断上升，比如家政服务、美容美发、医疗诊断、教育等。根据鲍莫尔的举例可以以此类推，在教育服务领域，30年前教授一门《经济学原理》需要一个学期的时间，而在30年后教授同样一门课程仍然需要一个学期的时间，30年前一般男士理发需要一个理发师20分钟的时间，30年后同样的理发服务仍然需要一个理发师20分钟的时间。可见这些传统服务业的劳动生产率进步之缓慢，因此这些传统服务业依然属于鲍莫尔所描述的典型的停滞部门，当然在技术的推动下这些传统部门的范围可能会收窄。

不管是鲍莫尔当年提出该理论的年代，还是近几十年，鲍莫尔病或多或少在许多市场经济国家呈现，而且在发达国家尤为突出，比如表现为许多电器或设备的维修成本高于重置成本，因为维修是传统服务业，而生产一个新的产品则属于制造业。再比如一般的清洁工能够普遍较容易地支付得起家庭汽车，因为清洁工的工作属于传统服务业，而汽车生产则属于制造业。

然而，笔者认为，人工智能的出现和发展将会彻底改变鲍莫尔病存在的基础。由于人工智能可以自我学习、甚至可以像人类一样分析、思考和判断，因此那些传统的只有劳动力才能完成的工作，如今或将来可以通过人工智能轻松高效地完成。目前已经出现了人工智能记者、人工智能翻译、人工智能金融合同解析师、人工智能基金经理、无人驾驶汽车等。而且人工智能正以前所未有的速度发展，不久的将来，也许给我们提供诊断服务的不再是医生，而是人工智能机器人，可以准确迅速地完成服务对象的检查和诊断。教育服务方面，以后教授学生的也不再是教师，而是人工智能教师，这种人工智能教育更能够针对不同学生的个性进行随时随地的教授服务，或许过不了多久，像作者正在撰写的这篇文章就可以由人工智能来完成，而且速度更快，分析更为深入，人们去市政大厅办理的各种服务也将由人工智能来代替，因此未来的银行出纳、餐饮柜台、迎宾接待、商场销售服务人员、教师、医生、金融分析师、会计师、律师等职业岗位可能都会被人工智能大规模替代。通过这些例子可以看出，被人工智能取代的既有原本具有较高劳动生产率增长率的现代服务业,如金融、会计等,也有鲍莫尔当年所指的劳动生产率增长缓慢或停滞的行业,如教育、医疗、餐饮、表演艺术等。因此人工智能的出现使所有行业的劳动生产率急剧增长,许多行业甚至不会再有劳动力,也就是说在人工智能时代,已经没有任何行业是鲍莫尔所说的停滞部门或者渐进停滞部门,这彻底颠覆了鲍莫尔病成立的基础。在人工智能大规模取代劳动力之后,由于所有的服务业和制造业的劳动生产率不断快速增长,因此根据鲍莫尔的推理,产品和服务的单位成本都会不断下降,宏观经济也不会再趋于停滞,而是不断增长,所以人工智能的发展和广泛应用将会根治鲍莫尔病。

人工智能在根治鲍莫尔病的同时也带来了一些新的需要研究和解决的问题,比如在人工智能大范围替代劳动力之后,如何解决面临的失业、收入分配等问题。同样,人工智能的发展也会使一些经济学理论面临新的发展和改写,比如上文分析认为人工智能的广泛应用一方面会导致失业显著增加,另一方面又会促使经济持续快速增长,也就是说经济持续快速增长与失业率快速增长并存,一改经典的经济学理论,此时失业问题与收入分配问题也许可以变成一个问题来分析,当解决了收入分配问题之后,也许人们将会不再关注失业问题。

本章小结

服务业劳动生产率问题贯穿整个服务经济研究的历史,从亚当·斯密关于服务非生产性劳动的界定开始,再到与商品相比服务的IIHP属性,都指向服务业不可能像制造业一样具有较高的劳动生产率,更不可能像制造业一样成为经济增长的主导。随着技术进步与信息革命,服务的基本特征与派生属性发生根本变化,本文基于服务业增长的判断,认为服务业增长的核心是服务业成本病是否治愈,基于索洛余值法,对中国全要素生产率进行测度,结果显示服务业技术进步带来了服务业劳动力的节约与生产率提升,服务业劳动生产率增长率高于制造业劳动生产率增长率,中国服务业"成本病"得到缓解或治愈。服务业劳动生产率的显著提升,说明服务业增长是真实的,服务业增长是经济增长的原因。

学术观察

(1) DEA-Malmquist 指数方法与服务业劳动生产率测算。

(2) 市场范围扩大与服务业增长。

参考文献

[1] 樊纲,王小鲁.中国各地区市场化相对进程报告 [J].经济研究,2003 (3).

[2] 颜鹏飞,王兵.技术效率、技术进步与生产率增长:基于 DEA 的实证分析 [J].经济研究,2004 (12).

[3] 郭庆旺,贾俊雪.中国潜在产出与产出缺口的估算 [J].经济研究,2004 (5).

[4] 李宾,曾志雄.中国全要素生产率变动的再测算:1978~2007 年 [J].数量经济技术经济研究,2009 (3).

[5] 谢千里,罗斯基,郑玉歆.改革以来中国工业生产率变动趋势的估计及其可靠性分析 [J].经济研究,1995 (12).

[6] 郑玉歆.全要素生产率的测度及经济增长方式的"阶段性"规律——由东亚经济增长方式的争论谈起 [J].经济研究,1999 (5).

[7] 易纲,樊纲,李岩.关于中国经济增长与全要素生产率的理论思考 [J].经济研究,1995 (12).

[8] 张军,吴桂英,张吉鹏.中国省际物质资本存量估算:1952~2000 [J].经济研究,2004 (10).

[9] 张军,施少华.中国经济全要素生产率变动:1952~1998 [J].世界经济文汇,2003 (2).

[10] 张少华,蒋伟杰.中国全要素生产率的再测度与分解 [J].统计研究,2014 (3).

[11] 陈昌兵.可变折旧率估计及资本存量测算 [J].经济研究,2014 (12).

［12］张健华，王鹏. 中国全要素生产率：基于分省份资本折旧率的再估计［J］. 管理世界，2012（10）.

［13］Holz, Carsten A. New Capital Estimates for China［J］. China Economic Review, 2016（17）.

［14］Barro, R. J., X. Sala-i-Martin. Economic Growth (2nd Edition)［M］. Cambridge, Massachusetts：MIT Press, 2004.

［15］夏杰长，倪红福. 中国经济增长的主导产业——服务业还是工业［J］. 南京大学学报（哲学·人文科学·社会科学），2016（3）.

［16］李平，付一夫，张艳芳. 生产性服务业能成为中国经济高质量增长新动能吗［J］. 中国工业经济，2017（12）.

［17］江小涓. 高度联通社会中的资源重组与服务业增长［J］. 经济研究，2017（3）.

［18］哈克塞弗. 服务经营管理学［M］. 顾宝炎译. 中国人民大学出版社，2005.

［19］萨伊. 政治经济学概论［M］. 陈福生译. 商务印书馆，1963.

［20］亚当·斯密. 国民财富的性质和原因的研究［M］. 郭大力，王亚南译. 商务印书馆，1972.

9 服务业独立发展与"自增强"假说

9.1 自增强假说及其度量

9.1.1 自增强假说的提出

前工业化时期，农业是社会生活中的主要产业；工业化时期，工业取代农业成为社会中的主要产业；后工业化时期，农业在三次产业中的份额进一步下降，服务业逐渐超越第二产业成为主要产业。服务业内部也经历着不断的发展，早期的服务业以交通运输、批发零售业、餐饮与住宿业等为主，被称为传统服务业，主要属于资本与劳动密集型行业。其后，随着社会分工的深入发展和技术水平的进步，以金融、信息行业等为代表的现代服务业占据了更为重要的地位，这些行业主要由资本与技术密集型行业构成。刘志彪（2015）研究发现服务产业内部结构的演进对其投入要素产生了不同的要求，现代服务业对金融资本、知识、技术等要素有了更高的要求，而这些要素的提供将更多地来自服务业自身，随着传统服务业比重的相对下降和现代服务业比重的相对上升，服务业将越来越依赖和促进自身的发展，形成自我促进的循环，目前有些研究将这种服务业依赖自身发展的效应称为自增强机制。

自增强（self-enfocing），最早来自系统论，其本意是系统内部在没有或者很少有外部力量的作用下，凭借自身的某些力量可以完成某种状态的改变。服务业发展的自增强可以被定义为服务业发展过程中的一种自我服务、自我强化和自我实施的驱动力,在工业化早期,服务业的发展确实主要依赖于制造业等其他产业的外部关联需求,而在工业化的后期,服务业的发展可能更加依赖于其自身的内部产业关联。服务业发展的自增强机制是基于产业关联和要素流动耦合而形成的一种服务业自我服务、自我强化和自我实施的发展动力系统(曾世宏,2013)。

Park(1994)在分析服务业增长驱动力时,首次提及服务业发展的自增强机制。他认为随着城市化和工业化的加速,服务部门趋于快速增长,服务部门快速增长主要有三个源泉:第一个来自制造业与服务业之间的交易增加,带动了生产性服务的就业和产出份额增长;服务业增长的第二个源泉是随着收入水平的提高,人们会提高对消费者服务和公共服务的需求水平;第三个源泉是服务业内部之间的自我增强效应,一方面,生产性服务需求的增加会引致消费者服务和公共服务需求的增加;另一方面,消费者服务和公共服务需求的增加也会相应提高对生产性服务的需求,从而形成服务业内部的自我增强良性循环效应。Greenhalgh 和 Gregory(2011)也指出,在知识密集型经济或者新服务经济时代,服务部门在产出增长和就业机会创造方面已经成为一个关键部门,并且开始依靠自身的力量在服务部门内部获得了长足的发展。Pilat(2005)的研究结果表明,相对于制造业,服务业更独立于其他非制造业部门,生产性服务所必须的大多数中间需求投入直接来自服务部门自身。曾世宏(2013)提出了关于服务业结构变迁的自增强假说,他认为,欧美日等工业化国家服务业内部的产业关联主要表现在两个方面:第一,生产性服务业也是生活消费类服务和公共性服务的重要中间投入;第二,生活消费类服务和公共性服务是生产性服务发展的重要保障。生活消费类服务和公共性服务的效率提高需要生产性服务的中间投入,从而增加了生产性服务的需求,而生产性服务的需求增加也会要求增加消费者服务的需求,生产者和消费者服务需求的提高要求公共服务的增加,而公共服务的需求增加反过来又会引致生产性服务和消费性服务的需求增加。

国际经验表明,工业化国家的服务业发展,特别是生产性服务业的发展,是在现代先进制造业的分工细化和创新压力加大的基础上,产生了对生产性服务业产业需求的条件下出现的。也就是说，金融保险、技术咨询、风险投资、软件服务等生产性服务业的产生是由于现代制造业发展的外部产业关联和外部冲击。有了生产性服务业的发展的外部补充剂和外部产业关联需求条件，生产性服务必定会加大创新力度，提高生产性服务的供应数量和质量水平。生产性服务的大规模提供，又会主要以其他服务业作为它的中间投入，催生其他服务业的增长规模，而这些服务业为了提高服务供应的规模和质量，又会加大对生产性服务的需求水平，这样服务业发展和产业发展会走上以生产性服务驱动的自增强的良性循环道路。由于服务业结构变迁或者自增强机制的实现一般由服务业的外部产业关联驱动，产生对生产性服务的引致需求，再通过生产性服务的创新产生生产性服务对其自身与其他服务业的中间投入需求，从而推动服务业的良性发展，所以，服务业发展自增强机制的实现也能够促进服务业发展的合理化与高级化。

9.1.2 自增强的度量

Hirschman（1985）其核心假设是高经济增长的国家和地区，其经济活动由具有相对较高的前后向关联的产业部门占主导，如重工业；而低经济增长的国家或地区，其经济活动由具有相对较低的前后向产业关联部门占主导，如农业生产；中低经济增长的国家或地区，其经济活动具有较高后向关联、较低的前向关联的部门，如最终制造部门，或者较低的后向关联部门、较高的前向关联部门，如中间投入部门组成的。

世界主要工业化国家的服务业发展基本上呈现出一种自我强化的产业关联良性发展道路。对于这种服务业发展一般演化规律的产业关联自我强化机制，我们可以利用各国投入产出表和标准产业经济学教材里介绍的关于产业关联的若干测度公式进行实证分析。

下面介绍两个比较重要的概念：服务资本品率和服务投入率。服务资本品率：作为中间投入的服务产出占服务部门总产出的比重，反映服务部门的生产资料特征；服务部门中间投入服务资本品率：具体指某一服务部门作为中间投入的那部分产出中，用于服务业投入的产出所占到的比重，该指标越大说明服务部门的产出中用作服务业资本品的中间投入占总的中间投入的比重越大，反映了该服务部门对服务行业的支撑作用，该服务部门的发展能为服务产业的发展提供较好的支撑。服务投入率：服务投入占总投入的比重，反映服务化程度，服务部门中间使用服务投入率：具体指某一服务部门中间使用中服务投入所占到的比重，即该服务部门每一单位的产出所需的服务业总产出，该指标越大说明该服务部门对服务投入的需求越大，反映了该服务部门对服务行业的带动作用，该服务部门的发展会拉动服务产业的发展。

9.1.3　中国服务业自增强度量

服务业自增强度量的核心主要是服务业作为中间投入，在三次产业中的投入比重，如果服务业作为中间投入的主要需求来源于自身，即服务业的自我投入超过50%，我们认为中国服务业出现自增强的现象。中间投入的计算主要依据投入产出表，由于中国2017年投入产出调查仍在进行中，投入产出表只有2012年版本，我们借助世界银行 WIOD（World Input - Output Database），世界银行2016年更新了世界投入产出表，根据其关于中国的投入产出数据，整理出中国服务业作为中间投入的三次产业情况。

由2012年投入产出表计算得出（见表9-1），第二产业对服务业的中间使用占49.96%，第三产业的自我中间使用占48.16%，第二产业仍然是服务业中间使用的主要需求来源。在第二产业对服务的使用过程中，批发零售业占70.22%，科学研究和技术服务占71.98%，交通运输、仓储和邮政占57.21%，金融业占49.19%。可见现阶段生产性服务业发展还主要依赖于第二产业。从第三产业看，生产性服务业中，信息传输、软件和信息技术服务的中间使用占70.21%，租赁和商务服务占62.99%，金融占48.53%，可见生产性服务业出现自增强的趋势，尤其是信息传输、软件和信息技术服务。从消费性服务业看，住宿和餐饮的中间使用占66.28%，房地产占96.52%，文化、体育和娱乐占65.07%，居民服务、修理和其他服务占57.32%。从公共服务业看，教育占81.08%，卫生和社会工作占55.49，公共管理、社会保障和社会组织占61.44%。

表 9-1　中国服务业作为中间投入的三次产业情况

	第一产业使用	比重（%）	第二产业使用	比重（%）	第三产业使用	比重（%）	中间使用合计
批发和零售	13186514.82	0.031141987	297328635.2	0.702187397	112916880.5	0.266670616	423432030.6
交通运输、仓储和邮政	10845115.48	0.02218963	279623002.3	0.572122172	198278894.3	0.405688197	488747012.1
住宿和餐饮	792682.8963	0.00651618	40231165.05	0.330716746	80624558.31	0.662767074	121648406.3
信息传输、软件和信息技术服务	879314.5188	0.00794547	32087342.16	0.289940631	77702006.82	0.702113899	110668663.5
金融	11048752.17	0.022746877	238942319.5	0.491928091	235735041.2	0.485325032	485726112.8
房地产	12124.14828	0.000102909	4085441.597	0.034676891	113716964.6	0.9652202	117814530.3
租赁和商务服务	308011.0164	0.000998557	113838582.1	0.369059425	194309374.6	0.629942017	308455967.7
科学研究和技术服务	5160072.079	0.030290996	122616096	0.719789114	42573860.26	0.24991989	170350028.3
水利、环境和公共设施管理	1286354.397	0.082511884	9209899.269	0.590759546	5093675.142	0.32672857	15589928.81
居民服务、修理和其他服务	764822.8314	0.009754379	32698685.1	0.417031682	44944647.79	0.573213939	78408155.72
教育	114015.4939	0.008186437	2521201.93	0.181025058	11292146.89	0.810788505	13927364.32
卫生和社会工作	66256.32532	0.014517579	1965178.867	0.430594946	2532433.669	0.554887475	4563868.861
文化、体育和娱乐	36387.16257	0.00116623	10862835.91	0.348160379	20301443.55	0.650673391	31200666.62
公共管理、社会保障和社会组织	348594.7619	0.028156892	4425475.791	0.357457013	7606371.381	0.614386096	12380441.93
服务业投入合计	44849018.09	0.018821088	1190435861	0.499571647	1147628299	0.481607265	2382913178

资料来源：2012年中国投入产出表。

表 9-2 主要国家服务业自增强情况

国家	第一产业	第二产业	第三产业	差额（三产减二产）
中国	0.017438	0.5299	0.452662	-0.07724
美国	0.009417	0.192401	0.798182	0.605781
日本	0.008342	0.34814	0.643518	0.295378
韩国	0.006861	0.429648	0.563491	0.133843

资料来源：世界银行。

借助世界银行WIOD（World Input-Output Database）投入产出数据，世界银行2016年最新更新了世界投入产出表，主要数据是2014年的投入产出数据。从上述数据看，服务业作为中间投入，第二产业与第三产业使用情况如表9-2所示，主要工业化国家，第三产业的需求主要来源于自身，美国第三产业用于自身的中间投入达到79.82%，日本达到64.35%，韩国达到56.35%，中国仅仅是45.27%（见表9-3~表9-6）。与主要工业化国家相比，中国服务业发展自增强机制的自我强化作用表现得还不是十分明显。

从现阶段看，服务业作为中间投入主要的需求部门仍是第二产业，在此基础上我们有必要对服务业与制造业的耦合关系进行实证分析，假设服务业与制造业的耦合程度高，结合上述数据，服务业的主要需求又来源于制造业，那么政策制定的出发点是进一步通过服务业与制造业的高效互动来促进制造业与服务业发展。假设服务业与制造业的耦合程度低，服务业的主要需求又来源于制造业，那么政策制定的出发点应该转变到通过服务业的自我发展，提高生产率，然后再通过服务业与制造业的高效互动，进一步促进制造业与服务业发展。

表 9-3 基于 WIOD 投入产出表—2014 的中国产业投入使用情况

	第一产业	第二产业	第三产业	总产出	比重	比重	比重
汽车、摩托车批发零售贸易及修理	16.31997	983.4245	272.587	1272.331	0.012827	0.772931	0.214242
批发贸易，除机动车辆和摩托车外	26335.74	679005.7	254437.5	959778.9	0.027439	0.707461	0.2651
零售业，机动车辆和摩托车除外	5477.803	140268.1	53140.72	198886.7	0.027542	0.705267	0.267191
陆上运输与管道运输	10715.95	358099.8	119756.9	488572.6	0.021933	0.732951	0.245116
水运	2595.354	66534.86	33999.05	103129.3	0.025166	0.64516	0.329674
航空运输	389.7149	28275.89	64133.75	92799.36	0.0042	0.304699	0.691101
仓储与运输	4273.708	74431.7	79519.95	158225.4	0.02701	0.470416	0.502574
邮政速递活动	803.9702	5157.713	21923.43	27885.12	0.028832	0.184963	0.786206
住宿和餐饮服务活动	2521.326	112881.4	193704.8	309107.5	0.008157	0.365185	0.626658
出版活动	1.197248	120.3621	124.2968	245.8561	0.00487	0.489563	0.505567
电影、影视节目制作、录音、音乐出版活动；节目制作、广播活动	0.8692	58.19605	50.46097	109.5262	0.007936	0.531344	0.46072
电信	2216.21	73731.78	146504.2	222452.2	0.009963	0.33145	0.658587
计算机编程、咨询及相关活动；信息服务活动	8.25575	14193.43	19346.08	33547.77	0.000246	0.423081	0.576673
除保险和养老基金外的金融服务活动	15175.35	384969.9	290696	690841.2	0.021966	0.557248	0.420786
除强制社会保障外，保险、再保险和养老基金	1242.229	23659.31	47467.99	72369.53	0.017165	0.326924	0.655911
金融服务和保险活动的辅助活动	0.544495	25.68687	24.75365	50.98501	0.01068	0.503812	0.485508

续表

	第一产业	第二产业	第三产业	总产出	比重	比重	比重
房地产活动	22.73045	8643.434	216614.5	225280.6	0.000101	0.038367	0.961532
法律和会计活动；总部活动；管理咨询活动	525.4823	220009.3	346243.5	566778.3	0.000927	0.388175	0.610898
建筑和工程活动；技术测试和分析	0.788025	97.85051	58.75616	157.3947	0.005007	0.621689	0.373305
科研开发	529.4407	56372.96	15272.96	72175.37	0.007335	0.781055	0.211609
广告与市场研究	0.195283	47.29723	69.23414	116.7267	0.001673	0.405196	0.593131
其他专业、科学和技术活动；兽医活动	8697.443	184587	42955.09	236239.5	0.036816	0.781355	0.181829
行政和支助服务活动	118.2264	15397.9	19726.71	35242.84	0.003355	0.436909	0.559737
公共行政与国防；强制社会保障	1052.984	18646.12	29641.79	49340.89	0.021341	0.377904	0.600755
教育	499.1366	12732.15	58940.03	72171.32	0.006916	0.176416	0.816668
人类健康与社会工作活动	655.8538	11857.33	15214.46	27727.64	0.023653	0.427636	0.548711
其他服务活动	2253.565	126457.7	165920.7	294631.9	0.007649	0.429206	0.563146
合计	86130.39	2617246	2235760	4939137	0.017438	0.5299	0.452662

表 9-4 基于 WIOD 投入产出表—2014 的美国产出投入使用情况

	第一产业	第二产业	第三产业	总产出	比重	比重	比重
汽车、摩托车批发零售贸易及修理	405.8847	14205.04	63768.75	78379.67	0.005178	0.181234	0.813588
批发贸易，除机动车辆和摩托车外	26495.82	371173.2	328127.4	725796.4	0.036506	0.511401	0.452093
零售业，机动车辆和摩托车除外	907.0479	98565.99	58103.77	157576.8	0.005756	0.625511	0.368733
陆上运输与管道运输	10204.94	170016.2	122370.5	302591.7	0.033725	0.561867	0.404408
水运	1892.912	10101.69	16488.99	28483.59	0.066456	0.35465	0.578894
航空运输	312.8147	15754.68	65152.43	81219.92	0.003851	0.193976	0.802173
仓储与运输	1327.472	14757.66	160271.9	176357.1	0.007527	0.083681	0.908792
邮政速递活动	249.2915	4661.009	89107.54	94017.84	0.002652	0.049576	0.947773
住宿和餐饮服务活动	557.6053	27006.39	177648.9	205212.9	0.002717	0.131602	0.865681
出版活动	210.8491	10049.42	111707.9	121968.2	0.001729	0.082394	0.915878
电影、影视节目制作、录音、音乐出版活动；节目制作、广播活动	174.1898	6499.003	140558.7	147231.9	0.001183	0.044141	0.954676
电信	646.2311	24083.75	273526.8	298256.8	0.002167	0.080748	0.917085
计算机编程、咨询及相关活动；信息服务活动	771.2643	46928.56	261635.6	309335.5	0.002493	0.151708	0.845799
除保险和养老基金外的金融服务活动	6211.108	40938.06	351061.8	398211	0.015598	0.102805	0.881598
除强制社会保障外，保险、再保险和养老基金	6804.374	15476.4	526541.9	548822.6	0.012398	0.028199	0.959403
金融服务和保险活动的辅助活动	485.4545	13508.33	264654.5	278648.3	0.001742	0.048478	0.94978

续表

	第一产业	第二产业	第三产业	总产出	比重	比重	比重
房地产活动	3359.011	23921.97	822276.8	849557.8	0.003954	0.028158	0.967888
法律和会计活动；总部活动；管理咨询活动	1604.029	308194.5	605657.2	9154558	0.001752	0.336657	0.661591
建筑和工程活动；技术测试和分析	879.7897	40436.02	247651.6	288967.4	0.003045	0.139933	0.857023
科研开发	462.6382	21179.65	129376.4	151018.7	0.003063	0.140245	0.856691
广告与市场研究	470.5627	21632.47	132666.1	154769.2	0.00304	0.139772	0.857187
其他专业、科学和技术活动；兽医活动	158.0512	7162.524	43668.88	50989.46	0.0031	0.140471	0.85643
行政和支助服务活动	5603.219	149059.3	840561.6	995224.2	0.00563	0.149775	0.844595
公共行政与国防；强制社会保障	3747.914	55750.31	259901.5	319399.7	0.011734	0.174547	0.813719
教育	431.5551	4389.905	44068.79	48890.25	0.008827	0.089791	0.901382
人类健康与社会工作活动	55.21042	3300.896	61406.82	64762.92	0.000853	0.050969	0.948179
其他服务活动	930.4824	20782.76	186720.3	208433.5	0.004464	0.099709	0.895827
自我服务	30.11942	707.0253	5079.052	5816.197	0.005179	0.121561	0.87326
合计	75389.84	1540243	6389763	8005395	0.009417	0.192401	0.798182

表 9-5 基于 WIOD 投入产出表—2014 的日本产业投入使用情况

	第一产业	第二产业	第三产业	总产出	比重	比重	比重
汽车、摩托车批发零售贸易及修理	1740.059	40683.35	43281.78	85705.19	0.020303	0.474689	0.505008
批发贸易，除机动车辆和摩托车外	2926.252	143881.4	78662.37	225470.1	0.012978	0.63814	0.348882
零售业，机动车辆和摩托车除外	1588.953	23286.98	36266.19	61142.13	0.025988	0.380866	0.593146
陆上运输与管道运输	1723.015	64719.67	45928.65	112371.3	0.015333	0.575945	0.408722
水运	530.4543	13213.33	26303.61	40047.4	0.013246	0.329942	0.656812
航空运输	72.82242	2790.314	10959.81	13822.95	0.005268	0.201861	0.792871
仓储与运输	368.0131	14234.96	25103.54	39706.51	0.009268	0.358504	0.632227
邮政速递活动	15.97158	3098.804	11855.92	14970.7	0.001067	0.206991	0.791942
住宿和餐饮服务活动	450.8467	37064.68	66898.58	104414.1	0.004318	0.354978	0.640704
出版活动	16.51167	3539.803	23568.5	27124.81	0.000609	0.130501	0.868891
电影、影视节目制作、录音、音乐出版活动；节目制作、广播活动	1.27676	689.3728	40388.3	41078.95	3.11E-05	0.016782	0.983187
电信	80.73525	16763.27	64071.14	80915.15	0.000998	0.207171	0.791831
计算机编程、咨询及相关活动；信息服务活动	211.4788	17719.84	59108.35	77039.67	0.002745	0.230009	0.767246
除保险和养老基金外的金融服务活动	2396.961	46340.12	172956.5	221693.6	0.010812	0.209028	0.78016
除强制社会保障外、保险、再保险和养老基金	1131.021	8337.248	16714.82	26183.08	0.043197	0.318421	0.638382
金融服务和保险活动的辅助活动	0.475321	8.977472	21.65448	31.10728	0.01528	0.288597	0.696123

续表

	第一产业	第二产业	第三产业	总产出	比重	比重	比重
房地产活动	24.25437	5912.032	31294.57	37230.86	0.000651	0.158794	0.840555
法律和会计活动；总部活动；管理咨询活动	0.413823	2275.892	78.03368	2354.34	0.000176	0.96668	0.033145
建筑和工程活动；技术测试和分析	0.197793	49.37505	95.45994	145.0328	0.001364	0.340441	0.658196
科研开发	15.48302	6332.486	2657.89	9005.859	0.001719	0.703152	0.295129
广告与市场研究	24.73281	24789.22	45494.17	70308.12	0.000352	0.35258	0.647069
其他专业，科学和技术活动；兽医活动	142.179	76394.13	184857.7	261394	0.000544	0.292257	0.707199
行政和支助服务活动	257.4007	21487.14	31802.86	53547.39	0.004807	0.401273	0.59392
公共行政与国防；强制社会保障	48.86664	5297.448	26381.7	31728.01	0.00154	0.166964	0.831495
教育	4.794706	1956.703	4089.399	6050.897	0.000792	0.323374	0.675834
人类健康与社会工作活动	208.8796	4203.735	20230.67	24643.29	0.008476	0.170583	0.820941
其他服务活动	89.4629	5463.309	31126.9	36679.67	0.002439	0.148947	0.848614
自我服务	514.2931	18188.85	24990.3	43693.44	0.01177	0.416283	0.571946
合计	14585.81	608722.5	1125189	1748498	0.008342	0.34814	0.643518

表 9-6 基于 WIOD 投入产出表—2014 的韩国产业投入使用情况

	第一产业	第二产业	第三产业	总产出	比重	比重	比重
汽车、摩托车批发零售贸易及修理	94.67545	5060.951	1559.168	6714.794	0.0141	0.753702	0.232199
批发贸易，除机动车辆和摩托车外	656.0164	38792.64	10482.39	49931.05	0.013138	0.776924	0.209937
零售业，机动车辆和摩托车除外	805.3997	41870.96	12920.16	55596.52	0.014487	0.753122	0.232392
陆上运输与管道运输	178.7292	30765.51	15750.66	46694.9	0.003828	0.658862	0.33731
水运	1.348498	74.03124	109.6157	184.9954	0.007289	0.400179	0.592532
航空运输	13.37435	1648.253	4447.972	6109.599	0.002189	0.269781	0.72803
仓储与运输	419.9714	17783.87	17921.35	36125.2	0.011625	0.492284	0.49609
邮政速递活动	42.65219	996.6388	3778.209	4817.5	0.008854	0.206879	0.784268
住宿和餐饮服务活动	153.5774	7140.404	21220.73	28514.71	0.005386	0.250411	0.744203
出版活动	23.78297	2251.362	13583.92	15859.06	0.0015	0.141961	0.85654
电影、影视节目制作、录音、音乐出版活动；节目制作、广播活动	13.76547	1600.143	29059.33	30673.24	0.000449	0.052167	0.947384
电信	30.60369	1559.845	8553.209	10143.66	0.003017	0.153775	0.843208
计算机编程、咨询及相关活动；信息服务活动	7.243486	3221.678	7790.685	11019.61	0.000657	0.292359	0.706984
除保险和养老基金外的金融服务活动	935.3182	25097.87	46783.66	72816.85	0.012845	0.344671	0.642484
除强制社会保障外、保险、再保险和养老基金	35.12013	3216.553	6198.623	9450.295	0.003716	0.340365	0.655918
金融服务和保险活动的辅助活动	65.53842	2494.881	9074.146	11634.57	0.005633	0.214437	0.77993

续表

	第一产业	第二产业	第三产业	总产出	比重	比重	比重
房地产活动	39.64368	6012.757	27339.54	33391.94	0.001187	0.180066	0.818747
法律和会计活动；总部活动；管理咨询活动	46.69736	8679.149	10312.99	19038.84	0.002453	0.455865	0.541682
建筑和工程活动；技术测试和分析	37.95884	21506.68	3906.517	25451.16	0.001491	0.845018	0.153491
科研开发	2.380556	3489.345	393.1163	3884.841	0.000613	0.898195	0.101192
广告与市场研究	4.268401	1805.316	3779.97	5589.555	0.000764	0.32298	0.676256
其他专业，科学和技术活动；兽医活动	10.21451	5207.536	11756.4	16974.15	0.000602	0.306792	0.692606
行政和支助服务活动	66.01168	11471.34	34810.95	46348.3	0.001424	0.247503	0.751073
公共行政与国防；强制社会保障	79.25739	1364.993	2914.363	4358.613	0.018184	0.313171	0.668645
教育	16.74986	1692.594	3712.783	5422.127	0.003089	0.312164	0.684747
人类健康与社会工作活动	156.4103	3284.615	6295.745	9736.771	0.016064	0.337341	0.646595
其他服务活动	98.67694	4616.363	16972.12	21687.16	0.00455	0.212862	0.782588
自我服务	0.001233	0.15054	0.195277	0.34705	0.003554	0.433769	0.562677
合计	4035.388	252706.4	331428.5	588170.3	0.006861	0.429648	0.563491

9.2 制造业与服务业耦合发展理论与模型

9.2.1 生产性服务业与制造业耦合发展关联机理与模型构建

9.2.1.1 生产性服务业与制造业耦合发展关联机理

耦合是指两个系统通过各种相互作用而彼此影响的现象,耦合系统由无序走向有序机理的关键在于其内部各子系统序参量之间的协同作用,它左右着系统相变的特征与规律,而耦合度正是这种协同作用的度量。由此,可以把制造业与生产性服务业两个产业子系统通过各自的耦合元素产生的彼此影响的程度定义为制造业、生产性服务业系统的耦合度,其大小反映了二者协调发展的程度。

制造业的发展和内部服务外部化的过程中产生了生产性服务业,并逐步剥离成为独立产业,因此产业间必将存在紧密的联系。生产性服务业所从事的活动原本就属于制造业生产过程中上游、中游和下游的某个生产环节(见图9-1),这就决定了它们之间具有高度的耦合性。

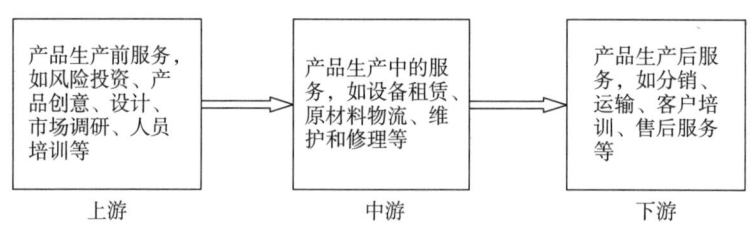

图 9-1 生产性服务业与制造业耦合关系

耦合是双向的动态互动关系,也是一个完整的社会化系统工程,具有以下特征:技术、资源、信息等要素方面均具有关联性,并通过协同作用形成完整的价值链,生产性服务业提供的中间服务已经关联到产业链的上中下游各个环节,在每个环节有着不可替代的作用;耦合是一种双向互动关系,由某一方由于需求或者供给因素主导的,是双向的耦合关系,彼此相互促进、共同发展；产业的耦合发展过程中，市场和政府有着不可替代的作用。耦合发展始终需要市场运行调节机制发挥作用，实现有效的市场资源配置，同时，政府的政策与宏观调控引导两者的发展规模和方向，注重促进优化产业结构调整和规模效应的形成。

从产业耦合的组织属性看，产业耦合是介于市场与科层组织之间的中间网络组织。是各行为主体在交换、传递资源的过程中发生联系时建立的各种关系总和。网络由行为主体、资源以及活动三部分组成（黄守坤、李文彬，2005）。产业耦合的内部动力因素表现为：区位优势、联动效应和网络创新，而外部动力因素表现为：政府的外部推力、市场需求的外部拉力。生产性服务业与制造业在产业层面的耦合发展获得了较多的理论支撑，古典经济学的分工理论、波特的价值链理论、新制度经济学的交易成本理论以及社会网络理论都从不同层面解释了产业层面互动何以促进和深化分工、降低成本和提升生产效率以及获取价值资源。生产性服务业与制造业耦合式发展受多种因素影响，既是某时点的产业形态——最终配置状态，也可以是一个动态调整过程。由于生产性服务业与制造业的行业、空间异质性及资源稀缺性的作用，使得在特定区域内的供需协调过程必然会伴随着"互补与挤出效应"的动态交错与协同匹配过程，因此，合理有效的制度起着关键性作用。

从时间角度看，生产性服务业与制造业同位于低端耦合初期阶段，属于低端服务或制造时期，现有的不少技术不过是来自他国的经验或承接的末流技术。两者的耦合程度有赖于技术、资金、制度的成熟，表现形式为价值链上各产业要素、产业结构、产业布局及产业政策的耦合。在产业价值链中，制造业子系统各产业要素与生产性服务业进行服务外包、合作研发、资本吸收、人才培训以及商务咨询等形式的耦合运动，生产性服务业的异质化知识满足制造业对知识的多样化需求，促使双方在高层次和多样化的领域进行耦合互动，相互作用，相互影响，螺旋上升地促进各行为主体的运作绩效，较高的生产性服务业知识管理能力为制造业发展提供源源不断的知识流，将获取的知识嵌入到制造业生产流程和技术创新中（刘汉贤、叶林欢，2016）。其最终结果是：生产性服务业因获得了足够的投入与需求而壮大，制造业也获得了足够的创新知识和成本上的优势。由于产业知识密集度的提高，生产性服务业与专用设备制造业在研发、设计、生产力等方面出现协同现象，产业界限开始模糊，价值链向服务驱动转变。而随着时间的推移，产业间的结构、布局、政策将会协调得更为科学。

从空间角度看，生产性服务业与制造业在产业结构、产业布局、产业政策等方面的耦合是一个相互协调的过程。产业政策在确保产业发展的基础上相互协调，确保生产性服务业与专用设备制造业的耦合发展。随着制造向创造的转变，随着服务业的壮大，专用设备制造业升级，服务经济比重日益扩大，产业结构得以优化，工业化进程得以迅猛发展。在我国创新力不发达、核心技术欠缺、劳动力成本增加、价值链低端的特殊国情下，应该并重发展制造业与生产性服务业，随着生产价值链的成熟，技术、产品、劳动力与资金完成互动与配置，生产服务业与专用设备制造业在地域上以产业分工、产业转移、产业集群等形式形成合理的产业布局。

9.2.1.2 产业间耦合式发展评价模型构建

自回归分布滞后模型（ADL）和误差修正模型（ECM）是目前研究知识生产、产业间协同发展及其决定因素的一种重要分析评价模型，而协整以及建立在协整关系基础上 ECM 为研究非平稳变量之间的定量关系奠定了研究基础（主要是由 Davidson、Hendry、Srba、Yeo 于 1978 年提出，称为 DHSY 模型）。其中，ADL 模型一个显著的特性就是可以改成多种形式而不影响模型对样本数据的解释能力，也不会改变回归参数的 OLS 估计值，模型中既含有 Y 对自身滞后变量的回归，还包括着 X 分布在不同时期的滞后变量。同时，ECM 可以由 ADL 变换而来，建立误差修正模型，需要首先对变量进行协整分析，以发现变量之间的协整关系，即长期均衡关系，并以这种关系构成误差修正项。然后建立短期模型，将误差修正项看作一个解释变量，连同其他反映短期波动的解释变量一起，建立短期模型，即 ECM。ECM 优点在于消除了变量可能存在的趋势因素及多重共线性问题，从而避免了虚假回归问题，模型中的参数包括长期参数和短期参数，使得分析变量的短期影响和长期影响变得极为方便，ADL 模型的一般形式是：

$$y_t = \alpha_0 + \sum_{j=1}^{p}\sum_{i=0}^{n} \beta_{ji} x_{jt-i} + \sum_{i=1}^{m} \alpha_i y_{t-i} + \mu_t \qquad \mu_t \sim iid(0, \sigma^2) \qquad (9-1)$$

其中 x_{jt-i}，j 是外生变量，取值范围 1，2，…，p，通常 p 表示外生变量个数，p 取值范围为 1，2，3。m 和 n 分别表示 y_t 和 x_{jt} 最大滞后期。

由于任何一个 ADL 模型都可以转化为 ECM 形式，以一阶为例，记为 ADL (1, 1)：

$$y_t = \alpha_0 + \alpha_1 t_{t-1} + \beta_1 x_t + \beta_2 x_{t-1} + \mu_t \qquad (9-2)$$

从（9-2）式来看，Y 的变化决定于 X 的变化以及前一时期的非均衡程度。同时也弥补简单差分模型的不足（该式含有用 X、Y 水平值表示的前期非均衡程度）。因此，Y 的值已对前期的非均衡程度做出了修正。

对（9-2）式两边同时减去 y_{t-1}，再在右边同时加减 $\beta_0 x_{t-1}$，整理得：

$$\Delta y_t = \alpha_0 + \beta_0 x_t + (\alpha_1 - 1) y_{t-1} + (\beta_0 + \beta_1) x_{t-1} + \mu_t \qquad (9-3)$$

在（9-3）式右侧同时加减 $(\alpha_1 - 1) x_{t-1}$，整理得：

$$\Delta y_t = \alpha_0 + \beta_0 \Delta x_t + (\alpha_1 - 1)(y_{t-1} - \frac{\beta_0 + \beta_1}{1 - \alpha_1}) x_{t-1} + \mu_t \qquad (9-4)$$

模型（9-4）解释 y_t 的短期波动 Δy_t 是如何被决定的。一方面，它受到自变量短期波动 Δx_t 的影响；另一方面，取决于 X_t 和 Y_t 间均衡关系的均衡误差（ECM）。

其中 $(\alpha_1 - 1)(y_{t-1} - \frac{\beta_0 + \beta_1}{1 - \alpha_1}) x_{t-1}$ 为误差修正项，$(y_{t-1} - \frac{\beta_0 + \beta_1}{1 - \alpha_1}) x_{t-1}$ 表示第 t-1 期的非均衡误差，这里参数 β_0 称为影响参数，$k_0 = \alpha_0 / (1 - \alpha_1)$，$k_1 = (\frac{\beta_0 + \beta_1}{1 - \alpha_1})$，$(\alpha_1 - 1) < 0$ 为误差修正系数，表示误差修正项对 Δy_t 的修正速度。

ECM 一般采取 EG 两步法进行建模：

第一步：建立长期关系模型。

用 OLS 法建立以 y 为被解释变量，x 为解释变量的协整方程，估计协整向量（长期均衡关系参数），用 ADF 法检验是否存在单位根。如果残差序列是平稳的，则表明两个变量间具有协整关系，所以长期关系模型的变量选择是适合的，回归是有意义的。如果 y 关于 x 不存在协整关系协整，建立 ECM 模型同样会使模型效果有所改善。

第二步：建立短期动态关系，即建立误差修正模型。

若协整性存在，则以第一步求到的残差作为非均衡误差项加入到误差修正模型中，并用 OLS 法估计相应参数。

$$\Delta y_t = \alpha_0 + \alpha_{11}\Delta x_{t-1} + \alpha_{21}\Delta y_{t-1} + \lambda(y-kx)_{t-1} + \varepsilon_t \tag{9-5}$$

需要注意的是：在进行协整检验时，如有必要可在协整回归式中加入趋势项，这时，对残差项的稳定性检验就不必再设趋势项。另外，变量差分滞后项的确定可根据残差项序列是否存在自相关性来判断，如果存在自相关，则应加入变量差分的滞后项。若需要引入更多滞后变量，则可建立如下模型：

$$\Delta y_t = \alpha_0 + \sum_{i=0}^{p}\alpha_{1j}\Delta x_{t-i} + \sum_{j=1}^{q}\alpha_{2j}\Delta y_{t-j} + \lambda(y-kx)_{t-1} + \varepsilon_t \tag{9-6}$$

9.2.2 实证分析及结果说明

9.2.2.1 变量的选取和数据说明

对于生产性服务业，国家统计局只是在 2015 年公布了其统计分类范围，包括金融服务、生产性租赁服务等 10 大类，并没有公布相对应的详细统计数据。在没有相应详细统计数据时，在计算其增加值时一般可以利用投入产出表进行计算，由于 2017 年投入产出调查仍在进行中，投入产出表只有 2012 年版本，不能反映中国生产性服务业发展状况。根据世界投入产出表数据库 WIOD（World Input-Output Database），世界银行 2016 年最新的世界投入产出表，根据其关于中国的投入产出数据，整理出中国制造业与生产性服务业数据，其中由于国际标准产业分类的变化，1995~1999 年数据与 2000~2014 年数据在生产性服务业分类方面有一定差异，根据最新国际标准产业分类关于生产性服务业的界定以及国家统计局 2015 年关于对国民经济行业分类中符合生产性服务业特征有关活动的再分类的结合，最终核算出中国生产性服务业的数据。研究样本区间为（1995~2014 年），数据来源于世界投入产出表数据库 WIOD 数据库，制造业增加值（PDD）和生产性服务业增加值（INNY），运用 SPSS18.0 和 Eviews5.1 软件对数据处理和建模。

9.2.2.2 实证分析

（1）平稳性检验。

为避免模型出现伪回归，应先对各变量进行平稳性检验。通过 ADF 法对变量进行了平稳性检验。在方法的选择上,首先做出序列时序图,然后进一步对趋势项和常数项的显著性进行检验。对滞后项的选择主要运用了 AIC 和 SC 信息准则。检验结果发现,各变量均不平稳,但二阶差分后都为平稳序列。表 9-7 及表 9-8 列出了各变量一阶差分后的检验结果。

表 9-7 PDD 单位根检验结果

检验类型	P 值	ADF 检验值	显著水平(%)	临界值	检验结果
未差分滞后阶数为 1	0.4097	−1.70585	1	−3.920350	未通过
			5	−3.065585	未通过
一阶差分滞后阶数为 1	0.4105	−1.708514	1	−3.857386	未通过
			5	−3.040391	未通过
二阶差分滞后阶数为 1	0.0004	−5.569197	1	−3.920350	通过
			5	−3.065585	通过

表 9-8 INNY 单位根检验

检验类型	P 值	ADF 检验值	显著水平(%)	临界值	检验结果
未差分滞后阶数为 1	1.0000	8.594585	1	−3.831511	未通过
			5	−3.029970	未通过
一阶差分滞后阶数为 1	0.8385	−0.637489	1	−3.857386	未通过
			5	−3.040391	未通过
二阶差分滞后阶数为 1	0.0012	−5.059807	1	−3.920350	通过
			5	−3.065585	通过

检验结果表明,INNY 和 PDD 的差分序列和一阶差分序列都是非平稳的,不能拒绝有单位根的原假设。二阶差分序列在 5% 的水平下为平稳序列,拒绝有单位根的原假设。因此,这二者都是二阶单整的,即 $I(2)$。

(2) 协整检验。

从单位根检验结果可以看出,INNY 和 PDD 变量为二阶单整序列,因此,变量间存在协整关系的可能。研究采用 EG 两步法对两个变量进行协整关系检验,即先对两变量进行 OLS 估计,再对该模型的残差进行 ADF 检验,若残差序列平稳,则说明两个变量间存在着长期稳定的协整关系。分析结果如表9-9所示。

表 9-9 回归结果

变量	参数估计值	参数标准差	T统计量	P值
C	1011.975	259.5051	3.899633	0.0011
INNY	1.169543	0.021432	54.56872	0.0000
R-squared	0.99399	DW 值	1.92446	
调整后的 R-squared	0.99365	F 统计量	2977.76	

协整模型通过统计检验,DW 值近似值为2,因此,可以消除自相关影响,协整方程为:

$$PDD_t = 1.169543 INNY_t + 1011.975 + \mu_t \tag{9-7}$$

$$\mu_t = 1.169543 PDD_t + 1011.975 - PDD_t \tag{9-8}$$

将以上回归模型的残差序列 μ_t 进行 ADF 平稳性检验,结果如表 9-10 所示。

表 9-10 残差序列 ADF 单位根检验结果

检验类型	P 值	ADF 检验值	显著水平(%)	临界值	检验结果
未差分滞后阶数为 1	0.0069	-4.112034	1	-3.920350	通过
			5	-3.065585	通过

根据回归方程求得残差 $\hat{u}_t$,然后对 $\hat{u}_t$ 进行单位根检验,表 9-6 检验表明,ADF 值都小于5%的临界值,故残差项在5%的显著性水平上平稳,不存在单位根,可以确定 $\hat{u}_t$ 是平稳序列,即 $\hat{u}_t \sim I(0)$。

再对残差序列进行异方差性检验,检验结果如表 9-11 所示。

表 9-11 异方差检验结果

指标	数值	指标	数值
F 统计量	3.4746	Prob. F	0.1135

Prob. F=0.1135>0.05，因此接受原假设，协整方程不存在异方差。即因变量的离散程度并不与自变量之间存在相关关系。因此可以消除异方差对该模型的影响。

根据残差的单位根检验结果，在长期关系中，INNY 和 PDD 间存在协整关系。从计量结果可见，我国生产性服务业每增长一个单位，将带动制造业增长 1.169543 个单位，且二者存在着长期稳定的正向均衡关系，高度相关，呈现出一定程度彼此依存的耦合关系。

（3）误差修正。

为进一步分析 INNY 和 PDD 之间的长期均衡和短期变动关系，构造带有协整约束的 VAR 模型，即向量误差修正模型（VECM），模型形式如下：

$$\Delta PDD_{t_t} = \beta_1 \Delta INNY_t - \lambda \cdot ecm_{t-1} + C + \mu_t \tag{9-9}$$

估计及检验结果如表 9-12 所示。

表 9-12 分析结果

变量	参数估计值	参数标准差	T 统计量	P 值
△INNY	1.566603	0.132942	11.78414	0.0000
ECM	-0.410440	0.127091	-3.229506	0.0061
C	-90.12482	82.76848	-1.088878	0.2946
R-squared	0.912096	DW 值	1.540552	
调整后的 R-squared	0.899539	F 统计量	72.63262	

构建如下方程：

$$\Delta PDD_{t_t} = 1.5666 \Delta INNY_t - 0.4104 \cdot ecm_{t-1} - 90.124 + \mu_t \tag{9-10}$$

误差修正系数为负，符合反向修正机制，这反映 PDD 受 INNY 水平影响的短期波动规律。短期弹性为 0.4104，误差修正项系数为负 0.4104，显示 INNY 对 PDD 影响的短期波动向长期波动均衡调整力度为 0.4104，当短期波动偏离长期均衡时，将以 41.04% 的调整力度将非均衡状态拉回到均衡状态，这些都表明 INNY 与 PDD 水平的短期动态模型比较稳定，误差修正项系数的大小反映了均衡关系偏离长期均衡状态时，将其调整到均衡状态的调整力度。

(4) 格兰杰因果检验。

格兰杰检验估计两个产业之间的因果关系有下面四种可能的结果：①制造业的发展显著影响生产性服务业的发展；②生产性服务业的发展显著影响制造业的发展；③制造业的发展和生产性服务业的进步互相影响，互为因果；④两产业之间互不影响，无因果关系。

前面分析验证了两个变量二阶差分后都为平稳序列，下面进一步用格兰杰检验它们之间是否具有因果关系以及因果关系的方向如何。检验结果见表9-13。

表 9-13 格兰杰因果检验结果

零假设	滞后阶数	F 统计量	P 值
PDD 不是 INNY 的格兰杰成因	2	5.18769	0.06793
INNY 不是 PDD 的格兰杰成因	2	3.71718	0.11375

检验结果表明，当滞后阶数为 2 时，PDD 不是 INNY 的格兰杰成因的原假设和 INNY 不是 PDD 的格兰杰成因，原假设在 5% 的显著水平下不显著，即制造业的发展对生产性服务业发展影响不显著，同时，生产性服务业对制造业发展作用也不显著，从检验结果来看，制造业对生产性服务业的影响弱显著，生产性服务业对制造业的影响不符合当前经济发展理论，而从理论分析的角度看，二者之间应该是双向因果关系。

(5) 构建 VAR 模型。

当滞后阶数为 2 时，PDD 是 INNY 的格兰杰原因，所以可使用 VAR 分析 PDD 与 INNY 间的耦合关系。研究中模型的滞后期选择 2，通过对模型的残差序列进行稳定性检验得出结果：各残差序列平稳且具备较低水平的相关性，故而符合序列稳定性要求，可建立以 INNY（解释变量）与 PDD（被解释变量）间的 VAR 模型，模型估计结果如表 9-14 所示。

表 9-14 回归结果

变量	参数估计值	参数标准差	T 统计量	P 值
C	412.8143	236.4322	1.746015	0.1063

续表

变量	参数估计值	参数标准差	T统计量	P值
INNY	1.722417	0.182644	9.430438	0.0000
PDD（-1）	1.099637	0.285978	3.845175	0.0023
PDD（-2）	-0.417133	0.446298	-0.934651	0.3684
INNY（-1）	-2.018537	0.493242	-4.092386	0.0015
INNY（-2）	0.567662	0.648945	0.874746	0.3989
R-squared	0.999210	DW值	1.636200	
调整后的R-squared	0.998881	F统计量	3035.834	

建立方程如下：

$$PDD_t = 1.7224INNY_t - 2.0185INNY_{t-1} + 0.5677INNYY_{t-2}$$
$$+ 1.0996PDD_{t-1} - 0.4171PDD_{t-2} + 412.8143 \qquad (9-11)$$

从分析和检验结果可以看出，我国制造业发展对生产性服务业的提升产生了积极作用，且近期影响大于远期；生产性服务业滞后期对生产性服务业本身具有促进作用，且近期影响大于远期影响。

9.2.3 研究结论

本文通过研究生产性服务业与制造业耦合变动趋势与偏离演变规律，结合我国目前发展现状，得到以下结论：

中国生产性服务业还处在较低的发展状态。生产性服务业发展滞后，生产性服务业和制造业之间基本上是点对点或点对群模式，没有形成两者互动的最佳模式——群群模式。产业现状与产业政策导向有一定的脱节，不仅需要产业自身升级，更加需要在宏观发展模式、体制机制和制度层面进行完善。

中国生产性服务业还不能有效支撑制造业的发展。其整体呈现发展水平低，信息化程度低，技术水平和创新能力均有待提高的现状，严重制约了其对制造业生产过程的有效供给。

构建生产性服务业与制造业耦合发展协调机制是一个复杂适应系统。配置自身与配置过程、资源空间与配置主体行为等都具有复杂性，需要权衡直接效应和间接效应，协调短期效应和长期作用，需要立足于经济新常态、供给侧改革现实，打破在时效性有限的政策层面上寻求出路模式，注重市场运作与产业政策引导，探寻体制和机制上的突破，建立驱动、沟通协调与控制反馈等多层面机制。

通过上述分析我们不难发现，服务业作为中间投入部门的需求主要来自于第二产业，但服务业中核心部门生产性服务业与第二产业的核心部门制造业的双向因果关系不紧密，所以我们的政策取向一是中国服务业发展自增强机制的自我强化，二是生产性服务业与制造业的耦合发展，那么两种政策取向究竟应该注重前者还是后者，或是同时进行呢？制造业与生产性服务业存在"先有鸡还是先有蛋"的困境，先发展生产性服务业还是先进行制造业外包？由于中国生产性服务业效率水平低，制造业企业内置化，生产性服务业与制造业进入恶性循环。打破恶性循环的关键是中国服务业发展自增强机制的自我强化，通过自我需求、自我发展与自我强化，不断获得规模经济、学习效应与比较优势效应，降低成本与提高效率，将打破生产性服务业与制造业的恶性循环，最终制造业进行成本约束与利益来源的比较时有利可图，将进行外包与外化，生产性效率将进一步提升，最终生产性服务业与制造业进入良性循环。所以打破制造业与生产性服务业的鸡蛋困境的核心是服务业发展的自增强机制的自我强化。

拓展阅读

IBM 深入解读中国制造 2025[①]

当前，中国制造业企业同时面临着内部挑战和外部环境变化的双重压力。从企业内部看，生产成本上升、研发投入不足、生产组织方式较为传统都是目前亟待解决的具体问题。从外部环境看，消费者具有更大的主导权，大数据、云计算、移动、社交化、3D打印、机器人等技术发展将颠覆旧有的制造模式，跨界融合、制造业服务化的趋势也日益显著。

---

① 资料来源：《IBM 深入解读中国制造 2025》，经整理使用。

一、企业内部挑战日趋严峻

1. 生产成本上升

2014年，全国劳动力成本是十年前的2.7倍，再加上原材料价格上涨、高能耗成本、高物流成本的影响，我国制造业低成本优势逐步丧失。优衣库、耐克、富士康等世界知名企业纷纷在东南亚和印度开设新厂，加快撤离中国的步伐。2014年全年，东莞倒闭了428家企业；被称为制造之都，以生产皮鞋、服装、眼镜、打火机文明世界的温州，目前正在经历着制造产业空心化。

2. 研发投入不足

2014年我国研发投入在GDP占比为2.1%，与欧美国家3%~3.5%的水平相比还有一定的差距。规模以上企业研发投入在销售收入占比仅为0.9%，低于国外企业2%~3%的水平。研发投入不足直接导致产品科技含量不高、同质化现象严重。"价格"作为差异化的手段，正在加剧企业间的恶性竞争，"价格战"愈演愈烈。在有限的市场容量下，大量低层次、低技术水平的同质化产品滞压，产能过剩成为普遍现象。

3. 生产组织方式较为传统

中国制造企业传统的"以企业为核心组织各类资源"的模式在资源配置、响应速度、调整能力上都难以满足产业链变化的要求。另外，企业传统的刚性制造系统无法准确地生产出消费者所需要的个性化产品；即使能够根据消费者的需求进行生产调整，在这一过程中也将会耗费大量的成本和时间，不能迅速响应市场的变化，高昂的调整成本也将削弱企业的竞争力。

二、外部市场变化围困制造企业

1. 消费者变化

全渠道消费行为：互联网和移动智能终端的发展为消费者提供了跨线上线下渠道的消费体验，实体商店、电视、网店、社交网站都成为消费者的购物通道，随时随地的消费行为越来越普遍。

技术为消费者赋能，使其拥有更多的话语权和主导权：随着大数据、云计算、社交商务、移动技术等新技术的发展，消费者变得更加"智慧"，并且拥有更大的主导权。消费者决定何时何地怎样进行采购以及何时开始何时结束。

社交媒体的影响与日俱增：社交媒体提供了产品宣传和信息交流的平台，交易的透明化允许客户在做出购买决定前进行定价、评级、复核并与其他品牌进行比较。

需要个性化的产品和服务：消费者越来越主动和挑剔，他们对个性化的产品和服务的需求更加强烈，并期望企业去了解他们真实的需求和提供卓越的服务体验。

客户全方位体验：客户体验贯穿产品全生命周期和全渠道消费行为，每一个互动环节都需要企业为客户提供量身定制的信息与服务，客户忠诚度是通过传递无缝的、持久的、个性化的客户互动来赢得的。

2. 技术演进

大数据贯穿产业链始终，是企业重要的核心资产：工业大数据应用将贯穿设计、制造、营销、服务全过程，成为生产辅助决策的支撑，更成为企业生产的重要生产要素。

以云为基础架构的主要形态构建起企业信息基础架构的新生态：工业云平台成为新型生产设施，为研发设计、加工制造、经营管理等生产经营活动提供资源支撑和服务保障，工业生产要素实现优化整合和高效配置。

企业运作模式移动化，更加灵活地适应市场变化：移动设备能够帮助企业组织管理系统中数以亿计的设备和传感器，并与之建立通信，以更加灵活地适应市场变化。

企业与内部员工和外部消费者的沟通方式全面社交化：通过具有分析能力的企业级社交平台，企业可以整合和分析大量的来自人、设备和传感器的数据，更快、更准确、更容易地做出决定，并调整业务流程。通过对客户、市场趋势的深入洞察，企业不仅对市场变化迅速做出反应，而且能预测未来行动的效果。人力资源部门也可以利用社交网络更好地理解什么对于员工是重要的，什么能够鼓舞他们，以及他们为什么愿意待在一个企业，从而提高员工的忠诚度和交流。

3D打印重塑产品生产方式，个性化定制和网络化生产大量涌现：3D打印使得虚拟设计、精准制造、数据制造能力大幅提升，它为创客提供了一个开源化的设计平台,通过分享数字桌面工具设计出的新产品或是制作出的模型样品,能够实现产品模块的直接借用以及协同创新。

机器人促进形成制造业高效化和本地化新格局:机器人降低了企业对劳动力的需求,削弱了生产地点的限制,提高了生产效率,在生产、仓储、配送到客户交付各个环节都得到广泛应用。

3. 产业变革

信息技术促进产业融合:互联网经济的发展形成了一条以互联网为纽带的产业融合新模式。消费电子与汽车电子生产企业的界限在逐渐弱化,互联网企业也正在向传统行业渗透。

产业链延伸引发的变革:一是零售业与制造业的跨界融合。零售商掌握着全渠道的消费者数据,能够进行精准的全渠道消费者洞察,进而指导生产;它们通过代工工厂的方式,向产业链上游延伸,整合制造业。二是制造业服务化。制造业服务化是指从制造环节向前端的设计和后端的服务延伸,制造业和服务业的界限变得越来越模糊。

在制造业重新成为全球经济竞争制高点,中国经济逐渐步入中高速增长新常态,中国制造业亟待突破大而不强旧格局的背景下,"中国制造2025"战略应运而生。

三、中国制造 2025 战略解读

"中国制造2025"以促进制造业创新发展为主题,以提质增效为中心,以加快新一代信息技术与制造业融合为主线,以推进智能制造为主攻方向,以满足经济社会发展和国防建设对重大技术装备需求为目标,强化工业基础能力,提高综合集成水平,完善多层次人才体系,促进产业转型升级,实现制造业由大变强的历史跨越。

1. 核心驱动:创新

"中国制造2025"提出要实现从"中国制造"向"中国创造"的转变,而"中国创造"的具体体现就是技术创新,它是制造业发展全局的核心。从目前发展现状看,中国普遍存在自主创新能力不足的问题。大中型工业企业研发经费占比不足1%,而美国、日本、德国等发达国家普遍在2%以上;技术对外依存度高达50%以上,95%的高档数控系统、80%的芯片、几乎全部高档液压件、密封件和发动机都依靠进口；科研成果转化率仅为10%左右，远低于发达国家40%的水平。

2. 核心主线：两化融合

新一代信息技术的影响正在从价值传递环节向价值创造环节渗透，并正在深度改造传统制造产业。一方面，信息网络技术使不同环节的企业间实现信息共享，能够在全球范围内迅速发现和动态调整合作对象，整合企业间的优势资源，在研发、制造、物流等各产业链环节实现全球分散化生产。

另一方面，将互联网思维扩展到工业生产和服务领域，催生了众包设计、个性化定制等新模式，将促进生产者与消费者实时互动，使得企业生产出来的产品不再大量趋同而是更具个性化。加快新一代信息技术与制造业的融合，成为制造业转型升级的关键，也是"中国制造2025"规划中的主线。

四、构建以数据洞察为驱动的新价值网络

所谓新价值网络，就是通过大数据、云计算、移动互联网、物联网等新技术的共同作用，充分把握新工业时代下信息资源带来的机遇，以数据洞察为核心驱动力，贯穿参与者、产品与生产，实现跨界和全化互联互通的协同，形成集制造和服务为一体的全球化价值网络。

在新价值网络下，通过大数据、云计算、物联网、移动互联网等新一代信息技术平台的作用，企业能够获得精准的数据洞察，以此为核心驱动力，改造整个研发、生产、销售等环节，实现参与者、产品和生产的协同互联；同时，数据洞察始终贯穿参与者、产品和生产三个要素，使它们具有智能分析能力和自我优化能力，实现"智慧的参与者""智慧的产品""智慧的生产"的角色转变。

1. 解读新价值网络

智慧的参与者。参与者是指与生产活动相关的主体，主要包括客户，以及供应商、经销商等合作伙伴。其中客户是指与企业有直接经济关系的个人或企业，供应商是指为企业提供原材料和零部件的上游企业，经销商是指在某一区域和领域只拥有销售或服务的个人或企业。

在传统价值链下，企业是生产过程的核心，它与供应商、经销商和客户之间以产业链上下游的模式相连接。在新价值网络下，客户需求是生产过程

的核心,以此为基础,组织设计公司、供应商、经销商、企业、售后服务机构、金融机构等多方参与者的加入,形成平台式的网络连接模式。

智慧的产品。在新价值网络之下,产品呈现智能化、个性化、服务化趋势,产品研发过程更加敏捷化。智能化是指产品具有收集和传输产品生命周期中各种信息的能力;个性化是指产品拥有个性化的外观、功能、材质、大小以及交互界面等;服务化是指产品具有服务功能,并注重用户体验;敏捷化研发是指产品开发采取通用的产品平台、模块和器件,并实行有效的研发管理和跨部门协作。

智慧的生产。在新价值网络下,智慧的生产主要有三个表现,一是机械的自动化程度更高,二是灵活性和可控性更强,三是智能化分析能力更高。机械自动化程度更高,是指工业机器人、高档数控机床、自动化成套设备等智能制造装备逐渐代替传统设备以及劳动力。灵活性和可控性更强,是指设备之间具有信息交互能力,不仅是与客户、供应商以及IT系统进行信息交互,而且可以与传递的对象本身,如货物、零件等实现交互。智能化分析能力更高,是指设备具备分析生产数据的能力,能够通过衡量各种约束条件和选择条件,模拟决策可能带来的结果,并且在不断的学习中逐渐能够无须人工干预自动做出某些决策。

协同互联。在新价值网络下,协同互联是指参与者、产品与生产互联互通,实现跨界跨地域的协同,最终达到共生共赢。参与者与产品的联通具体表现形式包括客户直接参与产品设计;产品与生产的联通表现形式包括产品信息直接反映到设备上,设备以此为基础自动进行生产调整;参与者与生产的联通表现形式包括供应商与库存监测设备联通,通过实时跟踪库存变化直接调节供应。

协同互联是参与者、产品、生产三个要素相互作用产生的增量。它颠覆了三个要素原先缺乏交互的关系,实现了产品全生命周期的信息共享和信息交互。

2. 新价值网络参考实施路径

根据上述分析,我们向企业建议新价值网络实施路径[①]。它将新价值网络

[①] 由于篇幅所限,此处的"新价值网络实施路径"省略,请读者自行查阅。

的构建过程划分为三个发展阶段,并列举出每个阶段的关键能力特征。企业并非必须逐步顺序实现这三个发展阶段,它们可以根据自身已经具备的能力和战略目标,个性化定制发展的路径,在某些领域实现跨越式发展。

五、结语

新价值网络的构建是一个长期艰巨的工作。展望未来,任重道远。企业可根据自身发展阶段以及行业特点,选择制定个性化的新价值网络实施路径,最终通过引入客户参与、服务转型,以及全球化运作,实现商业价值和管理价值的创新。

本章小结

服务业与制造业的关系一直是服务经济理论与政策的核心,在制定服务业与制造业互动政策之前,我们必须厘清,从全球看,服务业的主要需求来源于自身还是制造业,即服务业是否具有自增强机制,在梳理服务自增强假说的基础上,利用世界银行 WIOD 投入产出表,测算得出世界主要国家服务业具有自增强机制,服务业主要需求来源于服务业,美国更高达 79.82%,中国仅仅 45.27%,两者相差甚远。中国服务业的需求主要来源于制造业,我们有必要进一步理清中国制造业与服务业的耦合程度,结果发现服务业中主要用于中间投入的生产性服务业与制造业的耦合程度低。在我们来看,服务业的主要需求来源于制造业,但制造业与服务业的耦合程度低,那我们政策的出发点有两个,一个是促进服务业的自增强机制,另一个是提升制造业与服务业的耦合程度,但究竟应该将提升自增强机制还是耦合程度放在首位呢,从理论看,如果将提升耦合放在首位,其做法是提高服务业的生产率,使得制造业具有外包与外化的激励机制,但提高服务业的生产率的核心首先仍是服务业自身发展,自身具有规模经济与学习效应,其落脚点仍是提升自增强机制。综上所述,服务业与制造业政策是以提升自增强机制为核心,在自增强机制得到强化的基础上,再促进生产性服务业与制造业的耦合。

学术观察

（1）生产性服务业与制造业互动融合的政策正确吗？

（2）正确理解服务业与制造业的良性循环与恶性循环。

参考文献

[1] Park S. H., Chan K. S. A Cross Country Input Put Analysis of Intersectional Relationships between Manufacturing and Services and Their Employment Implications [J]. World Development, 1989, 17 (2).

[2] Coffey W. J., Bailly A. S. Producer Services and Flexible Production: An Exploratory Analysis [J]. Growth & Change, 1991, 22 (4).

[3] Hansen N. The Strategic Role of Producer Services in Regional Development [J]. International Regional Science Review, 1993 (16): 1-2.

[4] Guerrieri Paolo Valentina Meliciani. Technology and Intmational Competitiveness. The Intrdependence between Manufacturing and Producer Services [J]. Structural Change and Economic Dynamic's Vohume, 2005 (16): 4.

[5] 刘志彪. 发展现代生产者服务业与调整优化制造业结构 [J]. 南京大学学报, 2006 (5).

[6] 顾乃华, 毕斗斗, 任旺兵. 中国转型期生产性服务业发展与制造业竞争力关系研究 [J]. 中国工业经济, 2006 (9).

[7] 马洪伟, 黑龙江装备制造业与生产性服务业互动发展模式研究 [D]. 哈尔滨理工大学, 2013.

[8] 吉亚辉, 程斌. 生产性服务业与先进制造业的互动与融合 [J]. 西安财经学院学报, 2014 (1).

[9] 李秉强. 中国制造业与生产性服务业耦合影响因素分析 [J]. 统计与信息论坛, 2015 (3).

[10] 李秉强. 中国制造业与生产性服务业的耦合性判断 [J]. 统计与信

息论坛，2014（4）.

[11] 陈晓峰. 生产性服务业与制造业协同集聚的机理及效应 [D]. 苏州大学，2015.

[12] 贺正楚. 生产服务业与专用设备制造业耦合发展研究 [J]. 系统管理科学，2015（9）.

[13] 宋德军. 中国科技创新与农业产业结构优化耦合性研究 [J]. 科学学研究，2013（2）.

[14] 杜宇玮. 中国生产性服务业促进制造业升级影响因素研究 [J]. 商业研究，2017（6）.

[15] 杜宇玮. 中国服务业显性比较优势测算 [J]. 统计与信息论坛，2017（1）.

[16] 周彤. 黑龙江省生产性服务业与制造业的联动发展研究 [D]. 哈尔滨商业大学，2015.

[17] 宋德军. 区域服务业竞争优势评价指标体系与模型构建研究 [J]. 统计与信息论坛，2014（5）.

10 生产性服务业

10.1 生产性服务业概念与范围界定

10.1.1 概念界定

生产性服务业，中国政府文件中正式公开使用这一概念是在《中华人民共和国国民经济与社会发展第十一个五年规划纲要》中，作为与消费性服务业对应的一个概念提出。其直接来源是英文 producer-services，翻译过来就是"生产者服务业"，在大多数学者文献中采用后者的表达。根据所掌握的现有资料，最早使用生产者服务概念的学者是 Machilup（1962），他认为生产者服务业是知识产出的产业。Greenfield（1966）认为生产者服务业是企业、非营利组织和政府主要向生产者而不是最终消费者提供的服务和劳动。最后 Browning 和 Singelmann（1978）将服务业中用于中间需求的部分界定为生产者服务业。中国引入生产性服务业概念比较早的见之于陈彪如翻译的加拿大学者格鲁伯和沃克（1993）的专著《服务业的增长——原因与影响》，该书认为生产性服务业是指专为其他产品或服务生产提供中间需求的服务行业，是一种服务形式的生产资料。综合多方面研究成果，本书认为生产性服务业是指为三次产业的实物生产和服务生产过程提供中间服务投入的部门。

10.1.2 外延范围

如表 10-1 所示，本分类的范围包括，为生产活动提供的研发设计与其他技术服务、货物运输仓储和邮政快递服务、信息服务、金融服务、节能与环保服务、生产性租赁服务、商务服务、人力资源管理与培训服务、批发经纪代理服务、生产性支持服务。以《国民经济行业分类》（GB/T 4754—2011）为基础，是对国民经济行业分类中符合生产性服务业特征有关活动的再分类。本分类的类别选取充分考虑统计数据的可获取，以保证统计部门能够采集到生产性服务业的数据。

表 10-1 生产性服务业的外延范围

学者与机构	生产性服务业的外延范围
Browning 和 Singelmann（1978）	金融、保险、法律及商务服务、经纪
联合国国际标准产业分类体系（ISIC，1990）	机动车维修与批发贸易、运输仓储与通信、金融中介、房地产、租赁与商务活动
联合国 2004 年版的国际标准产业分类	运输和仓储、信息和通信、金融和保险活动、房地产、出租和租赁活动、专业和科技活动、行政和支助服务活动、教育
OECD 国家公布的历年投入产出表分类	批发贸易及零售业、交通及仓储业、通信业、金融保险业、房地产及商务服务业
GATT 确定的服务部门分类法 GNS/W/120（1991 年标准）	企业服务包括专业服务、计算机和相关服务、研发服务、不动产服务、没有经营者的租赁服务和其他企业服务，通信服务，建筑和相关工程服务，分销服务，教育服务，环境服务，金融服务，运输服务
美国经济普查局 1999 年分类	批发贸易，运输和仓储，信息，金融保险，不动产和租赁，专业和科技服务，公司和企业管理，行政保障以及水管理

续表

学者与机构	生产性服务业的外延范围
美国商务部（BEA）	商业及专门技术（如电脑、工程、法律、广告及会计服务），教育，金融，保险，电子通信
台湾地区 2000 年采用的分类	国际贸易业，运输仓储业，通信业，银行业，保险业，工商服务业，经纪业，法律及其他工商服务业，机械及租赁设备业
香港贸易发展局	专业服务，信息和中介服务，金融服务，与贸易相关的服务
上海市经济委员会	资本服务类，会计服务类，信息服务类，经营服务类，研发技术类，人力资源类，法律服务类
李江帆、毕斗斗（2004）	批发贸易，交通业，通信，金融，保险，房地产，商务服务
李金勇	为人的服务，为财的服务，为物的服务，为信息的服务，为技术的服务，为经营管理的服务
李善同、高传胜（2007）	交通运输和仓储业，信息传输、计算机服务和软件业，批发零售贸易业，金融业，租赁和商务服务业，科学研究和技术服务与地质勘探业，水利、环境和公共设施管理业
《中华人民共和国国民经济与社会发展第十一个五年规划纲要》	交通运输业，现代物流业，金融服务业，信息服务业，商务服务业

对于生产性服务业，国家统计局只是在 2015 年公布了其统计分类范围，包括金融服务、生产性租赁服务等十大类，并没有公布相对应的详细统计数据。为了充分利用当前我国国民经济行业分类信息和投入产出表，本书将生产性服务业行业分类范围与国家统计局保持一致，其原因在于数据的可获得性与省际可比性，如表 10-2 所示。

表 10-2 生产性服务业分类表

代码			名　称	说　明	行业分类代码
大类	中类	小类			
11			研发设计与其他技术服务		
	111		研发与设计服务		
		1111	生产性自然科学研究和试验发展	仅包括直接应用于生产活动的信息科学与系统科学、化学、生物学等科学研究服务	7310*
		1112	工程和技术研究和试验发展	新材料研发、新产品研发、新工艺研发等包含在此类	7320
		1113	农业科学研究和试验发展		7330
		1114	生产性医学研究和试验发展	仅包括直接用于生产活动的药学、中药学等研究与试验发展	7340*
		1115	专业化设计服务		7491
	112		科技成果转化服务	新技术、新产品和新工艺推向市场进行的技术推广、转让活动，产学研用合作，创新成果产业化服务等包含在此类	
		1121	农业技术推广服务		7511
		1122	生物技术推广服务		7512
		1123	新材料技术推广服务		7513
		1124	其他技术推广服务	不包括环保技术的推广服务	7519**
		1125	其他科技推广和应用服务业		7590
		1126	科技中介服务	创业、创新扶持服务、技术孵化、科技评估和鉴证、科技信息交流、技术咨询等包含在此类	7520

续表

代码			名称	说明	行业分类代码
大类	中类	小类			
	113		知识产权及相关法律服务		
		1131	知识产权服务	专利、商标、软件、集成电路布图设计等的代理、转让、鉴定、评估、认证，以及研发设计交易、知识产权交易、专利运营、专利分析评议和预警、无形资产评估等服务包含在此类	7250
		1132	生产性法律服务	仅包括为生产活动提供的法律服务，知识产权调解、仲裁服务	722*
	114		检验检测认证标准计量服务		
		1140	质检技术服务	第三方检验、检测、测试、分析、认证、计量和标准活动包括在此类	7450
	115		生产性专业技术服务		
		1151	生产性气象服务	仅包括用于生产活动的气象服务	7410*
		1152	生产性地震服务	仅包括用于生产活动的地震服务	7420*
		1153	生产性海洋服务	仅包括用于生产活动的海洋服务	7430*
		1154	生产性测绘服务	仅包括用于生产活动的测绘服务	7440*
		1155	矿产勘查服务	指采矿前的矿产勘查服务	7471 7472 7473

续表

代码			名　称	说　明	行业分类代码
大类	中类	小类			
		1156	工程管理服务	工程项目策划、造价、工程咨询、招标代理、工程技术监理等包含在此类	7481
		1157	其他生产性专业技术服务		7482 7493 7499
12			货物运输、仓储和邮政快递服务	本类别加上"数据处理与存储服务"中的"物流信息平台服务",再加"商务咨询服务"中的"物流咨询、物流方案策划"即为"第三方物流"	
	121		货物运输服务	各类货物运输、铁水联运、江海直达、滚装运输、道路货物甩挂运输等包含在此类	
		1211	铁路货物运输		5320
		1212	道路货物运输		5430
		1213	水上货物运输		552
		1214	航空货物运输		5612
		1215	管道运输业		5700
	122		货物运输辅助服务		
		1221	铁路运输辅助活动		533
		1222	道路运输辅助活动		544
		1223	水上运输辅助活动		553

续表

代码			名称	说明	行业分类代码
大类	中类	小类			
		1224	航空运输辅助活动		563
	123		**仓储服务**	货物仓储、运输中转等服务，以及公共仓储、自助仓储、仓储租赁等包含在此类	
		1231	谷物、棉花等农产品仓储		591
		1232	其他仓储业		5990
	124		**搬运、包装和代理服务**		
		1241	生产性装卸搬运	仅包括为生产活动提供的装卸搬运	5810*
		1242	生产性包装服务	仅包括为生产活动提供的包装服务	7293*
		1243	货物运输代理		5821 5829
	125		**国家邮政和快递服务**		
		1251	生产性邮政服务	仅包括为生产活动提供的邮政服务	6010*
		1252	生产性快递服务	仅包括为生产活动提供的快递服务	6020*
13			**信息服务**		
	131		**信息传输服务**		
		1311	生产性固定电信服务	仅包括为生产活动提供的固定电信服务	6311*
		1312	生产性移动电信服务	仅包括为生产活动提供的移动电信服务	6312*
		1313	其他生产活动电信服务	仅包括为生产活动提供的电信增值服务	6319*

续表

代码			名称	说明	行业分类代码
大类	中类	小类			
	132		信息技术服务	制造业智能化、柔性化服务；知识库建设、信息技术集成实施、运行维护、测试评估、信息安全等服务；工业流程再造和优化服务，软件服务、生产经营数字化服务等包含在此类	
		1321	生产性互联网服务	仅包括为生产活动提供的互联网接入及相关服务	6410*
		1322	互联网信息服务		6420
		1323	其他互联网服务	云计算服务、物联网服务、农村互联网服务包含在此类	6490
		1324	软件开发		6510
		1325	信息技术咨询服务	信息安全服务包含在此类	6530
		1326	信息系统集成服务	系统解决方案服务包含在此类	6520
		1327	集成电路设计		6550
		1328	其他信息技术服务业		659
	133		电子商务支持服务	第三方电子商务综合服务平台，电子商务集成创新，开放式电子商务快递配送信息平台和社会化仓储设施网络服务，电子商务可信交易保障等服务包含在此类	

续表

代码			名称	说明	行业分类代码
大类	中类	小类			
		1331	数据处理和存储服务	电子商务平台服务、物流信息平台服务、再生资源回收和废弃物逆向物流交易平台服务、大宗商品交易平台服务、互联网信贷平台服务（P2P）和大数据服务等包含在此类	6540
		1332	互联网销售	仅包括为生产活动提供的互联网零售，以及企业间的网络营销活动（B2B）	5294*
		1333	非金融机构支付服务	互联网支付服务包含在此类	6930
14			金融服务		
	141		货币金融服务		
		1411	商业银行服务	仅包括为生产活动提供的商业银行、信用合作社服务	6620*
		1412	财务公司		6632
		1413	其他非货币银行服务	为节能减排提供的非银行贷款服务包含在此类	6639
		1414	银行监管服务		6640
	142		资本市场服务		
		1421	基金管理服务		6713
		1422	期货市场服务		672
		1423	资本投资服务	为节能减排提供的投融资服务包含在此类	6740
		1424	其他证券和资本服务		6711 6712 6790

续表

代码			名 称	说 明	行业分类代码
大类	中类	小类			
	143		生产性保险服务		
		1431	生产性财产保险	仅包括为生产活动提供的财产保险服务	6820*
		1432	生产性再保险	仅包括为生产活动提供的再保险服务	6830*
		1433	保险经纪与代理服务		6850
		1434	保险监管服务		6860
		1435	风险和损失评估		6891
		1436	其他未列明保险活动		6899
	144		其他生产性金融服务		
		1441	担保服务		7296
		1442	金融信托与管理服务		6910
		1443	控股公司服务		6920
		1444	金融信息服务		6940
		1445	其他未列明金融业		6990
15			节能与环保服务		
	151		节能服务		
		1511	节能技术和产品推广服务	仅包括节能技术和产品的开发、交流、转让、推广服务，以及"一站式"合同能源管理综合服务	7514**
		1512	节能咨询服务	仅包括节能技术咨询、节能评估、能源审计、节能量审核服务	7514**
	152		环境与污染治理服务		

续表

代码			名称	说明	行业分类代码
大类	中类	小类			
		1521	生产性环境保护监测	仅包括对生产活动产生的各类污染排放物的测试和监测服务	7461*
		1522	环保技术推广服务	仅包括环保技术的推广服务，以及清洁生产审核（非政府职能）、环境总承包服务	7519**
		1523	生产污水处理和水污染治理	仅包括为生产活动提供的污水处理和水污染治理	7721* 4620*
		1524	生产性大气污染治理	仅包括为生产活动提供的气体污染治理	7722*
		1525	生产性固体废物治理	仅包括为生产活动提供的固体废物治理	7723*
		1526	生产性危险废物治理	仅包括为生产活动提供的危险废物治理	7724*
		1527	生产性放射性废物治理	仅包括为生产活动提供的放射性废物治理	7725*
		1528	生产性其他污染治理	仅包括为生产活动提供的噪声污染、光污染等治理服务	7729*
	153		回收与利用服务	废弃物回收与资源化处理，再制造旧件回收等包含在此类	
		1531	再生物资回收与批发		5191
		1532	废弃资源综合利用业		42
16			生产性租赁服务		
	161		融资租赁服务		

续表

代码			名称	说明	行业分类代码
大类	中类	小类			
		1610	金融租赁服务	人民银行、银监会批准成立的金融租赁公司和国务院商务主管部门批准成立的融资租赁公司均包含在此类	6631
	162		实物租赁服务		
		1621	汽车租赁		7111
		1622	农业机械租赁		7112
		1623	建筑工程机械与设备租赁		7113
		1624	计算机及通信设备租赁		7114
		1625	其他机械与设备租赁	环保设备租赁包含在此类	7119
17			商务服务		
	171		企业管理与法律服务		
		1711	企业总部管理		7211
		1712	投资与资产管理	产权交易、废弃物交易、碳排放交易包含在此类	7212
		1713	单位后勤管理服务		7213
		1714	其他企业管理服务		7219
	172		咨询与调查服务		
		1721	会计、审计及税务服务	资产评估、清算服务，以及能源审计服务包含在此类	7231
		1722	市场调查		7232
		1723	商务咨询服务	物流方案策划、物流咨询、发展战略规划、营销策划、管理咨询，以及环保咨询包含在此类	7233 7239
	173		其他生产性商务服务		

续表

代码			名 称	说 明	行业分类代码
大类	中类	小类			
		1731	广告业		7240
		1732	生产性安全保护服务	仅包括为生产活动提供的保安服务、安全系统监控服务等	728*
		1733	市场管理		7291
		1734	会议及展览服务		7292
		1735	办公服务		7294
		1736	信用服务		7295
		1737	其他未列明商务服务业		7299
18			人力资源管理与培训服务		
	181		人力资源管理		
		1811	职业中介服务		7262
		1812	劳务派遣服务		7263
		1813	其他人力资源服务		7269
	182		职业教育和培训		
		1821	职业初中教育		8232
		1822	中等职业学校教育		8236
		1823	高等职业学校教育	仅包括为生产活动提供的高等职业学校教育	8241*
		1824	职业技能培训	为生产活动提高就业人员就业技能的培训服务，以及农业技术培训等包含在此类	8291
19			批发经纪代理服务	本类不包括零售服务	
	191		产品批发服务	进出口包含在此类	
		1911	农、林、牧产品批发		511
		1912	食品、饮料及烟草制品批发		512

续表

代码			名 称	说 明	行业分类代码
大类	中类	小类			
		1913	纺织、服装及家庭用品批发		513
		1914	文化、体育用品及器材批发		514
		1915	医药及医疗器材批发		515
		1916	矿产品、建材及化工产品批发		516
		1917	机械设备、五金产品及电子产品批发		517
		1918	其他未列明批发业		5199
	192		贸易经纪代理服务	国内贸易代理和对外贸易代理服务包含在此类	
		1921	贸易代理		5181
		1922	拍卖		5182
		1923	其他贸易经纪与代理		5189
20			生产性支持服务		
	201		农林牧渔服务		
		2011	农业服务业		051
		2012	林业服务业		052
		2013	畜牧服务业		053
		2014	渔业服务业		054
	202		开采辅助服务		
		2021	煤炭开采和洗选辅助活动		1110
		2022	石油和天然气开采辅助活动		1120
		2023	其他开采辅助活动		1190
	203		为生产人员提供的支助服务		

续表

代码			名称	说明	行业分类代码
大类	中类	小类			
		2031	为生产人员提供的交通服务	仅包括为生产、商务活动提供铁路、公路、水上、民航的旅客运输，以及城市公共交通运输服务	5310* 541* 5420* 551* 5611*
		2032	为生产人员提供的其他支助服务	仅包括为生产、商务活动提供旅游饭店、一般旅馆的住宿服务，以及为生产、商务活动提供的正餐、餐饮送配和机构餐饮的服务等	6110* 6120* 6210* 6291* 6299*
	204		机械设备修理和售后服务	产品设备的安装调试、以旧换新、远程检测诊断、运营维护、技术支持等售后服务，以及设备监理、维护、修理和运行等全生命周期服务包含在此类	
		2041	金属制品、机械和设备修理业		43
		2042	生产用汽车修理与维护	仅包括为生产活动提供的汽车维修和维护服务	8011*
		2043	计算机和办公设备维修	电子办公设备的三包等售后服务包含在此类	802
		2044	生产用电器修理	仅包括为生产活动提供的电器维修及其他三包售后服务	803*
	205		生产性保洁服务		
		2051	建筑物清洁服务		8111
		2052	其他清洁服务		8119

注：*表示该行业类别仅有部分内容属于生产性服务业，**表示除部分对应外，该行业类别还对应生产性服务业的其他类别。

10.1.3 特征

刘志彪（2006）认为，生产性服务业是指那些为包括服务企业在内的其他企业提供服务投入品的生产部门。该部门具有以下显著的特征：

第一，中间投入性。在投入产出的产业链上，该部门的产出是其他企业（包括服务业）的中间投入，它的营业收入就是其他被服务企业的投入成本，即计入被服务企业会计成本的服务投入，就是生产性服务业。

第二，产出的无形性。与制造业不同，在产出的形态上，该部门的产出为无形的服务产品。必须注意的是，说它无形也是相对的，如科研劳动需要消耗实验材料、仪器设备、电脑、电力等，产出的知识以图书、论文、磁盘、软件、专利等形态存在，它们也具有一定的物质性。

第三，知识技术密集。在产业活动的内容上，由于该部门的生产活动需要消耗或投入巨大的脑力劳动，因此其产出中含有丰富、密集的人力资本，该部门是把知识、技术、技能和人力资本带入商品（服务）部门生产的飞轮。

第四，报酬递增性。从成本收益看，该部门具有高固定成本、低边际成本的投入性质，因此属于报酬递增的产业部门。最典型的是软件生产活动。第一份软件的生产成本几乎是前期投入的全部固定成本，但是后续批量化生产的软件的边际成本几乎为零，由此其生产随规模增大而出现报酬递增。

第五，高度的差异性。在生产同一服务的同类厂商中，其产品品质因人力资本投入水平的差异，会表现出巨大的差异，这是生产性服务业的重要特征之一。产出之间的差异不是用物理性质衡量，而是由使用该服务的厂商心理感觉和主观评价所决定。心理感受和主观评价影响服务需求，品牌在整个产业的生存发展过程中起决定性作用。

第六，高进入壁垒性。对服务的理解以及服务文化的差异，构成了现代生产性服务业最大的进入壁垒与障碍。中国服务企业想进入国外的服务市场，如果对当地居民和企业的文化没有深刻的了解和理解，要"走出去、走上去、走进去"是根本不可能的。同理，外国服务企业进入中国服务市场往往也要通过本地化雇佣等手段，来适应复杂的中国企业文化。

10.2 生产性服务业发展的基本规律

10.2.1 生产者服务比重上升规律

配第、克拉克、库兹涅茨等早期学者曾提出了三次产业演化规律，其中的重要结论是，在经济发展到一定阶段之后，第三产业所创造的国民收入所占比重和吸纳劳动力所占比重都会呈上升态势。但由于受其所处经济发展阶段的局限，他们并没有涉及到在服务业内部的进一步演化规律，而"生产者服务比重上升规律"正是三次产业演化规律的拓展与深化。

统计研究发现，在服务业当中，消费者服务的比重呈上升趋势，但上升的速度非常平缓；社会公共服务的比重则呈逐步下降趋势，而生产者服务的比重则呈明显上升态势。分析其中原因发现，消费者服务比重的平缓上升，主要是与居民收入水平的增加难度较大以及消费者需求从长期来看的渐进式变化有关。毕竟，消费者服务的增长与居民收入的增加是呈正相关的，而消费者需求的突变也多发生在非常时期。社会公共服务比重的稳步下降，主要与社会公共服务民营化趋势的日益增强，从而导致政府所提供的社会公共服务的范围与内容日趋减少直接相关。而生产者服务比重的明显上升，则有两方面原因：一方面，社会专业化分工的不断深化与泛化，必然引发生产者服务从制造业当中逐渐外部化（或垂直分离）出来，从而实现社会化、市场化与专业化发展；另一方面，经济服务化趋势的日益显著与知识经济的日趋增强，必然会引致出对人力资本、知识资本密集的生产者服务的越来越大的市场需求。在需求导向型的市场经济条件下，需求的增长自然会引发生产者服务业的发展。若从微观机理上进一步剖析，则是由于消费者对商品和服务种类的更多需求，触发了生产者服务业的快速发展与地位的日益凸显。因为对商品和服务的多样性需求必然导致对每一种商品和服务的需求减少。那么，生产者如何来应对消费者对商品和服务的这种低量却又多品种的需求呢？通常，它们是通过增加对专业化的、中间投入的零部件和服务的需求，以及采取新的组织结构来适应消费者需求的这一改变。因此，在需求导向型的市场经济中，消费者需求的改变才是生产者服务业快速增长并由此带来其比重日益提高的最基本原因。

10.2.2 生产者服务要素依赖演变规律

生产者服务业发展是一个逐步深化的过程，同时也是所依赖的生产要素逐渐演变与升级的过程。早期的生产者服务内容比较简单，一般只需要具备简单劳动能力的人便可以胜任，比如保洁、门卫等简单劳动密集型的生产者服务。而现如今需要高技能与技巧的服务，大部分生产者服务都需要投入大量的人力资本、知识资本和技术资本。因此，其产出中包含有大量的人力资本和知识资本成分。

正因为生产者服务的要素依赖从简单劳动逐步转向劳动技能与技巧，再到人力资本和知识资本，因此，生产者服务业的成长与发展过程是一种资本深化的过程。只不过这里的资本不只是物质资本，还包括更多的人力资本、知识资本这样的新型资本。就是因为其投入中包含有大量的人力资本和知识资本，所以其产出中才有更多的知识资本和人力资本含量。因而加拿大学者格鲁伯和沃克（1989）才得出如下结论：生产者服务是把社会中日益专业化的人力资本、知识资本导入到商品和服务生产过程的飞轮，它在相当程度上构成了这些资本进入生产过程的通道。因此，它才能够提高商品和服务生产过程的运营效率、经营规模以及其他投入要素的生产率，并同时增加其产出价值。根据经济学奥地利学派的观点，资本深化过程的典型特征就是伴随有生产的迂回性和专业化的增强。而生产者服务业的成长与发展，无疑是这一观点的现代版例证，因为它本身就是生产迂回性增强与专业化分工深入的重要内容，同时它又伴随着现代新型资本——人力资本和知识资本的深化，而且这一深化过程本身还带有专业化增强的特征。

10.2.3 生产者服务地理集中与集聚规律

世界城市理论假设在经济全球化背景下，世界性城市已经成为全球经济运行中的指挥和控制中心。一个世界性城市的经济结构由该城市在世界城市体系中的功能所决定。其中一个特别重要的现象是生产者服务业的增长，它已经成为带动世界性城市经济发展的主导产业部门。这种主导性功能已经被大量的实证研究所证明（甄峰等，2001）。研究显示，生产者服务，特别是APS，在地理上越来越表现出集中与集聚的发展趋势，且集中的地点大都是大城市的某一区域。如很多发达国家的大城市中心区都已成为跨国公司总部和银行、保险、营销、法律与管理咨询等生产者服务业高度集中的地区，成为协调全国乃至全球生产的指挥和控制中心。同时，在过去20年中，包括银行、信托、保险、会计、法律和管理咨询、广告等市场营销在内的生产者服务业，也已成为发达国家城市发展最迅速的行业，形成了所谓的CBD地区。这种CBD地区的形成对提升城市价值和增强现代城市的功能无疑具有不可替代的作用。

从理论上分析，生产者服务业集聚的动力不仅包括共享基础设施、节约运输成本等静态集聚效应，更多地还包括获取有利于技术和知识的创新、传播等动态集聚经济效应。具体来说，原因主要包括四个方面：①出于关键性投入要素（人才）的可获得性和信息、知识获取、更新与交流的便捷性考虑。大中城市是科研院所云集、高中级人才最为集中也是最为向往的地方，同时也是各种知识和信息的交会中心。由于生产者服务是人力资本、知识资本高度密集型行业，因此，为了保证其关键性生产要素的可获得性与便捷性，在空间布局上必然会选择人才较为集中的大中城市作为其主要的落脚地。再者，生产者服务很多都是强调创新与创意的行业，因此，前沿信息的及时跟踪以及与同行企业或关联企业间的沟通与交流，对行业发展也是至关重要的，而向城市集聚显然有助于达到这样的目的。②为了更为方便地接近目标客户，降低需求双方的交易成本。大中城市是公司总部较为集中的区域，也是决策权相对集中的地方。生产者服务在区位上选择大中城市，既可以极为便利地接近自己的目标客户，同时也可以通过提供百货商场式的生产者服务而减少服务需求方的搜寻时间与成本，从而通过外部规模经济而达到降低交易费用之目的。③政府的事后调节与政策引导也是重要原因。虽然生产者服务的集聚起初具有相当的偶然性，但是，政府适应这种需求而进行的事后调节与政策引导，又会进一步促使其在特定区域的集聚。④制造业的集聚式发展也是生产者服务业集聚的重要原因，毕竟，制造业是生产者服务的重要需求对象。

10.2.4 生产者服务外化与外包规律

外包（outsoureing）或外化（externalization），就是指企事业单位或政府部门把原来由内部提供的生产者服务转化为从外部专业市场购买，来满足其需求的过程。这一过程在产业组织理论当中也叫垂直分离（vertical-disintegration），实质上这也是社会专业化分工深化与泛化的一个表现。究其原因，主要存在如下一些激发生产者服务外化的因素：

成本—效率因素。企业从外部专业市场购买生产者服务，往往比内部直接提供具有更低的成本、更高的效率。企业可以减少工资、福利和资本方面的支出（Tschetter，1987；Goe，1991），促使企业组织变革、收缩活动范围以集中于它更具效率的核心业务的需要；可以利用生产者服务业企业所具有的规模经济性来实现成本节约（Coffey 和 Baily，1990）；有的还可以把相关的成本风险转移给独立的生产者服务企业；也有的是出于互补性约束的考虑（Stigler，1951），亦即企业在需要的时候缺乏在内部生产所必需的金融资源，并且（或者）它们缺乏所要求的效率或者一定质量水平下所必需的金融资源。

非金融性资源因素。外部化可能是由知识资源的缺乏所激发的，也就是说，外部化可能是企业为了获取它们自己并不拥有，而生产者服务企业所拥有的专有知识或专门技术（Gillespie 和 Green，1957；Perry，1990）。毕竟，生产者服务的功能随其劳动中所包含知识的专业化程度而不同，有的服务，如法律、工程技术或者投资银行业都涉及高度专业化的知识。如果企业内部并不具备足够的生产能力，那么外部化便是可行选择。这里的外部对外包企业的内部生产能力起到了一种增加或者补充的作用。

需求特征。企业对不同生产者服务的需求可能随其需要得到满足的时间结构而变化。通常认为，只有存在充足的需求以保证内部生产能力可以充分利用时，或者说，只有对该服务的需求足以降低生产成本时，企业才会由内部提供生产者服务。而当需求水平不是很大，从而无法使很大的生产能力得以充分利用，金融资源也难以有效利用时，生产者服务便会被外部化；当需求是零星的且又不可预测时，企业也会外部化其生产者服务（Coffey 和

Bially, 1990)。

功能特征。外部化也可能是由于功能的专业化程度和技术复杂程度的提高而产生（Perry, 1990）。如果对生产专业化程度和技术复杂程度较高的生产者服务的即时需求变得越来越广泛时，企业便可能会因为所需知识资源供给较为有限而难以实现内部供给，只能通过外部化来解决。显然，这也为专业化生产者服务企业的形成和生产中规模经济的利用提供了很大空间。当然，那些对企业具有重要战略意义的服务，特别是那些涉及企业特有信息的服务，通常是不大可能外部化的。不过，Cohen（1981）又指出，如果由生产者服务所提供的专业化知识能够使企业更容易地适应经济条件的不确定变化，而这些服务对于外包服务的企业来说，无疑是具有重要战略意义的，那么也会实行外部化，虽然这可能涉及到企业的特定信息。

规制因素。把政府的规章条例日益应用于企业活动的各个层面也增加对生产者服务的需求，如会计、法律服务和保险。在有些情况下，政府规制可能要求一定的生产者服务，例如财务审计，由独立的企业来提供。在其他情形下，法律规制则通过上面提到的一个或者几个因素，对外部化起到了刺激作用。

10.2.5 生产者服务垄断竞争规律

生产者服务业兼具垄断和竞争行业的双重特质。一方面，生产者服务本身是一种同类但又不同质的差别化产品。虽然不同企业可以提供相同类型的生产者服务，相互间构成近似替代品，但是，服务本身的产业特性，又决定了它们不可能是完全替代品。首先，服务这种特殊产品在产业组织理论当中是一种"经验性商品"，而不是"搜寻性商品"（UNCTAD, 1989），在购买之前很难辨别其质量高低；其次，生产者服务的供给本身是一种个性化生产，而不像很多工业产品那样，是一种大规模大批量的标准化生产。它们多是针对特定客户的个性化需求而专门提供的，有的甚至直接就是"量体裁衣"式的"定制化"生产。因此，差异化是生产者服务的基本属性。正因如此，生产者服务企业所面对的并不是完全竞争条件下的水平需求曲线，而是一条向右下方倾斜的需求曲线。也就是说，当一个企业提高其产品价格时，虽然会失去一些顾客，但绝不会失去全部顾客。这便意味着生产者服务企业像垄断行业的企业一样，对自己产品的定价具有一定的控制能力，只不过它的市场势力是相对有限的，而不像完全垄断厂商那么强大。

另一方面，除了原先一些国家垄断性的服务行业，如金融、电信等之外，生产者服务业在很多方面又非常类似于完全竞争行业。第一，生产者服务行业中有大量"小"企业在竞争。其中，每一个企业的市场份额都还没有占到支配地位，因而对市场价格的影响力十分有限，所以，各企业都把其他企业的价格视为既定；同时，企业也只需要对平均的市场价格保持敏感性，而不用特别注意每一个个别竞争对手的价格行为。此外，由于企业数量较多，因此勾结往往也是不太可能的。第二，由于同类产品的产品差异不是根本性的，因此，企业之间仍然是可以竞争的。第三，企业进入与退出虽然存在一定的壁垒，但还是比较自由的，因此，不能获得长期的经济利润。原因是：当企业获得经济利润时，新企业就会进入该行业，从而降低价格，并最终消除经济利润；当出现经济亏损时，一些企业便会离开该行业，因而提高价格、增加利润，并最终消除经济亏损。所以，在长期均衡时，企业既不进入也不离开该行业，该行业中企业获得零经济利润。

10.3 中国生产性服务业发展

10.3.1 数据获取

对于生产性服务业，国家统计局只是在 2015 年公布了其统计分类范围，包括金融服务、生产性租赁服务等十大类，并没有公布相对应的详细统计数据。在没有相应详细统计数据时，在计算其增加值时一般可以利用投入产出表进行计算，2016 年 11 月国家统计局、工业和信息化部、财政部、海关总署、国家邮政局、中国铁路总公司联合下发了《国家统计局等关于认真做好2017 年全国投入产出调查工作的通知》（国统字〔2016〕162 号），2017 年投入产出调查仍在进行中，投入产出表只有 2012 年版本，不能反映中国生产性服务业发展状况。根据世界投入产出表数据库 WIOD（World-Input-Output-Database），世界银行 2016 年最新更新了世界投入产出表，根据其关于中国的投入产出数据，整理出中国服务业与生产性服务业数据，其中由于国际标准产业分类的变化，1995~1999 年数据与 2000~2014 年数据在生产性服务业分类方面有一定差异如表 10-3、表 10-4 所示，根据最新国际标准产业分类关于生产性服务业的界定以及国家统计局 2015 年关于对国民经济行业分类中符合生产性服务业特征有关活动的再分类的结合，最终核算中国生产性服务业的数据。

10.3.2 生产性服务业规模

从表 10-5 可以看到中国生产性服务业增加值变动情况，1995~2014 年，中国生产性服务业从 1491 亿美元增长到 28058 亿美元，增长 18.8 倍，年均增长为 15.8%。从生产性服务业占服务业比重看，由 62.36% 下降到 58.77%，尤其是 2007 年后，生产性服务业比重持续稳定在 58% 上下。生产性服务业增加值占服务业比重变化如图 10-1 所示。

10.3.3 生产性服务业结构

根据表 10-3 可以看出，批发贸易占服务业比重为 29.64%，比重最大，依次为除保险和养老基金外的金融服务活动为 20.55%、陆上运输与管道运输为 10.94%、电信为 7.45%、法律和会计活动总公司的活动管理咨询活动为 7.36%，从服务业结构状况看，中国生产性服务业仍然是以为其他产业提供商品、资金流、物流等传统服务为主，科研开发、计算机服务仅占 1.31% 和 2.22%，比重相对较低。

表 10-3 2000~2014 年生产性服务业规模与结构情况

单位：百万美元

年份	批发贸易，除机动车辆和摩托车外	零售业除外，机动车辆和摩托车除外	陆上运输与管道运输	水运	航空运输	运输仓储和支持活动	邮递活动	电信	计算机程、咨询及相关活动；信息服务活动	除保险和养老基金外的金融服务活动	除强制社会保障外，保险、再保险和养老基金	法律和会计活动；总公司的活动；管理咨询活动	科研开发	其他专业、科学和技术活动；兽医活动	行政和支助服务活动	污水收集，废物处理活动，材料回收；补救活动和其他废物管理服务	生产性服务业合计
2000	81657.86	16893.01	45371.97	17899.83	5411.785	1301.683	2092.145	19464.51	2817.122	44361.42	5003.293	14995.24	2462.821	7111.842	423.3837	5130	272397.9
2001	91292.65	18886.21	50625.64	19972.47	6038.422	1452.407	2334.397	23780.39	3441.766	47266.63	5330.957	18320.16	3008.905	8688.76	517.2611	6160	307117
2002	100059.9	20699.94	55235.1	21790.97	6588.22	1584.648	2546.943	28434.84	4115.41	50081.57	5648.44	21905.89	3597.826	10389.38	618.5026	7271	340568.6
2003	111814.5	23131.67	57503.91	22173.92	6404.162	4026.285	2596.259	35710.9	5333.047	54343.26	5937.131	27148.87	4451.175	13445.01	1452.106	7277	382749.2
2004	124672.3	25791.64	66627.94	25084.75	6878.657	7502.766	2942.639	47218.12	7273.21	58925.88	6230.961	35408.9	5794.852	18312.42	2829.756	8125	449629.8
2005	141238.4	29218.76	76008.47	27893.52	7207.929	11892.55	3278.829	55255.61	8775.596	67397.97	6891.743	40854.06	6673.179	22067.5	4396.221	8470	517520.4
2006	171800.3	35541.26	87857.1	31385.32	7571.207	17720.65	3697.472	66995.35	10966.71	92451.98	9133.191	48814.65	7957.431	27544.28	6670.701	8947	635054.6
2007	228114.1	47191.21	108668.4	37727.13	8394.565	26988.84	4455.327	84638.32	14275.39	148102.1	14120.68	60743.42	9881.01	35813.08	10153.6	9383	848650.1
2008	312333.1	64614.05	138490.9	40475.48	10666.72	32485.96	6395.951	100274.4	20527.06	196175.3	17810.91	79475.95	13366.61	48504.97	14515.89	8274	1104387
2009	351555.2	72728.14	149304.4	36024.77	11467.95	33111.47	7613.815	102383.5	25322.71	239429.6	20656.79	90215.77	15652.18	56860.81	17823.31	8136	1238286
2010	437527.4	90513.68	178512.1	34602.25	13676.16	37462.25	9902.797	109811.8	32780.38	286491.9	23434.03	108440.5	19369.38	70434.09	22982.96	8578	1484520
2011	557235.9	115278.4	219334.8	42515.22	16803.67	46029.26	12167.4	134860.4	40257.73	357132.2	29212.16	133176.3	23787.62	86500.42	28225.48	10117	1852634
2012	648377.6	134133.4	246757	47830.65	18904.53	51784.02	13688.62	158901	47434.18	420622.2	34405.42	156916.7	28028.07	101920.2	33257.03	10952	2153913
2013	746178.3	154366	275567.3	53415.15	21111.75	57830.1	15286.85	183986.9	54922.67	501680	41035.67	181689.3	32452.89	118010.5	38507.36	12681	2488722
2014	831779.4	172074.7	306858.4	59480.54	23509.02	64396.81	17022.7	209001.9	62390.03	576700.7	47172.1	206392	36865.23	134055.3	43742.86	14405	2805846
比例	0.296645029	0.061327208	0.1093639	0.0211988	0.0083786	0.0229509	0.0060669	0.074488	0.0222357	0.2055354	0.0168121	0.0735579	0.0131387	0.0477771	0.0155899	0.0051339	1.0000001

资料来源：世界投入产出表数据库 WIOD。

表 10-4 1995~1999 年生产性服务业规模与结构情况

单位：百万美元

年份	批发贸易和佣金贸易，机动车辆和摩托车除外	零售业，除机动车辆和摩托车外，和家庭用品修理	内陆运输	水运	航空运输	其他支持和辅助运输活动；旅行社活动	邮电通信	金融中介	租赁及其他商业活动	生产性服务业
1995	47414.91	9808.98	26248.27	1892.594	2517.201	6894.694	6203.039	33512.07	14692.1	149183.8584
1996	55807.46	11545.19	30747.51	2217.005	2948.677	8076.52	8076.441	38630.14	17795.28	175844.229
1997	63243.72	13083.57	33837.81	2439.827	3245.036	8888.257	10591.28	43508.38	22105.48	200943.3648
1998	69190.94	14313.91	37210.41	4830.866	3650.433	8791.534	13475.16	44664.11	26422.13	222549.4846
1999	74980.85	15511.7	40367.47	7682.627	4053.335	8420.313	16665.14	46102.82	30725.74	244510.0027

资料来源：世界银行 WIOD。

表 10-5　中国生产性服务业增加值　　　　　　　单位：百万美元

年份	生产性服务业	服务业	比重
1995	149183.8584	239242.0625	0.623569
1996	175844.229	280568.0391	0.626744
1997	200943.3648	325558.0327	0.617227
1998	222549.4846	369381.4309	0.602492
1999	244510.0027	409191.2293	0.597545
2000	272397.9164	472771.3341	0.576173
2001	307117.042	542128.1062	0.566503
2002	340568.6079	610129.5723	0.558191
2003	382749.2075	683909.3019	0.559649
2004	449629.8087	788141.6178	0.570494
2005	517520.3515	922859.7535	0.560779
2006	635054.5906	1119671.64	0.567179
2007	848650.1481	1473516.356	0.575935
2008	1104387.237	1899175.794	0.581509
2009	1238286.332	2175161.183	0.569285
2010	1484519.677	2572937.875	0.576975
2011	1852634.004	3186603.783	0.581382
2012	2153912.633	3685829.171	0.584377
2013	2488721.591	4258923.598	0.584355
2014	2805846.436	4774689.616	0.58765

资料来源：历年《中国统计年鉴》。

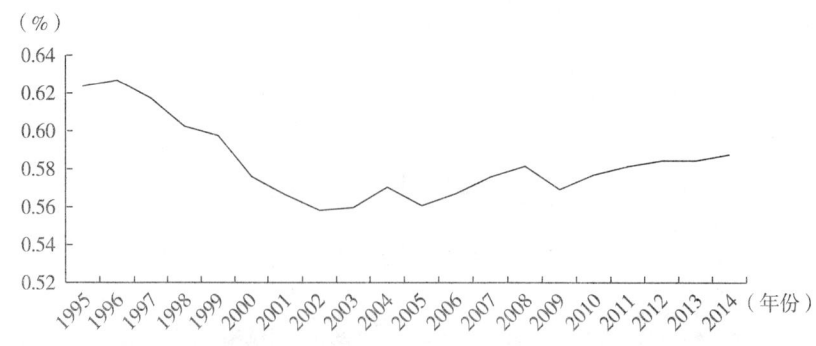

图 10-1　生产性服务业增加值占服务业比重

拓展阅读

生物 3D 打印将掀起一场医疗领域颠覆性革命[①]

毫无疑问，3D 打印技术（3D printing）作为一项划时代的发明，正在潜移默化地改变整个世界。而作为跨界领跑者，它成功引起了医疗领域科研巨头的注意，众多科研者也对此技术情有独钟。从 3D 打印器官、假肢，再到与人类健康息息相关的药物打印，无不标志着未来医疗发展的新方向。

1. 3D 生物打印的实质

与传统的减材制造工艺不同，3D 打印作为新兴的一种快速成型技术，以数据设计文件为基础，将材料逐层沉积或黏合以构造成三维物体的技术。起初该技术只是被用于快速制造工业部件，而当其遇到了生物学则势必会碰出新的火花，3D 生物打印就此应运而生。

因而，在 3D 生物打印过程中，研究者会以计算机三维模型为基础，通过软件分层离散和数控成型的方法，定位装配生物材料或活细胞，制造人工植入支架、组织器官和医疗辅助等生物医学产品。

换言之，3D 生物打印所使用的原料是生物墨水，而非传统的塑料材料。研究者会从人体骨髓或脂肪中提取的干细胞，再以生物化学手段将其"改造"（分化）为不同类型的其他细胞后，封存为"墨粉"。

当启动 3D 生物打印机时，电脑建模程序会设计出需要打印的器官剖面图，来精准指导随后的打印过程；而后"墨粉"将通过打印头聚拢在事先设计好的生物相容性材料上，按照一定的图案来逐渐形成打印器官的雏形，构建活体组织。

众所周知，细胞素来娇贵，对生长环境条件要求苛刻，非无菌条件不住；环境的温度、湿度稍不满足其心意，就会闹脾气（生长不良）甚至以死相威胁。为此，3D 生物打印机需被置于生物安全柜中进行无菌操作，同时须确保适宜的温度和湿度以避免细胞死亡。

[①] 摘录自解螺旋——临床医生科研成长平台。

考虑到构成人体不同组织的每个细胞类型都需要一个独特的机械环境，即需要通过独特的结构支撑来正常运转其功能，比如骨骼是一种具有抵抗力和脆性的物质，心脏的肌肉是有弹性的、坚韧的组织，而像肝脏这样的内部器官是柔软的和可压缩的。现阶段很多研究者都致力于找到一种可在3D打印机操作的生物相容性材料，使其对细胞造成的伤害降到最小。

最新的研究表明，从海藻中提取的新材料可在不同的环境中对人体干细胞进行3D生物打印，而且不会对细胞造成损害，为复杂组织结构的打印铺平了道路。

2. 3D打印器官带来的希望与挑战

虽然现有的3D生物打印技术的研究还处于早期阶段，但是其发展前景已经备受大家瞩目，尤其是在医疗领域，该技术甚至有望彻底改变临床器官移植的情况。

长久以来，很多患者等待着可与其相匹配的捐献器官，而由于器官移植需求与可供移植器官之间存在着巨大的缺口，使得很多患者最后只能在漫长而无望的等待中走向死亡。3D生物打印技术的出现，则为这些患者带来了巨大的希望。澳大利亚每年有1500名接受器官移植的患者希望通过3D打印生物组织来替代器官移植，为他们提供一个新的解决方案。

尽管目前为止生物3D打印技术已实现了体外手术模型和人体类器官的打印，但是却还没有发展到可以替代人源器官的程度。而且是即便人体类组织，也只是组织结构相似，而不具备组织的功能。就拿皮肤来说，看起来薄薄的一层，但其功能很多，除了保护身体功能之外，还有感觉、调温、出汗等功能，如果打印出来的皮肤不具备这些功能也是不行的。

而3D打印活体器官之所以最具有挑战性，是因为从技术层面来说，至少需要克服三个挑战：①需要解决打印过程中细胞能否存活、能否发育、能否变异甚至肿瘤化的问题。②3D生物打印机必须满足生物仿生对制造精度、准确性的极高要求。③组织及器官是由多材料及多细胞组成的非均质体系，对制造学要求也极高。

目前，科研人员正在加紧攻克这些技术难题。一些如皮肤等相对简单组织的打印过程已经有所进展，该技术的下一阶段就需要与神经、血管和淋巴管进行整合，以便与宿主系统结合，为后续创造出移植器官，如肾、肺、心脏或肝打下基础。

虽然 3D 打印技术在实验室里已取得了相应成功，但这并不意味着很快就能实现产业化，因为打印出的组织在确保其安全性、有效性之前，还需要大量的实验验证。据估算，一个用于组织修复的 3D 打印产品从研发到上市，大致需要 5~6 年时间。

3. 3D 生物打印在新药测试中大显身手

众所周知，凡是新药研发，若不经过九九八十一难，是很难真正走向上市之路的。目前若只以现有的方法将新药从最初的实验室研究推向市场，不仅要耗时十多年之久，还需要花费将近 25 亿美元。

有时即便研发过程中已经确定了新的候选药物，但是该药物能获得监管部门批准的可能性也是非常低的，以 2016 年为例，获得批准的药物还不到 10%。甚至新药都已经走向人类临床试验了，但是根据药物分子的类型、试验参与者的疾病症状以及死亡情况，其上市可能性也只处于 10%~15%。

而这些药物上市失败的主要原因在于对人类的药效较差，尽管它们在动物实验上疗效奇佳。动物实验与临床试验之所以脱节是因为物种之间存在不同生理学：啮齿动物和其他试验动物在许多关键方面与人类相较而言是非常不同的。

而 3D 打印技术可打印出肝、肾或心脏肌肉等更为复杂的 3D 模型，更适合用于新药测试和识别。目前很多跨国制药公司已经将该模式用于新药研发过程中。

虽然研究中动物模型必不可少，但是美国 FDA 以及其新任主管已经开始考虑整合药物安全和功效评估的替代品。目前将生物打印组织用于药物研发已经得到科研者的广泛承认，并获得了澳大利亚的基金申请机构和全球资助项目的基金支持。

4. 3D 打印，动物实验的终结者

2013，欧洲联盟通过了一项新的法律，禁止在其领土内通过动物来测试化妆品的效果，以及禁止使用国外一些以动物试验为检测基准的零售化妆产品。

而这项法律法规无疑加速了基于人体的 3D 皮肤模型的开发，该模型可用于测试新的化妆品配方。由此可见，3D打印技术的可行性以及该技术对实验动物数量的减少，成为了这项法规通过的重要原因。而类似法规在澳大利亚也是适用的。

总之，其他行业的这种显著变化，再加上科学技术的日新月异的进步，使得3D生物打印技术自然而然地成为检测出有效新药的一种更快更廉价的方法。

本章小结

生产性服务业是国家核心竞争力的体现，其发展水平直接决定了服务业增长与制造业转型升级，生产性服务业是把社会中日益专业化的人力资本、知识资本导入到商品和服务生产过程的飞轮。关于生产性服务业的内涵与外延，核心在于中间投入，当一种服务用于三次产业实物与服务生产的中间投入，我们将其界定为生产性服务业，同时当中间投入比例达到50%，我们认为该产业是属于生产性服务业。生产性服务业在其发展的过程中呈现要素依赖、比例提高、垄断竞争、地理集聚等规律。依据世界银行WOID投入产出表，不难发现中国生产性服务业规模不断增长，其产出比重占服务业稳定在58%上下。

学术观察

（1）生产性服务业国际比较。

（2）生产性服务业的全要素生产率。

参考文献

[1] 刘志彪．论生产者服务业发展的基本规律 [J]．中国经济问题，2006（1）：3-9．

［2］吕政，刘勇，王钦.中国生产性服务业发展的战略选择——基于产业互动的研究视角［J］.中国工业经济，2006（8）：5-12.

［3］刘叶，刘伯凡.生产性服务业与制造业协同集聚对制造业效率的影响［J］.经济管理，2016（6）：16-28.

［4］赵伟，郑雯雯.生产性服务业、贸易成本与制造业集聚：机理与实证［J］.经济学家，2011（1）：67-75.

11 服务外包

随着经济全球化的发展和高技术在产业领域中的渗透，全球资源的整合和市场格局的竞争更加激烈，服务外包产业蓬勃发展。

11.1 服务外包概述

外包（outsourcing）一词来源于美式词汇，它的出现最早可以追溯到 1981 年的《牛津词典》。正式将该词使用在企业的经济活动中则是 GaryHamel 和 C. K. Prahalad 在 1990 年《哈佛商业评论》发表的《企业的核心竞争力》这一论文。外包的词面意思是指企业从外部寻找专业化资源，作为降低成本、提高效率、充分发挥自身核心竞争力和增强自身对环境的应变能力的一种企业经营管理方式。

服务外包业是现代高端服务业的重要组成部分，具有信息技术承载程度高、附加值高、能源消耗低以及国际化水平高等特点。它首先体现的是互联网和 IT 技术对原有生产关系的新变革，是一轮新的国际大分工和产业转移的新方式。随着新一代信息技术、生物技术、地理信息技术等新生高技术与 IT 技术的融合，产生了众多的服务外包产业的新业态和新模式，尤其是近些年以大数据、物联网、云计算为代表的新一代信息技术正在加速与传统产业融合发展，推动服务外包模式创新，提高服务效率。数字化、智能化和融合化等成为服务外包产业的新特点。在技术创新推动下，服务外包开始向高端化和多元化发展，成为全球资源优化配置的重要力量，也是各国参与全球分工的新途径。

11.1.1 服务外包概念

《商务大辞典》（Business：The-Ultimate-Re-source），把服务外包定义为：依据议定的合约中标准、成本和条件，把原先由内部提供的服务转移给外部组织承担的经济活动。毕博管理咨询公司认为服务外包就是以信息技术为依托，将有限资源专注于其核心竞争力，利用外部专业服务商完成企业内部的工作。巴塞尔委员会（2004）认为服务外包就是企业在持续经营的基础上，将部分应由自己从事的业务，利用第三方来完成。陈非（2005）认为"服务外包是指企业将原来在内部从事的服务活动转移给外部企业去执行的过程"。江小涓（2008）认为服务外包在本质上是人力资本合约和劳务合约的统一，是人力资本配置的方式。

在本文对服务外包进行界定之前需要对服务外包的契约进行说明。契约是一组承诺的集合，这些承诺是签约方在签约时作出的，并且预期在未来（契约到期日）能够被兑现。完全契约是指这些承诺的集合完全包括了双方在未来预期的事件发生时所有的权利和义务。买方和卖方签订契约，完全规定了卖方应向买方提供的产品或服务的性能和特征，以及买方应向卖方支付的数额及形式和双方违约时的惩罚措施等，则此契约就是完全的。但是，现实中的绝大部分契约都是不完全的，这是因为签约方在事前对未来所作的预期仅仅是基于双方的主观评估，未来所面临的不确定性在本质上是不可预期的。外包合同尤其是服务外包合同通常具有经济学意义上的不完全契约的属性，有关服务内容、标准和要求难以在 SLA（service-level-agreement）准确无误地事先陈述，需要在服务提供过程中通过不断讨论沟通逐步清晰化。

本书的一个主要的研究视角是产业组织视角，研究企业组织、市场组织、网络组织在资源配置中的作用及相互关系。所以本书认为应将外包看作一个从企业内部合约转向外部市场合约的过程，即重新划定市场和企业边界，这是一个典型的"科斯问题"。科斯在《企业的性质》中指出"为了确定企业的规模，我们不得不考虑市场成本（即使用价格机制的成本）和不同企业家的组织成本，而后我们才能确定每一个企业生产多少种产品与每一种产品生产多少"。科斯认为既然市场机制能够有效配置资源，为什么还会存在企业，科斯的解释是，市场机制并不免费，存在交易费用。

由于服务的特点，无论是市场合约还是企业合约，都不能有效使用人力资本，服务外包应运而生。服务外包的特点是：发包企业对接包企业中的人力资本没有控制权，但对这些人力资本提供的劳务活动保持着类似于企业内部的控制权，许多细节可以在执行过程中不断调整变化。因此，服务外包的本质是人力资本市场合约和劳务活动企业合约的统一，兼取两种合约的优势。通过服务外包，提供服务的劳务被内置于企业生产经济活动整体流程之中，企业控制着劳务使用的细节，降低了市场交易成本；同时，提供劳务的人力资本并不进入企业内部，降低了内部组织成本。两者结合，同时降低了企业合约和市场合约的成本，提高了资源配置效率。人们常常提及的客户服务外包、数据处理外包等都是典型案例。从合约角度看，服务外包与制造外包的本质不同。制造外包中，人力资本及其提供的劳务都移出企业，转为市场合约。服务外包中只有人力资本改为市场合约，但其提供的劳务活动仍然融合在企业整体活动之中。例如，一些大型软件接包企业有大量专业化程度很高的员工，当接到一项软件开发业务时，企业就选择合适员工组织成一个团队，在从事这项业务期间，这些员工仍然是接包企业的员工，但其工作由发包企业安排和控制。本书的研究采用江小涓（2008）对服务外包的定义，服务外包在本质上是人力资本合约和劳务合约的统一，是人力资本配置的方式。

11.1.2 服务外包的分类

服务外包产业规模近年来发展速度很快，业务种类日益细化，与各行各业的联系更加紧密。学术界和业界对服务外包分类的方法有多种，在参考了NASSCOM（印度软件和服务业企业行业协会）产业分类方法，并借鉴麦肯锡、GARTNER、IDC、A. T. Kearney等国际专业咨询机构以及理论界对于服务外包产业的分类，基本观点有以下几种：

（1）按照服务产品是否跨境交付进行分类。

判断服务产品的发包方和承接方是否在同一国家范围内，服务的提供是否跨越国界，可分为在岸外包、离岸外包和近岸外包。在岸外包（Onshore-

Outsourcing 也称为境内外包),是指发包方企业将本应由自己完成的业务交由国内的服务供应商来完成的经济活动。离岸外包(Offshore-Outsourcing)是指发包商与其接包商来自不同国家,服务的提供和使用跨国界完成。其本质原因是国家和地区间劳动力成本的差异,企业为了寻找成本上的竞争优势,在全球范围内进行资源配置的方式。发包商通常是劳动力价格较高的国家,例如美欧、日本等发达国家。接包商往往是劳动力成本较低的国家,如印度、中国、菲律宾等发展中国家,出于发包国家和接包近岸外包是指发包方和接包方的企业分别属于地理上邻近的国家,这些国家在语言、文化背景、商业惯例、地缘联系上有很大的相似性和融合性,在服务提供的过程中争议性的交易成本较低。例如,爱尔兰为西欧国家提供外包性服务;墨西哥为美国提供外包性服务。这些跨境的服务外包都是充分利用发展中国家的人力资源进一步降低成本。

近年来在离岸外包中出现了新的情况,发包方不同于传统外包,它由发展中国家而不再由发达国家发起,我们将这种外包定义为逆向外包。将逆向外包概念进行一般化定义如下:它是指由传统的低劳动力成本的国家(包括发展中国家、不发达国家)作为离岸服务外包发包方,为了某种目的(譬如,完成来自客户国企业离岸外包任务和交付业务;开拓国外市场;降低成本;满足国内市场需求;创新产品等),采取直接雇佣他国专业技术人员、在他国建立子公司、离岸中心和并购他国企业等的一种战略活动。这个一般化定义突出了逆向外包的两个重要特征:一是它表明逆向外包的离岸服务外包属性。也即,逆向外包不是制造业外包,而是服务业外包;逆向外包不是在岸外包,而是离岸外包。二是它强调逆向外包的发包方必须是非发达国家,而作为接包方的国家类型则不必限制。也就是说,当且仅当是非发达国家作为外包的发包方开展的离岸服务外包,它才应该属于逆向外包。

(2) 按照服务外包业务的种类进行划分。

按照服务外包业务的具体内容可以分为信息技术外包(Information-Technology-Outsourcing,简称ITO)、业务流程外包(Business-Process-Outsourcing,简称BPO)、知识流程外包(Knowledge-Process-Outsourcing,简称KPO)。

ITO 是指企业将全部或部分的信息技术服务业务交由专业化的外部供应商完成，以 1990 年 Kodak 公司将其大部分的信息技术职能（IT）外包给 IBM 公司为标志，具体包括基础技术服务、系统开发服务、系统操作与应用服务等。其中基于 IT 技术的服务内容主要有信息系统建设、托管应用管理和基础设施服务、IT 应用管理、信息系统建设、网络安全等相关服务。基于 IT 项目类别主要有 IT 咨询、网络系统集成、信息系统集成、定制应用程序等。基于支持和培训的服务主要有硬件或软件部署与支持、IT 教育与培训。在云技术下，将形成 SaaS（软件即服务）、IaaS（架构即服务）、PaaS（平台即服务）模式下的云服务，这把传统的软件外包服务进行了升级，并且在该模式下，IT 基础设施服务也可以实现离岸 BPO，是指企业将经营流程中的部分业务外包给外部供应商提供的经济活动。主要有以下两个方向的业务流程内容，一是企业职能性业务，如人力资源管理、财务会计、物流供应链管理、客户交互、市场营销与渠道建设等。二是面向特定行业的共性专项服务，如金融、电信、医疗、流通、媒体、石油开采及化工、公共事业等行业生产流程中的服务环节业务。业务流程外包的特点是在线同步服务，可以得到面广量大并且突破专业的限制。和需要专业 IT 人才的 ITO 不同，BPO 的这些特点大大拓宽了服务外包的范围，可以实现对各领域人才的就业吸收。此外，在云技术的发展下，将形成 SaaS（软件即服务）模式下的云服务，通过标准化、模块化和流程化的云平台，为客户提供统一的服务。KPO 是围绕行业的专业知识发展起来的，涉及相关领域专业技能的知识密集型业务，因此它是以技术知识见长而非流程为主的一种服务外包，是服务外包当中的高端部分。这一领域包括的业务种类比较复杂，例如与制造业生产性服务相关的业务有：专利研发、产品设计、工厂与工艺设计、样本测试、样机研究等。与软件设计研发相关的业务有：新产品开发、系统测试、本地化、产品维护与支持等。与创意产业相关的业务有：影视节目制作、手机游戏、动漫制作、电影特效等。与知识型服务相关的业务有：商务调研、市场研究、金融分析、法律和知识产权服务等。

（3）按照发包方与接包方的关系进行分类。

由于接包方与发包方对外包业务的控制程度不同，发包方与接包方的业务关系可以分为以下五种形式。第一，发包方把业务交给第三方服务供应商完成，如日本企业把市场调查问卷数据录入的工作交由我国大连某企业完成；第二，发包方企业在接包方国家建立企业或全资子公司完成业务流程或IT服务，如美国某企业在印度建立子公司负责处理在美客户的消费投诉与客户数字档案建设工作；第三，接包方与发包方企业共建合资公司，承接外包服务业务，如美方与中方共同投资在中国建立企业完成来自美国的金融数据处理工作；第四，发包企业根据项目运行的要求，所采取的BOT和逆向BOT的方式，如美方发包商在中国建设离岸附属中心，先由中方第三方供应商建立服务机构，正式运行后再交由发包商管理，或者供应商被允许一段时间后可以从发包商那里购进运营；第五，发包方与接包方企业在发包方国家合资建立企业，由接包方组织人员到发包方国家完成服务项目。如中国与印度尼西亚合资在印度尼西亚设立企业，由中方组织相关技术人员赴印度尼西亚完成服务项目。

11.2 服务外包的经济学分析

从经济分析思路考察，外包或服务外包兴起，归根结底是出于成本和利益考虑下的经济分工深化的结果。设想一个完全内置式生产系统转变为一个高度外包型生产系统，这一转型过程会使采取这一策略的企业获取新增利益，同时也要支付额外成本。给定技术、制度等外生性因素，上述边际利益和成本的比较决定外包或产品内分工理论意义上的平衡点。技术和制度等外生条件改变，推动上述利益和成本相对平衡位置发生变化。

11.2.1 服务外包兴起的根源

11.2.1.1 网络信息技术革命

传统的服务产品具有无形性、不可分性、不可库存和不稳定性的特点。传统服务产品的无形属性，排除了运输的可能性；服务产品消费和生产的不可分性排除了跨境交易的可能性；服务的不可库存、不可存储性排除了大规模定制的可能性；服务的不稳定性又使得产品交付的委托代理链条极其脆弱。服务外包的出现是 2000 年以后，在现代科技、现代管理与全球化的组织治理关系中产生的，新的生产方式打破了原有的服务产品的基本属性，各国、各地区建立在人力资本禀赋和技术引领下的经济联系更加紧密、更加复杂。面向信息化的制造业进行了数字化建设，派生出更多的信息产品，IT 技术和知识资源对经济的贡献率增强。特别是应用 IT 技术的外包业中服务产品的属性呈现出一些新的特点，计算机存储技术在全社会各领域的普遍应用加上云技术、自动化以及智能化设备的迅速发展，使数字化的信息产品拥有了可存储性、可分离性的特征，信息产品存储、传播、交付的成本较传统实物交易的物流成本大大下降，因此，异地交易的流通方式就产生了。另外，服务产品的可标准化程度大大提高，例如，对于信息和软件产品的国际标准化认证有 CMMI、CMM、PCMM、ISO27001/BS7799、ISO2000、SAS70 等，服务产品交付的规范性增强，大规模定制的生产方式就形成了，尤其在云技术下，分工的专业化、细分化使得更加精益的生产模式实现应用，标准化和模块化的流程对接使定制实现个性化和规模化成为可能。

11.2.1.2 制度演变

GATT 乌拉圭回合谈判的两项重要成果——《服务贸易总协定》和《与贸易有关的知识产权协定》对拓展多边贸易框架的管理范围作出了贡献，同时也有力地推动了国际服务外包的发展。

《服务贸易总协定》把最惠国待遇和国民待遇原则运用到服务贸易领域，并由各缔约方在市场准入方面提出各自的减让表。《服务贸易总协定》的自由化导向有助于降低国际服务外包壁垒。推动国际服务外包发展。国际服务外包壁垒主要包含三个层面。一是跨境交付壁垒。主要是对电子商务实施的限制性使用、国际电子商务活动的税收、服务提供者的国籍、授权和特许要求等。二是商业存在壁垒。共分为三类，第一类是市场准入限制。如对外商投资企业在本国某些服务部门进行投资的禁止或限制。第二类是所有权限制。如最高股权限制、外国董事人数限制、对某些决策的政府批准要求与本国投资者合资要求等。第三类是经营限制。如效益要求、当地成分要求、经营许可要求等。三是人员移动壁垒。如资格、工作经验和教育程度的不适当认证及对外国服务人员的歧视性待遇等。GATT 倡导逐步自由化的原则,即逐步取消限制性措施,降低贸易壁垒,推动自由化的进程。在具体承诺中,坚持市场准入原则,各国基于利益互惠的考虑,根据自身的经济发展水平,逐步开放国内市场,允许外国服务提供者进入,并把国民待遇和最惠国待遇原则引入推动服务贸易自由化的进程中,这一政策取向对国际服务外包发展具有正向的推动作用。国际服务外包发包方对接包方知识产权保护的有效性极为敏感,《与贸易有关的知识产权协定》推动的知识产权保护国际化进程有助于提升接包方的知识产权保护水平,进而维护发包方的利益,推动国际服务外包发展进程。

11.2.1.3 竞争环境

当代市场竞争环境发生了深刻变化,在竞争日趋激烈的环境下,企业对服务外包降低成本的机遇更为敏感。企业通过价值链分解,将大量制造与服务环节进行外包,在全球范围内,在较高的水平上进行资源配置,降低成本,提高效率。随着价值链分解的加速,企业价值创造过程由价值链向价值网络跃升,价值网络节点与链路之间的分工与联系,要求产生更多的中间服务整合高度分工产生的节点与链路,服务外包的水平进一步提升。竞争环境还表现为消费者的需求多样化与个性化以及产品生命周期的缩短,企业没有快速响应市场需求的全部要素,"结构瘦身"成为企业现实选择,在专注与设计研发、品牌管理的基础上,在更大范围内进行服务外包,响应市场需求,满足消费者多样化、个性化需求。

11.2.1.4 基础设施

从全球上看,完备的基础设施是支撑服务外包持续增长的核心。基础设施主要包括运输手段、信息技术与园区。当代各类运输手段成本因为各自领域技术进步和效率提升而降低。其中旅客航空旅行成本大幅度下降对服务外包具有重要推动作用。服务外包不仅需要密集的信息交流,而且也需要人员频繁往来沟通。无论是制造外包还是服务外包,人员面对面交流都是不可缺少的要素。特别是在服务外包合作早期的磨合阶段,人员面对面沟通尤为重要。航空旅行成本大幅度降低对服务外包人员商务旅行,特别是国际性远距离人员往来协调提供了支持。信息技术设施建设水平不断提升,对于服务外包业务来讲，并不注重信息技术的普遍性，服务外包重点关注信息基础设施的可及性（接入方式及便利性）、传输速度、网络容量、使用成本、兼容性以及交互性等。从全球上看，世界各国积极出台高速宽带支持政策，加快空间网络探索和布局，加大普遍服务支持力度，推动网络设施不断向新一代信息基础设施演进。总体来看，当前全球信息基础设施正加速向高速率、广普及、全覆盖、智能化方向发展，战略地位日益突出。随着服务外包行业不断发展，服务外包园区（集聚区）已成为引领服务外包开展的重要载体，以印度科技园区为基础，菲律宾、中国、爱尔兰等主要服务外包接包国，服务外包园区集聚发展，成为一国承接服务外包的基础。

如图 11-1 所示，横轴 Q 代表服务外包规模，纵轴 P 代表服务外包的收益与成本，从服务外包发展的根源看，网络信息技术革命、基础设施与制度演变在一定程度上降低了服务外包开展的边际成本，使得边际成本由 MC_1 下降到 MC_2，竞争环境的变化与网络信息技术革命的作用使得边际收益 MR_1 上升到 MR_2，其结果是均衡价格下降，均衡规模提升，这也是服务外包在全球范围内迅速提升的理论根源，只有服务外包的价格下降，企业在获得服务外包的进一步激励机制，企业才会进一步地外包，全球服务外包规模会扩大，外包企业将会获得规模经济、学习效应与比较优势效应，其价格将进一步下降，服务外包进入累积因果关系的自增强，从而获得跨越式发展。

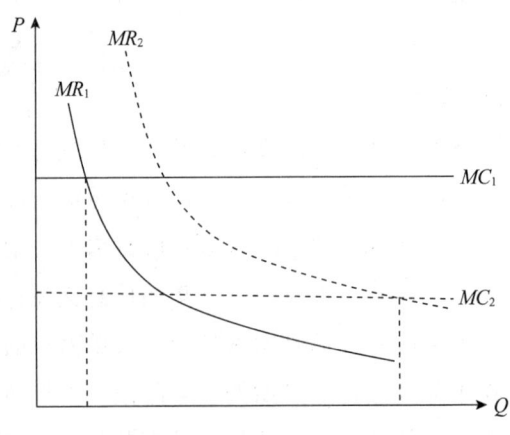

图 11-1　服务外包发展的经济学根源

11.2.2 服务外包的收益分析

11.2.2.1 比较优势效应

通过比较优势效应带来成本的降低。所谓比较优势是指某种经济活动能够密集利用特定国家或经济体内部比较丰裕要素带来的低成本优势。生产过程内部服务投入，由不同类型人力资源所提供。由于不同国家和经济体内不同类型人力资源相对稀缺度和相对价格不同，在技术和其他条件许可的情况下，把不同服务活动拆分到它们所需要的人力资源相对价格比较低的国家进行，能够通过节省成本获得比较优势利益。由于人力资源要素的相对价格在发展水平不同国家之间差异较大，比较优势效应在离岸服务外包领域表现得最为显著。

知名招聘网站 MyHiringClub.com 在 2016 年针对全球近万家公司进行了一项规模巨大的薪酬调查，并产生了一份调查报告，该报告的内容则主要通过直接向企业人力资源经理层询问该公司各岗位平均薪资数据而来。如图 11-2 所示，数据显示主要发包国美国的 IT 专业人才的年薪高达 132887 美元，而主要接包国印度 IT 专业人才的年薪仅仅是 41213 美元，美国 IT 专业人才平均年薪是印度的 3.22 倍。发达国家企业进行离岸服务外包的基本动机之一，是利用发展中国家成本较低的普通劳动力、一般技术员工及工程师等各类人力资源。低收入国家某些劳动力成本优势，还表现在这类劳动力更容易招聘，并且员工具有较强的工作积极性和自我激励，因而能够进一步节省人员招募交易成本，并创造更高劳动生产率。

11.2.2.2 规模经济效应

所谓规模经济效应，指特定企业单位时期内产出数量与平均成本的反向关系，即产出数量越大平均成本就越低，因而可以通过扩大一定时期内产出数量来降低成本。在当前的生产力水平下，一种产品的不同生产工序或流程对该产品生产的最佳规模要求可能存在巨大差异。因此，如果所有工序或流程全部被纳入同一空间的生产系统中进行，绝不可能同时实现它们的最佳规模经济。服务外包正是将上述一体化生产系统分解为以特定工序或流程为基础的产品内分工系统，从而同时实现多个工序或流程的最佳规模，最终进一

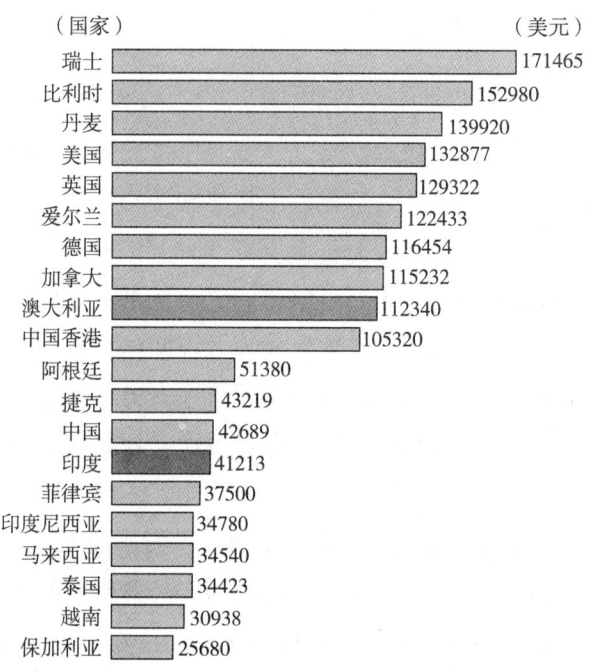

图 11-2　2015 年 IT 专业人才平均年薪情况

注：此研究没有考虑购买力平价。

资料来源：MyHiringClub.com.

步节省生产成本。在服务外包场合下，这类规模经济以 BPO 或 ITO 两种方式表现出来。在现代规模经济背景下，规模更大的外包商能够利用他们的知识、技能为更多的客户提供服务。由于多个客户共享生产设备，不仅节约安装和建设费用，而且提高各种设备、原材料、能源的利用率和劳动生产率。规模越大，成本越低。

11.2.2.3　学习效应

经验经济或学习效应，指职员在实际工作和业务操作过程中，通过积累经验和提升技能带来成本降低和效率提高的利益。熟能生巧的学习效应，往往与职员完成的累计产出数量具有正向关系。对于承担特定服务投入的专业人员，在一个"内置式"生产系统中工作与就职于专门服务提供商相比，后者通常会因为业务内容多样化或者密集度较高，在实践中获得较强的学习效应。例如医生的医术和生产率,一定程度上取决于他们接诊患者数量以及由此带来的经验积累。正因如此,每个机构自行配备内部医生,难以在经济合理性前提下雇佣一流医生,而需要通过"外包"方式购买外部专业医生的服务。依据类似道理,通过服务外包使专门人员在一个更大市场平台上接受更多市场合同和处理更多服务个案,能够显著提高专业服务水平和生产率。

从表面上看,服务外包过程中的学习效应与规模经济效应有些类似,但实际上两者是不同的,前者来源于经验积累带来的流程改进与效率提升,而后者则来源于规模扩展带来的成本下降。从具体图形上看,如图11-3所示,随着服务外包规模由Q_1增长到Q_2,在均衡点由A点转移到B点,此时成本由C_1下降到C_2,此时成本下降是由规模经济产生。随着服务外包规模由Q_1增长到Q_2,由B点到C点,边际成本曲线整体移动产生成本由C_2继续下降到C_3,这个动态过程是因学习效应的作用。即规模经济效应使得其在成本曲线上移动,学习效应使得服务外包的成本曲线整体状态发生改变。

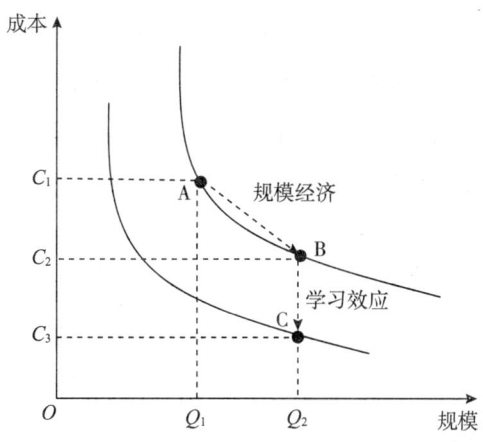

图 11-3 服务外包过程中的规模经济与学习效应

11.2.2.4 结构"瘦身"效应

服务外包与制造外包另一项重要收益,是有助于企业通过资产简约和成本瘦身调整增加应对市场变动的灵活性。在市场需求不断变动的环境中,厂商需要调整其产出结构。由于投入和成本结构中不同程度的存在沉没成本,资产处置和结构调整通常会带来调节成本。将非核心服务业务通过外包转移出去的企业，能够在核心资产基础上较快调整产出组合以适应市场变动。反之如采用高度内置式生产方式，面对外来市场需求冲击则会因为"船大难掉头"难以迅速调整而发生更大成本。因而其他条件给定，在需求快速变动的市场环境下，外包可能带来较大利益。反之，如果消费者偏好和市场环境相对稳定，外包的成本结构特点则不具有实际利益，因而有利于内置式生产和组织方式。

11.2.3 服务外包的成本分析

新制度经济学把企业看作是为盈利目标建立的具有完全可存续期的制度安排，企业除了要解决剩余索取和剩余控制等产权界定问题之外，还要考虑对特定投入品是自己生产还是外部购买即外包（make-or-buy）问题。什么活动是需要作为组织的组成部分加以协调的，什么活动应当分包。从理论上讲，每一天的劳动力都可以在劳动力市场上雇到，所有的资本都能在市场上定期地借到，每一批投入要素都能单独购进，而所有的产品都能在公开市场上标价和出售。但这样一种调度生产资源的方法将造成极高的交易成本。例如，绝对依赖一次性契约会造成巨大的信息成本；在每一笔交易中，都必须就新契约进行谈判，并监督和执行新契约。服务生产流程由企业"内置"提供转为"外包"购买，需要额外发生大量信息交流、商务旅行活动以协调网络型生产系统，还会面临新的不确定性和风险因素，由此派生的经济成本可以被理解为服务外包的交易成本。这类交易成本高低及其分布特点，对外包发生广度和深度具有根本的制约作用，对发包方选择合作伙伴行为具有关键解释作用。

11.2.3.1 信息成本

伴随生产过程空间的展开，外包会派生额外信息交流量，因而会在信息技术和通信价格给定前提下发生额外信息成本。某个产品生产过程分拆到不同空间位置、地区甚至国家后，为协调供应链运转需要大量密集的长距离信息交流和沟通。无论是制造还是服务外包，都需要长距离信息交流来协调。对于服务外包来说，信息交流量额外增加的潜在成本制约因素，由于两方面特点而更具有决定性意义。服务外包活动，对发包方和受包方之间密集的沟通协调提出了更高要求。外包合同尤其是服务外包合同通常具有经济学意义上的不完全契约属性，有关服务内容、标准和要求难以在 SLA（Service-Level-Agreement）准确无误地事先陈述，需要在服务提供过程中通过不断讨论沟通逐步清晰化，因而协调服务外包联系通常需要更为密集的信息交流。更为重要的是，不同媒介方式的信息交流和传递，对消费者或生产者本身位置改变具有某种替代作用，从而有可能超越很多服务提供、消费对提供者和消费者所处位置的特定要求，从而推动服务外包发展，并使越来越多服务领域发生"可贸易革命"。例如，数据输入工作的离岸服务外包，可以通过数字信息跨国流动代替人员流动来实现。呼叫中心的离岸服务外包，可以通过语音信息交流代替人员流动来实现。甚至医生诊断服务也可以通过当代视听传播手段，无须医生与患者在同一现场就可以提供服务。这些服务外包的出现和发展，都以不同媒介信息交流数量史无前例的增长作为前提。

11.2.3.2 商务旅行成本

服务外包需要技术和管理人员面对面交流，派生较多的人员商务旅行，与完全由企业内部生产的方式相比会派生额外成本。随着电话、即时通信、电子邮件等沟通方式的出现，面对面的交流形式逐渐减少，但在服务外包的过程中，面对面的交流是无可替代的，传播学研究表明，最有效的交流方式是面对面的人际交流，因为它是在人身体的各种感观处于自然均衡状态下的交流，是信息通道最大限度开放状态下的交流，因而是立体全息的交流。无论是制造外包还是服务外包，人员面对面交流都是不可缺少的要素。特别是在服务外包合作早期的磨合阶段，人员面对面沟通尤为重要。很多案例都说明了这一点。例如，2000年底日本野村综合研究所（NRI）为后续开发一个名为"THESTAR"证券公司的软件支持系统，将整个系统分为多个子项目，并将部分软件开发和集成服务外包给中国企业。在事后总结这一项目整体成功和个别子项目遭遇挫折原因时，日方人员得出一条重要经验：子项目负责人"每月至少访问一次中国"是合作成功的关键，因为"仅通过文字形式的邮件，无法传达细微的内涵，容易造成误解及感情失和"。

11.2.3.3 潜在风险成本

在缺乏约束机制的交易过程中，如果由于某种原因发生扰动和中断，可能给发包企业带来损失,而且关键信息技术可能会面临不同程度的外泄和流失,由此,潜在机会主义行为带来了风险成本。研究人员把金融机构外包操作可能面临的风险分成不同类别。一是战略风险,第三方可能会为了自己的利益而从事与被监管机构的总体战略目标不一致的活动。二是声誉风险,第三方提供劣质外包服务,与顾客互动不符合被监管机构的总体目标。三是法律风险,如未能遵守保护顾客隐私的法律,未能遵守消费者法规和谨慎监管法规。四是缺乏适当的退出战略风险机制。可能由于对供应商过分依赖,导致金融机构内部已经没有将外包业务收回来自己经营的相关技术力量,或者迅速收回外包业务成本变得异常高昂。五是信息风险,外包妨碍金融机构向监管者及时提供数据和其他信息,为监管方了解外包供应商活动增加了额外困难。由于金融机构经营过程受到冲击可能具有显著外部性,澳大利亚、加拿大、德国和日本金融监管机构在 21 世纪初先后发布有关外包的稳妥操作或审慎操作指导文件,力图防范外包带来的风险。考虑外包带来的风险具有国际性,巴塞尔委员会会同其他国际机构,于 2004 年制定有关"金融业务中的外包"引导文件,对相关经营行为加以规范。

11.2.3.4 交易成本

协调生产供应网络运行,会因为谈判、签约、沟通发生交易费用。在离岸外包场合,外包除了要支付一般意义上衔接不同空间区位经济活动的运输和协调成本以外,还要额外发生与跨国越境经济活动相联系的成本。除了前面提到货物过境要支付关税和非关税成本,人员跨国境旅行需要申请签证和安全检查外,跨国提供服务也可能会因为服务贸易项目下壁垒因素限制而发生跨境活动交易成本。从上述经济学分析视角观察,不同国家对承接服务外包实行税收和其他政策差异的影响,并非必然表现为承接服务外包厂商的生产成本大小差异,而是归结为交易成本高低差异。

11.3 全球服务外包市场分析

全球国际服务外包快速发展,形成了以美国、欧洲、日本为代表的发达国家为离岸服务外包业务主要发包国,以印度、中国、菲律宾为代表的亚洲国家和爱尔兰、中东欧等国家为离岸服务外包业务主要接包国的市场格局。

11.3.1 全球离岸服务外包发包市场

美国、欧洲和日本作为离岸服务外包主要发包国家,发包总额占全球离岸外包业务总额的80%以上。

11.3.1.1 美国离岸服务外包发包市场

美国是全球最主要的离岸服务外包发包国,长期处于领先地位。IDC统计数据显示,2012年美国离岸服务外包规模为886.1亿美元,占全球总额的62%;2013年美国的离岸服务外包规模为1010.9亿美元,同比增长14.1%,占全球离岸服务外包市场规模的60%。

美国离岸服务外包市场的基本特点是:第一,全球化资源配置。美国服务外包发展相对成熟,拥有世界上最先进和完善的服务外包产业链。美国很多大型企业具有很强的全球化资源配置能力,在全球范围内设置分支机构或选择服务供应商,通过跨国公司的全球化运作充分利用世界各地的资源,特别是人力资源的优势,优化配置资源,如IMB、HP、DELL等企业。第二,成熟的外包管理。美国发包方拥有成熟的供应商选择标准和信用评价体系、成熟的服务外包流程管理机制、软件外包成熟度评估模型等管理体系,帮助服务外包接发包方完成从需求分析、服务流程设计、外包服务提供和管理等全过程的服务。第三,完善的发包服务。美国Gartner、IDC等咨询机构每年会发布全球服务外包领域的研究报告,对产业进行跟踪研究和趋势判断。埃森哲、KPMG、德勤等咨询机构对发包商提供完善的咨询服务。第四,动因是成本和创新。美国跨国企业通过将非核心业务转移至劳动力资源丰富且价格便宜的国家,以降低企业运营成本。同时,为开拓发展中国家市场和开发新产品,通过离岸外包以支持创新,也是重要的原因。

11.3.1.2 欧洲离岸服务外包发包市场

欧洲是全球第二大离岸外包发包市场。根据IDC统计数据,2012年欧洲离岸服务外包市场规模为209亿美元,同比增长17.8%,占全球市场份额的17.2%;2013年欧洲离岸服务外包市场规模为303.3亿美元,同比增长

23.6%，占全球市场份额约18%，较2012年的比例有所上升。

基于语言和文化、人才数量和成本、创新能力、信息安全、地理相近等因素的考虑，近岸外包是EAEM地区服务外包市场的主要特征，英国、德国、法国、奥地利、瑞士是该地区主要的发包国家，印度、东欧、爱尔兰、中国等国家和地区是该地区主要的发包目的地国家。

欧洲服务外包市场的主要特点是：第一，离岸外包市场规模增长明显。欧盟的成立加强了欧洲各国之间的联系，业务往来频繁，分工更加细化，近岸外包发展迅速，发展中国家劳动力的知识技能水平不断提高，与西欧文化融合度不断增强，离岸外包发展良好，尤其是IT服务外包规模比较大。第二，以"近岸转移"交易模式为主。欧盟统计局数据表明，欧盟内部的近岸服务转移规模约占欧盟计算机与信息服务出口总额的65%以上。在欧洲，近岸服务转移主要原因是地理上邻近国家间在教育、文化和经济上具有趋同性，近岸地区间的旅行及通信更便宜方便，可以有效降低服务外包双方的沟通和交易成本。第三，西欧与中东欧IT服务关系较强。欧盟主要发包国集中在英国、德国、荷兰、芬兰、丹麦等国家，中欧、东欧和北非地区为主要接包国，其中德国、英国、荷兰等三国与中东欧国家计算机与信息服务贸易关系比较强，而法国和意大利则比较弱。第四，将基于互联网及移动应用业务外包。在选择服务外包领域方面，欧洲企业更倾向于将一些基于互联网应用的业务外包出去。第五，欧洲外包注重较长期的战略合作。欧洲企业外包往往将更为重要的研发部分外包出去，外包订单的期限也更长，以构建更具战略性的合作。第六，成本和人才是外包的主要动因。西欧发达国家的运营成本处于较高水平，影响产品的价格竞争力，利用外包模式可有效降低运营成本。此外，西欧各国的人口已经处于老龄化阶段，劳动力资源匮乏，离岸外包为其提供了庞大的人员补充。

11.3.1.3 日本离岸服务外包发包市场

日本是全球第三大离岸发包市场。2012年日本离岸服务外包市场规模为107亿美元，同比增长22.9%，占全球总额的8.8%；2013年离岸服务外包市场规模为168.5亿美元，比上年增长34.2%，约占全球市场份额的10%。

日本离岸外包业务中，主要在信息服务和软件产业领域，大多是对接包方依赖性较弱的应用软件开发外包，合同期较短，比较容易转移回国内。日本离岸服务外包市场主要特点是：第一，"金字塔"形服务外包模式。日本上下游企业因长期业务形成了固定的业务路径及彼此信赖的稳定关系，形成了"金字塔"离岸服务发包模式，层层控制，海外的厂商处于产业链下游，很难直接从最终用户处接单。第二，企业大多具有离岸发包经验。根据日本信息处理推进机构（IPA）的调研数据，从日本IT企业实施离岸服务外包业务的企业覆盖面看，拥有直接或间接发包经验的日本IT企业占整体企业的36%。第三，发包企业重视在国外设置研发机构。有43.2%的日本IT企业选择在国外设置研发场所，其中有85.4%的企业选择了在中国设置研发中心。第四，成本和人才是离岸外包的主要动因。调研数据显示，83%的日本企业是为了削减成本而采用离岸服务外包，70%的日本企业则认为实施离岸服务外包是为了"弥补日本人才的不足"。

11.3.2 全球离岸服务外包接包市场

进入21世纪以来，全球形成了以印度、中国、爱尔兰、中东欧、菲律宾为主体的离岸服务外包接包国的市场竞争格局。

11.3.2.1 印度离岸服务外包接包市场

印度服务外包产业发展的基本特点是：借"千年虫"机遇进入欧美市场，承接离岸服务外包业务迅速扩大。2014财年印度服务外包产值达1180亿美元，其离岸、在岸外包的比例约为73∶27；2015财年服务外包产值达1460亿美元，同比增长13%，服务外包产值中离岸、在岸比例约为67∶33。

印度服务外包产业的竞争优势是：第一，充足的人力资源和完善的人才培养体系。印度拥有600多万专业人士从事软件开发设计，从事调查、分析等高端业务人员大多具备硕士以上学位。印度政府支持高等院校和民营机构建立职业培训体系培养各类外包人才，强调职业教育与实践紧密结合，形成多层次的人才培养体系和较合理的服务外包人才结构。第二，与西方相近的文化和制度。印度曾是英国殖民地，受英国文化影响深远，拥有与欧美相近的政治制度、法律制度、教育文化体系和商业规则，服务外包从业人员的能力和诚信意识在国际上赢得了良好口碑。第三，价格低廉的人力成本。印度大学毕业生的年收入仅在5000~7000美元，仅为美国的1/8~1/10，劳动力成本和社会保障成本均低于中国。第四，不断完善的基础设施。在印度服务外包企业较集中的城市，各种基础设施建设不断加强，交通、通信、电力、生活等配套设施齐全、可靠而且成本低廉。第五，政府鼓励产业发展。印度政府把 IT-BPM 产业发展纳入优先发展范畴，IT-BPM 产业占 GDP 的比重逐年上升。第六，法律法规与国际接轨。印度出台了一系列保护专利、知识产权等与国际接轨的法律法规，并成立专门机构监督知识产权的保护，保护了软件企业利益，刺激了企业创新的积极性，服务外包企业国际形象较好。第七，企业国际化程度较高。印度知名外包企业众多，并纷纷在境外成立离岸交付中心，并派出大量印度员工到接包国提供服务。同时，大批外国公司被吸引到印度设立离岸中心，促进了印度软件产品的出口。依托充足的人力资源、低廉的人力成本、优惠的产业政策和完善的知识产权保护制度，以及全球 640 多个离岸交付中心，印度始终保持全球最大的离岸接包国地位。但是，受全球经济、政治、货币、通胀、人才等因素变化的影响，印度 IT-BPM 产业发展也面临着主要发包国的保护主义政策、日益激烈的市场竞争、汇率波动、工资上涨、客户信心不稳定等各种挑战。

11.3.2.2 中国离岸服务外包接包市场

2016 年 1~12 月，我国企业签订服务外包合同金额为 1472.3 亿美元，执行额 1064.6 亿美元，分别增长 12.45% 和 10.11%。其中离岸服务外包合同额 952.6 亿美元，执行额 704.1 亿美元，同比分别增长 9.14% 和 8.94%；在岸服务外包合同额 519.7 亿美元，执行额 360.5 亿美元，同比分别增长 19.07% 和 12.46%，增速均超过同期全国外贸增速，成为对外贸易及服务贸易中的一大亮点。

丰富的人力资源、合理的运营成本、广阔的经济腹地、完善的基础设施、完备的产业配套、稳定的政治经济环境，是中国服务外包产业快速发展的坚实基础。但是，中国服务外包产业发展也面临人民币升值、劳动力成本上升、企业国际化运营程度较低、人口红利逐渐消失的挑战，中国服务外包企业正积极加速整合和转型，向高附加值解决方案和技术服务领域拓展，从产业链的中低端向高端转移。

11.3.2.3 爱尔兰离岸服务外包接包市场

爱尔兰是美国软件企业进入欧洲的门户，同时也是欧洲最大的离岸服务外包业务接包国。作为全球最大的软件本地化供应基地，爱尔兰已经成为世界大型软件公司进入欧洲市场的门户和集散地。爱尔兰发展服务外包的特点和优势是：以软件产品和高端服务出口为主，采用软件本地化生产模式，跨国公司在产业中占主导地位，低税政策优势，完善的法律环境和教育体系，高质量的人力资源，稳定的政治经济环境等。自1994年以来，爱尔兰软件产业异军突起，成为该国支柱产业之一。如今爱尔兰已经成为全球最大的软件本地化供应基地，其软件在欧洲市场占有率超过60%，全球排名前10位的软件企业在爱尔兰都设有分支机构。全球三大软件巨头、全球五大IT服务公司中有四家、全球十大软件公司中有九家，均将总部设在爱尔兰，产业氛围良好。

爱尔兰服务外包产业的竞争优势是：第一，地理和文化优势。爱尔兰作为欧盟的成员国之一，具有优越的地理位置，是美洲进入欧洲的门户，其语言、文化与欧美国家相同，与美、日具有重叠的工作时间，许多国际企业将爱尔兰作为打开欧盟市场的第一站。第二，政府鼓励产业发展。爱尔兰政府对软件产业施以优惠的政策，征收较低的土地成本费用，仅为欧盟国家的一半左右，较低的所得税率（12.5%）以吸引总部经济，这为产业发展提供了有利条件。爱尔兰企业局也对产业发展进行扶持，并提供一系列服务。第三，人力资源优势。爱尔兰信息科技和软件专业教育发达，人才优势明显，劳动力平均年龄低、技能熟练。其独特的教育模式：理论学习+企业实习+独立完成课题设计，既培养学生对知识的融会贯通能力和理论联系实际的能力，也培养独立思考能力。第四，重视研发和创新。过去10年，爱尔兰政府持续在研发方面加大投入，并将信息与通信业列为优先发展产业，三级研发和企业研发投入已翻至四倍。第五，国际形象较好。整体来看，爱尔兰的国家产业品牌较好，爱尔兰公司整体在国际市场上享有较高的声誉。凭借产业成熟度、地缘等优势，爱尔兰已开始向高端服务外包业务的方向转移，在移动技术、互联网、金融服务和企业管理软件方面优势明显。

11.3.2.4 菲律宾离岸服务外包接包市场

菲律宾服务外包产业于20世纪90年代初开始起步，近十余年来年均增长速度达30%左右。菲律宾以承接业务流程外包业务为主，已成为全球重要的承接离岸服务外包业务国家之一。自2007年以来，菲律宾凭借人才、语言和成本优势，IT-BPO 产业发展迅速，其中呼叫中心业务增长迅速，目前约占其业务流程外包行业 70%的份额，跃居世界领先地位，主要承接美国的发包业务，对美国的市场依赖性强。

菲律宾服务外包产业的竞争优势是：第一，充足的人力资源。低廉的经营成本和相对充足的人力资源是菲律宾服务外包产业发展的重要条件。菲律宾服务外包产业增长势头虽然良好，但也面临新的发展挑战，如人才供给和成长跟不上业务发展需要，发包市场主要依赖美国等。第二，语言和文化优势。菲律宾以英语为官方语言，与西方文化及商业流程有诸多的相似性，美国、英国和日本是其服务外包的主要发包国家，其中美国是其经济、军事、政治上最密切的盟国，也是菲律宾最大的劳务输出国。日本是其最大的援助国和出口目的地国。此外，其他欧洲国家、澳大利亚、韩国等发包企业也在逐渐增加对菲律宾的发包，菲律宾承接外包服务的国家和区域呈现出多样化。第三，政府的积极扶持。菲律宾政府高度重视 IT-BPO 产业，将其列为菲律宾"投资优先计划"中鼓励投资的领域，在税收优惠、出口通关便利等方面给予政策扶持。同时，菲律宾政府将基础设施建设作为重要内容纳入国家中期发展规划，持续加大基础设施建设投入。根据美国咨询投资公司 Tholons 排名，2014 年菲律宾有七个城市入选"全球 100 大外包目的地城市"，其中马尼拉和宿务均已跻身前 10 位，马尼拉成为全球第二重要的 BPO 城市。随着菲律宾服务外包从业人口的不断增长，基础设施的不断完善，以及政府对服务外包产业的支持举措的深化，未来几年菲律宾的服务外包在深度和广度上均会有进一步发展的趋势。

拓展阅读

为何游戏公司的全职员工会越来越少？[①]

全球游戏行业的复苏让不少人选择加入到游戏公司进行发展。然而在游戏行业里，开发等工作越来越依赖于外包，游戏公司自己的全职员工却越来

---

① 华尔街日报，2017-04-18.

越少。为何会出现这样的现象呢？

当你打通《使命召唤》或《最终幻想》的最新游戏，画面变暗制作人名随通关动画缓缓浮出时，你也许还没意识到，在这冗长的名单背后，是游戏行业近年来发生的变化——属于游戏公司自家人员在其中占有的比例已经越来越少了。《华尔街日报》就这个现象撰写了一篇报道，其中提道，在为动视暴雪的《使命召唤：高级战争》开发游戏的2000名人员中，有300人来自外部公司或独立外包人员；而参与《最终幻想15》开发工作的，就有多达70家外包公司。连传统上认知的"独立游戏公司"也不例外，Psyonix推出过大热的《火箭联盟》，这款游戏中的车辆背后装有火箭助推器，让人控制它们进行类似足球的竞技比赛。《火箭联盟》在推出第一年就获得超过1.1亿美元的收入，而为该项目工作的120多人中，也仅有2/3是全职员工。

外包在美国各个行业中并不鲜见，而游戏行业似乎要走得更远。对Psyonix首席执行官戴夫·黑奇伍德（Dave Hagewood）而言，工作室的规模"越小越好"，即使这可能意味着依赖外包人员会让他们在开发进度和游戏质量上失去一些把控。据咨询公司普华永道统计，过去一年里电子游戏已经创造了超过750亿美元的收入，这个数字约是全球电影票房的两倍。除了收入差距，两个基于项目的行业在运转层面也相距甚远，密歇根州立大学游戏研究专家凯西·奥唐纳（Casey O'Donnell）认为，游戏业在运转模式上"几乎甩开了其他行业好几十年"。比起传统深厚、工会力量强大的好莱坞，为游戏工作更要短平快不少，雇主和开发人员有时通过分类广告或行业网站牵线搭桥，或仅仅通过口头协议就正式开工。裁员更是家常便饭，一款游戏的制作结束可能意味着又一轮求职的开始，这对员工士气影响极大。现在外包部分解决了这个难题——至少公司把那些容易裁掉的岗位都外包出去了。

雇佣方式的转变在仅仅不到20年里就完成了，早期人们开发《古墓丽影》和《侠盗猎车手》初代作品的时候，游戏公司几乎直接雇下了全部开发人员：无论3D建模还是为了移植游戏机平台进行的编程工作，乃至搭建网络系统，都是亲自上阵。而《火箭联盟》的这款游戏里，它的突然火爆大大超出最初预计，狂热的玩家在游戏发售几小时内很快挤爆了服务器。Psyonix意识到自己可能需要一些外部援助了，他们还要把游戏移植到更多平台，而当时自己仅有的36名员工可搞不定这种情况。于是，Psyonix找到了得州的Panic Button，帮助《火箭联盟》在微软Xbox和索尼PlayStation Pro上移植，而QA交给了总部位于柏林的Keywords。最后，随着游戏在直播和电竞上打出了名声，Psyonix又把《火箭联盟》的在线直播组织权交给了亚马逊旗下的Twitch。大型游戏公司更是热衷于外包，索尼位于荷兰的子公司Guerrilla Games在今年推出了游戏《地平线：黎明时分》，其外包负责人安东·维格特（Anton Wiegert）就曾表示，"外包可以将一个超大型项目缩小到足够小的规模"。这对焦头烂额的游戏公司而言当然是久旱逢甘霖。

外包和合同工现象意味着稳定工作的骤减。有人称任天堂过去五年的全职基础员工中约有1/3是合同工，对这1/3而言，转正和晋升机会都非常稀少。但从游戏公司的角度来看，这是一个长久以来有关成长的问题，外包避免了Psyonix在《火箭联盟》成功后快速扩张。"那么，我们是需要一个真正意义上的成长，还是只是短期爆发后的迅速陨落？"黑奇伍德反问道，对他而言，答案不言而喻。

本章小结

在全球价值链分工体系下，服务外包作为与制造外包相似的组织形式，成为企业建立核心竞争力，降低成本的主要选择。从产业组织视角，服务外包在本质上是人力资本合约和劳务合约的统一，是人力资本配置的方式。按照种类划分，服务外包可以划分为信息技术外包、业务流程外包与知识流程外包，服务外包将产生结构瘦身效应、比较优势效应、规模经济效应与学习效应，同时将产生信息成本、商务旅行成本、潜在成本与交易成本，由于利益来源大于成本约束，服务外包是经济的。从全球看，主要的离岸外包的发包国包括美国、欧盟与日本，主要离岸外包接包国包括印度、中国、爱尔兰、菲律宾等。

学术观察

(1) 逆向外包的动因与机理。

(2) 服务外包与产业链低端锁定。

参考文献

[1] 卢锋. 我国承接国际服务外包问题研究 [J]. 经济研究, 2007 (9): 49-61.

[2] 卢锋. 当代服务外包的经济学观察: 产品内分工的分析视角 [J]. 世界经济, 2007 (8): 22-35.

[3] 江小涓. 服务外包: 合约形态变革及其理论蕴意——人力资本市场配置与劳务活动企业配置的统一 [J]. 经济研究, 2008 (7): 4-10.

[4] 李庭辉. 全球服务外包市场发展概览 [J]. 全球化, 2017 (4): 88-100.

12　生产性服务业集聚与全球价值链攀升

在经济全球化和区域经济一体化带动产业分工协作深化的背景下，产业集群和价值网链通过日益耦合所构建的集群式价值链网络，不仅是有效的区域经济发展载体，更成为提升国家产业竞争力的重要战略工具。

12.1　生产性服务业集聚

Meliciani, V., Savona, M. (2015) 认为，生产性服务业的集聚发展表现为各种服务生产要素在一定地域范围内的有效集中和大量集聚。这一现象不仅成为现代服务经济快速崛起的显著标志，并且对制造业转型升级产生了积极的溢出效应，经济和产业集聚现象支配着当今的世界经济版图。刘曙华(2012)认为生产性服务业集聚表现在以下两方面：一是大型服务企业与中小型服务企业形成特定空间范围内的混合集聚，在信息共享、知识溢出的影响下，不断强化竞合关系；二是生产性服务业集聚区空间功能的整合与联动显著加快，专业化服务集聚区、多样化服务集聚区、服务业与制造业协同集聚区等各类服务功能综合体或城市综合体得到发展和扩张。区别于市场和企业等分工的基本组织形态，从空间的视角审视，集聚是指经济活动和大量企业在地理位置上的集中。结合这一概念和生产性服务业空间组织形态的发展趋势，生产性服务业集聚是指生产性服务业向集聚经济圈中心城市、城市中央区和制造业产业园区等地方在空间上集中的过程和趋势。

和制造业集聚一样，生产性服务业在空间上集聚能够获得规模报酬递增。新古典教科书中对规模报酬的定义是：在其他条件不变的情况下，企业内部各种生产要素按相同比例变化时所带来的产量变化。企业的规模报酬变化可以分为规模报酬递增、规模报酬不变和规模报酬递减三种情况。产量增加的比例大于生产要素增加的比例的情形叫作规模报酬递增。其数学表达为 $f(\lambda L, \lambda K) > \lambda f(L, K)$。其中，$f(L, K)$ 代表生产函数，L、K 分别代表劳动力和资本，λ 代表增加比例。其中规模报酬不变是新古典经济学的重要假设。

生产性服务业通过集聚获得的规模报酬递增的来源主要有两个：①制造业企业多样性需求偏好。我们知道，一般而言，如果消费者表现出来多样化的需求偏好，那么企业便有可能取得规模报酬递增；而且，随着该多样性需求偏好增强，企业规模报酬递增的程度便越高。从上述生产性服务业的概念可知，普通的个人消费者并非直接使用其产出的服务，而由制造业企业使用。往往制造业企业对服务产品较之个人消费者表现出更高的质量要求、功能要求和品质要求，体现出更为强烈的多样性需求偏好，于是稍微有些差异的服务创新就能极大地改变生产性服务业在市场上的份额。换句话说，生产性服务业的消费替代弹性较小，所以其多样性需求较强，因而在由多样性需求导致规模报酬递增的吸引下，生产性服务业趋于空间上的集聚。反之，我们在现实生活中很难观察到公共性服务业和一般消费性服务业的集聚，原因就在于这些行业的消费替代弹性较大。②与上述紧密衔接的是，通过空间集聚，生产性服务业企业间呈现出竞争、互补或协同合作的复杂关系，这种特征能产生外溢效应，使生产性服务业在与制造业的产业联系中，优化制造业价值链条，提升制造业竞争力，乃至促进制造业转型升级，进而通过制造业拉动反过来强化了生产性服务业集聚趋势，获得进一步的规模报酬递增。同时，生产性服务业向集聚经济圈的中心城市或城市中心区域（中央商务区）集聚，能够获得更低的信息成本。这里，新经济地理理论中关于用运输成本解释集聚的适用性受到了挑战。事实上，尽管有部分生产性服务业如物流、交通运输业等对运输成本的敏感性依然较高，但大部分生产性服务业集聚与制造业转型升级研究都属于知识密集型甚至是高技术密集型，其产品无形中通过处理大量的信息生产出来，并可借助于日益发达的各种信息和网络传输手段向更广泛区域中的制造业企业提供服务，这显然极大地拓展了生产性服务业的服务半径。在此意义上说，信息获得及其传输成本对生产性服务业集聚的影响比运输成本更为重要。因此,生产性服务业特别是知识、高技术密集型服务业在大型城市或者城市中心区域集聚,有利于享受城市化经济带来的更低的信息成本,进而形成累积循环因果机制,使这种集聚趋势得到强化。

生产性服务业在特定空间的集聚具有知识外溢效应和知识整合效应,从而促进了组织间有效的知识分工。生产性服务业集聚的知识外溢效应、生产性服务业在地理空间上的集聚使得分立个体之间在协作的过程中产生了交流的外部性或者说是知识的溢出效应,这种以知识空间溢出为代表的外部性不仅发生在生产性服务业之间,也包括生产性服务业与制造业之间。①从企业网络到知识分工网络。由于地域的邻近性和产业的相关性,容易建立起基于以多种纽带为联系的、连通度很高的企业网络,这种动态的、开放的企业网络为经济主体之间的知识共享提供了更为便利的渠道和平台,知识和经验在产业链内获得更大范围的传播,拥有分散知识的主体,在频繁的交流互动中对原有知识系统进行不断的融合与补充,逐渐会聚为组织间的知识分工网络。②知识的集群学习优势。当地域文化具有了经济内容,便逐渐演化为产业文化,在共同的产业文化氛围下,知识拥有者由于相互之间的信任与彼此的认同感而更有意愿成为知识的传播者,知识的接受者也由于相似的产业相关基础知识、管理风格以及商业预期而提高了吸收能力,进而大大提高了知识的学习效率。同时,在共同的产业文化下,人员在集群内流动使得调整与适应成本大大降低,较低的切换成本使知识尤其是缄默型知识流动为主要载体的人员流动经常发生,极大地促进了集群内企业集体学习的效率。生产性服务业集聚的知识整合效应、知识分工程度既受到知识自身结构的限制,也受到合作、协调成本的限制,只有将因为专业化分工而被不同个体掌握的知识片段组合起来,按照一定的逻辑联系在一起,才能最大限度地发挥知识的作用(齐讴歌、赵勇和王满仓,2012)。

在很多情况下,那些对企业知识积累和技术创新至关重要的外部知识资源在空间上是相对分散的,企业往往置身于区际的甚至国际的知识共享网络之中(王发明,2009)。随着生产性服务业在城市或者工业园区及其周边集聚,有关研发、技术创新、市场的知识资源在地理上高度集中,构成了一个相对密集的知识场。由于知识的互补性,不同的知识分工单元均需面临与其他单元片断知识的有效利用与协调问题。这个知识场集聚的规模越大，知识的异质性与互补性也就越强，生产性服务业集聚不仅提高了知识生产的规模经济效应，更为重要的是，集聚为多样化知识之间的协作与匹配提供了更多的可能，而由于地域的邻近性和交往的频繁性，也大大降低了知识的合作与协调成本，从而有利于知识专业化分工的深化。从这一意义上说，生产性服务业集聚发展是一个渐进累积和自我增强的系统演化过程，是为了获取由知识分工和专业化所产生的集群租金的一种空间组织形式。企业因为地理空间与社会空间的邻近而具有良好环境，这种特有的生产经营环境为生产要素带来超额利润，可以称之为空间租金。在诸多生产要素中，知识要素因具有较强的活性和较高的价值创造水平，成为企业发展和价值提升的主要推动因素。知识分工在特定区域不断展开，在适宜的制度和人文环境下，初始的生产性服务企业便可能沿着纵向或横向两个方向裂变、繁衍，同时知识与技术便在当地扩散开来，这将有利于吸引外部异质性创新资源的进入。当知识与其他生产要素相结合成为复合生产要素，知识以及融合了知识的复合生产要素构成了区域的特质性资源，成为价值创造的主要源泉。地方组织的特质性资源与特定的社会文化、社会资本相结合，形成诸如要素禀赋、社会资本、市场条件、政府和中介组织等方面特有的优势，这些优势既不能被集群内个体要素所独占，也不会被个体要素带走，只有嵌入产业集群集体之中才具有更大的经济意义，只有在特定的空间中才能获得，要素与空间具有了不可分割的特性。空间租金的存在，是生产性服务企业区位选择的重要因素之一。

随着知识分工在生产性服务业企业之间的实现与不断深化，将促使企业价值链条的价值创造要素从物质、资本等有形生产要素延伸到信息、知识等无形生产要素，形成知识价值链（王树祥、张明玉和郭琦，2014）。知识存量的增加促使生产性服务业各环节专业化程度进一步提高，从而加快生产性服务业内部各行业的进一步融合或分离（Duranton 和 Puga，2005）。在这样一个以知识分工为主导的价值网络中，各模块化的"行星"企业基于资源、规模、区位、技术等所形成的优势，往往还需要通过"恒星"企业的体系优势才能够被充分地发挥出来，各种位势的能力要素通过柔性契约网络结合在一起，才能实现资源和能力要素的有效整合，知识价值在关联运用中才能获得超额收益，获取生产要素重新组合的"熊彼特租金"（Schumpeterian-Rent）。由于空间邻近的生产性服务业企业之间的竞争与合作，提高了创新效率，形成持久稳定的网络组织，产生出具有更大生产力的组织租金，不断吸引新的进入者，促进了生产性服务业集聚程度的不断提升。

12.2 生产性服务业集聚的内容

生产性服务业集聚主要表现为生产性服务业集聚以及在生产性服务业集聚基础上与制造业耦合程度的不断提高，关于生产性服务业的集聚以及产生报酬递增与知识外溢的效应已经在上一章进行说明，接下来重点说明生产性服务业集聚基础上与制造业的耦合，生产性服务业与制造业耦合的内容主要包括产业要素耦合、产业结构耦合、产业布局耦合和产业政策耦合。

产业要素耦合：产品层面，生产性服务业的产品作为制造业的中间投入，直接进入生产环节；同时制造业产品与生产性服务业产品融为一体，构成一体化解决方案，满足最终消费者需求。技术层面，更多地体现在生产性服务业技术扩散、渗透到制造业的过程，作为制造业转型升级的源泉。资本层面，从生产性服务业资本主要来自制造业积累，并且伴随着制造业发展，产生了完善的金融体系与资本市场。产业要素耦合是生产性服务业与制造业间要素、信息与能量的流转，形成良性互动发展，也是产业结构、布局、政策耦合的基础。

产业结构耦合：产业间分布看，生产性服务业比例提高，制造业比例下降，通过生产性服务业改造的先进制造业比例提升。产业顺序是指纵向承接的耦合，只在发展的时间顺序上具有前后承接的耦合关系。主要指生产性服务业在一定程度上要承接先进制造业的优化升级，作为先进制造业的转型升级目标。产业结构耦合是实现产业升级与产业融合，是在产业组织层面的耦合。

产业布局的耦合：从空间布局的耦合看，依托要素禀赋的差异，制造业与生产性服务形成了空间组织的布局。根据空间布局，形成了区域分工的差异,区域分工的差异加剧了分工的深化与区域分工间的耦合。区域转移是在分工深化的基础上,形成产业的转移与集聚,最终形成在空间组织的合理化。

产业政策耦合:产业政策主要包括产业组织政策、产业结构政策、产业布局政策、产业技术政策。产业组织政策是在垄断与竞争之间达到均衡,充分考虑生产性服务业垄断竞争特征。产业政策耦合的要求是协调、融合和可持续。产业政策耦合既是上述耦合的保障,也是长期难点,政策协调是利益多元化博弈的结果。

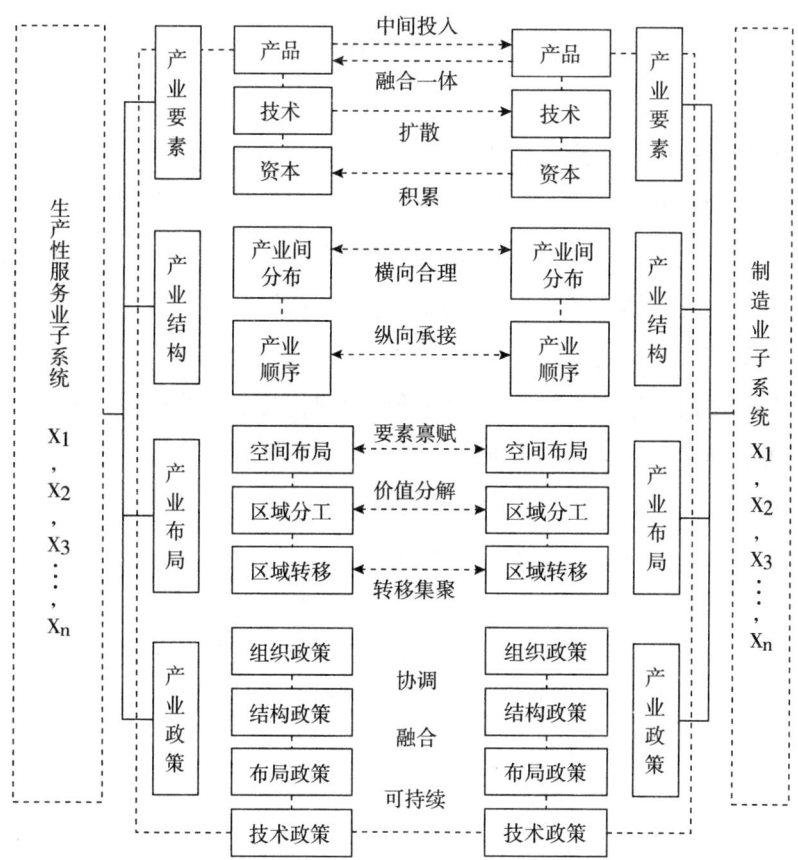

图 12-1 生产性服务业与制造业耦合互动机理

12.3　生产性服务业集聚的阶段划分

文章围绕集群式价值链网络演进的四个阶段剖析生产性服务业集聚模式变迁与制造业转型升级之间的关系。

12.3.1　形成阶段

为克服上述个体企业内部纵向一体化所产生的报酬递减，同时随着制造业部门内部服务职能多样化、复杂化的发展变化，制造企业逐步将非核心业务进行分解并外包，开始从外部寻源来获取服务产品的供给，转而专注于自身最具优势的价值链环节。外包业务的种类既可以是基本性活动，如制造维修服务、物流服务、销售代理服务等，也可以是支持性活动，如研发服务、采购服务、财务企划服务、人力资源服务等。这样一来，独立的生产性服务企业逐渐涌现，并将提供的服务重新嵌入到制造业价值链中，起到经济发动机的作用。由此，集群式价值链网络开始形成，其主要特征表现为迂回生产链条延伸，通过市场交易的专业化中间产品和服务数量增多。于是，制造企业得以在分工深化的范式下，专注于提升核心能力，并分享专业化水平提高带来的报酬递增。对于生产性服务业而言，主要围绕靠近单个或多个核心制造企业形成点发散式的单核集聚模式或多核集聚模式，如图12-1所示。更确切地说，形成阶段的集群式价值链网络主要表现出反映中小型服务企业与大型制造企业之间供需关系的价值链形态，服务业和制造业协同集聚的特征明显，不同的服务企业为争夺核心制造企业的服务需求而展开竞争与合作，从而构建起具有竞争优势的区域价值创造系统。需要注意的是，核心制造企业在集群式价值链网络形成阶段的作用非常关键，因为它可以显著增进价值链各企业间的交易频率，降低交易成本，从而带动价值链延伸进而构建区域优势产业。

近年来，我国一些后发区域如西部地区的新兴工业城市正通过承接产业转移等路径加速工业化进程，核心制造企业不断培育和出现，对生产性服务外包的诱致效应较强，因此这类区域和城市适合于采用单核集聚模式或多核集聚模式发展生产性服务业，为制造业转型升级提供动力，如图12-2所示。

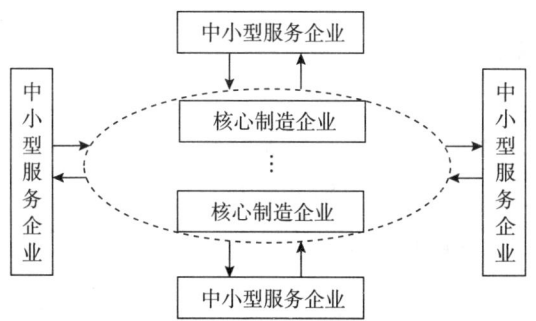

图 12-2 生产性服务业集聚的形成阶段

12.3.2 成长阶段

集群式价值链的初步形成产生了正外部性和集聚经济，并为其后加入的企业降低了开发成本，于是就吸引了区域内的各类生产要素、资源加速向集聚区位移和集中，也为群链规模发展提供了成长的空间，集聚发展成为制造业和生产性服务业降低经营成本、提高利润的空间组织范式。此时，由于集群式价值链网络不同价值区段节点上的企业不断聚集、数量持续增加，从而触发价值链滋生的动态进行，使原有产业价值链不同节点进化为"即插即用"的价值模块，并为价值网络结构的形成提供了基础。所谓模块化，通常是指通过每个可以独立设计的，并且能够发挥整体作用更小的子系统来构筑复杂的产品或业务过程。在产业结构模块化嬗变的背景下，价值链模块化就是价值链重构的过程，即将一体化的价值链条结构逐渐裂变成若干相对独立的价值节点，通过各价值节点的横向集中、整合和功能强化，实现对产业系统的动态分化与整合，最终使产业价值链条上各环节序贯的上下游关系演进为模块化空间立体网状关系。循此逻辑，随着集群式价值链的快速成长，区域产业专业化程度增强，众多集聚的企业开始弱化对上下游价值区段节点企业的依赖，转变为聚焦于价值链中的某一环节而潜心耕耘，便有可能促使不同价值节点发生横向断裂，形成若干新的子产业，即符合界面标准并具有可重复性和兼容性特征的独立价值模块，原有线性模式的集群式价值链就演变为立体结构的价值网络。

考察一个相对独立的集群式价值网络，各个价值主体不但会顾及自身价值，还更加关切立体网络上各节点的相互联系、互动与融合，从而实现整体价值创造的共时性和协同性。它类似于"金字塔"层级结构，映射出分工细化和深度集成的取向，它一般由一个规则设计商、几个系统集成商和众多模块供应商组成。处于顶层的是规则设计商，一方面拥有占据主导地位的知识结构，提供保证模块分解化和模块集中化顺利进行的框架性标准和规则；另一方面还拥有整个价值网络终端市场的客户和渠道资源，进而集成价值网络的终端产品参与外部市场。处于第二层次的是系统集成商，通过制定适当的任务结构和界面规则，确定模块的功能和规模，在实现各功能模块链接的基础上完成网络价值流的整合。处于最低端的是模块供应商，作为基础的网络单元，它在遵循既有系统设计规则的基础上，充分利用自身要素禀赋优势，独立完成模块子系统的规则制定、内容开发和工作进程。集群式价值网络的生成，使不同产业价值链出现交错与融合，节点企业高度协作、柔性进出、松散耦合，并可通过价值提升与网络拓展，带动价值网络重构，从而促进区域产业创新和经济升级。

具体而言，在价值网络背景下，产业集群中的生产性服务价值链嵌入与制造业转型升级开始呈现出纵横交织、协同演进的新动态。伴随着单一的制造节点反复裂变为具有丰富异质性层级主体的立体模块，对生产性服务需求的广度和深度显著增强，对服务产品的需求也逐步多样化和差异化，区域性服务市场产品生产体现出精细化、标准化趋势，不同类型的生产性服务企业大量涌现，其规模化和专业化竞争优势进一步凸显，许多生产性服务企业在制造区段的上下游服务区段中快速成长，从模块供应商发展成为系统集成商乃至规则设计商，如图12-3所示。由此，生产性服务业已由发展初期的向生产企业提供单一性或阶段性的服务，逐渐发展成为提供全方位、全过程的知识、技能和技术服务。换句话说，生产性服务业不再是产业集群创造价值的从属部门，转而密切地与制造业通过跨组织网络资源互动共创价值。综上所述，生产性服务业部门在本地经济结构中的比重显著加大，生产性服务业集聚区域升级为集群式价值链网络的"供应核"或"智力核"，各类服务行业或企业由于地理集中而发生的竞争与合作，将引发集群式价值链网络不断重构，以降低贸易成本和提升专业化水平为纽带推动制造业转型升级。反过来，制造业转型升级又会对生产性服务业内部的分工深化提出更高要求，促使其不断强化集聚的规模报酬递增效应，形成产业升级的累积循环因果关系。

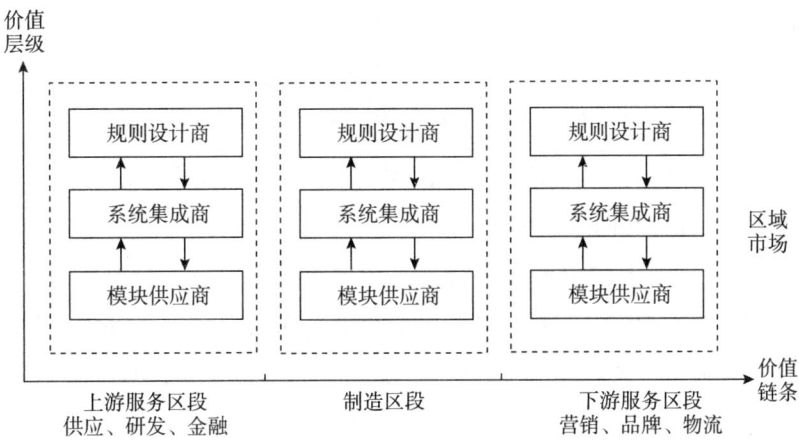

图 12-3　生产性服务业集聚的成长阶段

12.3.3　成熟阶段

集群式价值链网络分工的内在要求与区域条件的外部限制是一组相对的力量：受到区域条件的制约，价值链网络的成长会在一个区域内出现相对的稳定状态；但在区域间要素转移约束得以放松的前提下，集群式价值链网络的演进将会突破传统的地方或者城市界限，在更大的区域空间范围内寻求发展空间，获取广域集聚经济。

如前所述，当集群式价值链网络经历了快速成长时期，发展到一定规模后，其内部产业化分工协作程度极大提高，配套协作、信息传递等功能日趋完善。然而，此时扩张的动力趋于弱化，而阻力则趋于增强，它面临着空间范围演化新的路径切换。对于制造业来说，随着城市化进程的推进，劳动力、土地等要素成本不断上涨；区域间交通运输成本却持续降低，因此制造业部门可以在更广的区域范围内的中小城市分布，以实现前后向联系和共享劳动力市场。而对于生产性服务业而言，为满足规模更大、日趋复杂的知识创造、溢出和积累的需求，它必须依托大城市区域充足的知识密集型劳动力和人力资本来集聚发展，以获取城市化经济收益。换言之，一方面对于不同的产业部门，空间增长模式存在差异，当不同产业的规模报酬状态乃至在整体经济部门中的相对重要性出现变迁时，空间结构会相应地发生变化；另一方面对于特定的产业部门，空间集聚发展模式也将随着其不断成长而发生变化。正是由于区域产业间联动增强，集群式价值链网络以提升要素和资源空间配置效率为导向跨区域展开新的产业空间重构，生产性服务业和制造业生产要素（资本、劳动力等）开始出现跨区域流动，从而实现空间职能分工。

空间职能分工在两个层面上表现出二三产业在不同城市间产生空间分异的态势：一是在纵向的价值链区段上，管理部门（如公司总部、营销部门）和研发部门向大型中心城市集聚，加工和制造部门则向中小外围城市集聚。二是在横向的价值模块中，整机组装、先进制造等制造系统集成商或规则设计商向技术和资本密集的大型中心城市集聚，而零部件、原材料供应等制造模块供应商向劳动力和土地要素充足、成本相对较低且产业配套能力强的中小外围城市集聚；同时，总部经济、金融财富、创意服务、商贸综合平台（大型零售商、大型电商、大型专业市场、第四方物流）等高级生产性服务系统集成商或规则设计商侧重在大型中心城市形成多样化集聚，产品开发、商务服务、技术咨询、电子商务、第三方物流、专业市场等生产性服务模块供应商则侧重在中小外围城市形成专业化集聚。那么，在集群式价值链网络空间职能分工的引导下，生产性服务业集聚与制造业转型升级的联系进一步升级为依托城市网络的协同动态：一方面，位于服务功能高位层级的大型中心城市不仅要通过生产性服务业多样化集聚服务于升级前沿新动态和新情境都十分丰富的本地制造业，还要努力扩大服务辐射的空间范围，推进中小外围城市制造业转型升级；另一方面，位于服务功能低位层级的中小外围城市通过构建具有鲜明特色的生产性服务业专业化集聚，同时接受中心城市功能齐全的高级生产性服务辐射，从而对本地制造业转型升级起到良好的支撑作用。正是集群式价值链网络在不同功能等级的城市间所实现的二三产业空间重构，推动了集聚经济圈的形成。众多集聚经济圈集中了一国大部分有形产品和无形服务的生产能力，具有产出和产能高度集中，或者产品对外高度输出等特征，是一国参与国际竞争的战略性空间载体，也是国家先进生产能力的典型代表。可以说，集群式价值链网络演进过程中在集聚经济圈内部引发的生产性服务业与制造业协同分工，是其产业组织和空间范围演化实现双重跨越的关键特征，标志着价值网链日趋成熟，如图 12-4 所示。

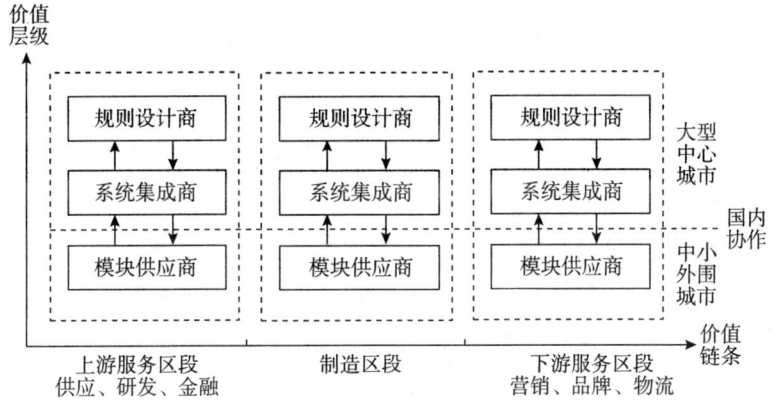

图 12-4　生产性服务业集聚的成熟阶段

值得注意的是，这一阶段生产性服务业不再局限于服务制造业，同时也开始服务生产性服务业本身。来自企业内或企业间生产性服务部门在集聚经济圈的空间分布，依托集聚形成日趋重要的生产性服务前向关联和后向关联，可贸易程度显著提高。最终服务供应商需要得到其他服务供应商的人力、资本、信息、创意、计划和知识等中间投入，才能为客户完成服务产品的生产和销售。而且上述关联不仅存在于服务企业和跨国公司总部之间，还愈加体现在圈域中小型服务企业之间。于是，基于复杂多样的企业间、行业间商业联系和市场交易，传统生产要素被颠覆，众多新模式、新业态应运而生，生产性服务业在集群式价值链网络的不同价值区段、不同模块层级相互提供中间服务产品，对圈域协同贡献度明显上升，从而逐步取代制造业而成为驱动集聚经济圈形成城市网络联系的关键力量。

12.3.4　蜕变阶段

历经形成、成长和成熟阶段之后，集群式价值链网络演进面临着更大的挑战，它必须在更高层次上回应一国产业升级与区域经济协调发展，及其提升在全球价值链位势的诉求，才能迈出价值创造功能最高端、最有创新性、最具跳跃意义的一步，从而显著延伸生命周期，否则将有可能因为在更广范围的价值网络竞争中失去优势或遭遇不利的环境变化冲击而走向衰退。于是，集群式价值链网络进一步突破不同集聚经济圈的地域边界展开裂变重组，协同构建以内需为本、区域协同、知识主导、服务拉动为内核的国家价值链，成为其升级乃至蜕变的关键路径选择，并为真正掌握我国产业转型升级的主动权打开更为广阔的空间。

国家价值链依托庞大的国内市场需求发育而成，并由本土企业主导和治理产业价值链的高端或核心环节，如自主研发创新能力、终端营销渠道、品牌等，它的构建将竞争模式从"环节对链条"过渡为"链条对链条"，与全球价值链并行发展，相互竞争。进一步地，国家价值链是集群式价值链网络更深层次耦合重构所形成的共同体：在产业组织演进方面，制造业和生产性服务业共同构建自主发展型价值网络，形成具有内生分工演进能力的市场化网络联系，促进产业结构优化升级。其关键在于培育一批能够引领产业分工深化、提升专业化水平、产生迂回生产报酬递增效应且拥有全球化产业价值链集成能力的制造型、服务型系统集成商或规则设计商，如图12-5所示。

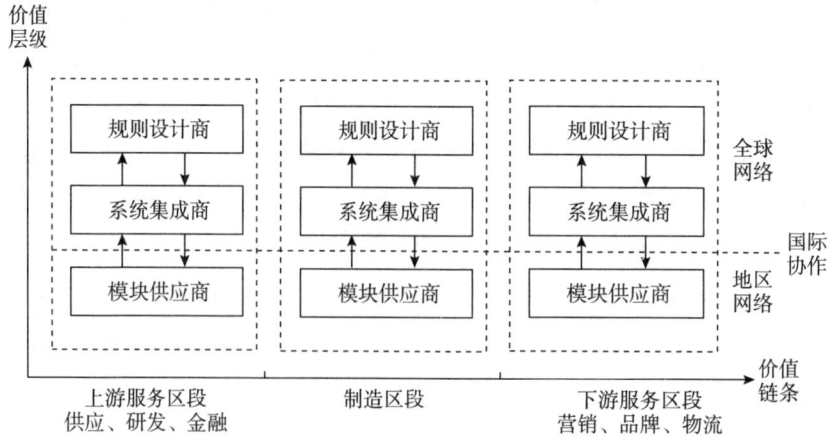

图12-5 生产性服务业集聚的蜕变阶段

国家价值链明确透视出大国产业转型升级的全新内涵，即不再简单依靠自然资源和低端劳动力参与价值链劳动分工，转而通过知识、信息和技术等高端要素重构国家知识分工体系，并向价值网链高端攀升。生产性服务业将逐步成为国家支柱产业。另外，在空间范围演进方面，国家价值链重构需要不同地理尺度的区域单元（如城市之间、集聚经济圈之间、东西部地区之间）在发挥比较优势的同时应合理分工，我国不同区域和城市若能积极顺应从劳动分工向知识分工跨越的价值生成机制升级趋势，就能够在国家价值链重构中实现合作共赢的产业升级。当前，建立在知识分工基础上并紧密依托低成本、高技能知识型劳动力禀赋的知识密集型服务业集群，正在不同国家的后发区域兴起，恰好为国家价值链重构带来新的突破口。更具体地说，一方面，东部在将劳动密集型制造业向西部转移的同时，更要率先在向具有全球竞争力的先进制造业和高级生产性服务业升级上取得实质提升。当前，东部一批大型企业已具备了较强的产业链系统集成能力，例如华为（全球化的电信设备产业链系统集成商）、阿里巴巴（全球化的平台型网络市场）、深圳华强北电子商品交易市场（由几万家电子元器件厂商构成的电子资源要素调配平台）等。大型系统集成商或规则设计商对外可主动嵌入全球创新链，会聚全球更优质的生产、创新和智慧要素为我所用；对内则可引领国家知识分工和国家价值链重构。于是，东部完全可以跨区域引导构建崭新的知识型价值网链，以大型系统集成商或规则设计商为发包方，将一部分低成本、标准化、模块化的知识工作外包给西部，自身则更多地聚焦于国家价值链分工网络制度设计及竞合规则的制定和维护，主导高端产业发展并带动形成国家价值链整体竞争优势。另一方面，西部在承接东部转移的劳动密集型制造业时，也应通过积极培养和积累低成本、高技能知识型劳动力来升级竞争优势要素，为东部承接知识代工，进而发展知识密集型服务业集聚而蓄积知识技能，促进传统制造业转型升级。此外，西部还可以借此大胆融入社会发展和商业模式向云经济时代更新的浪潮，利用最新兴起的物联网、大数据、云计算等智慧技术，在具有更高异质性、隐含性、不确定性和动态性的云端市场挖掘客户需求，构建西部知识密集型服务业集群的自主品牌，主导形成国家价值链高端环节。

概括起来，国家价值链重构立足于自主发展、自主协调，是集群式价值链网络在一国范围内的高端化扩展，推动国家产业升级，因而是价值网链蜕变的载体形式。由此，一国产业呈现出趋于高度服务化的特征，生产性服务业跨越更大的区域范围扩散分布、错位集聚，各地区逐步形成完整的生产性服务业产业链；更重要的是，基于知识分工的垂直型合作甚至水平型合作越来越多，并且占据主导。这时，国家生产性服务业协同网络得以建立，形成一批全国性甚至全球性服务中心城市，呈现"中心—外围"集聚模式：首先，发达地区（东部）是"中心"，主导生产性服务高端环节；欠发达地区（西部）是"外围"，承担生产性服务中低端环节，但其仍有可能后发赶超，同样也能成为国家价值链的核心节点。其次，新兴知识密集型服务业集群是"中心"，传统劳动密集型服务业集群是"外围"，生产性服务业驱动国家产业转型升级的动能极大加强。总之，国家生产性服务业协同网络的构建完成，将进一步实质推动国家价值链重构，促使集群式价值链网络演进实现蜕变。

集群式价值链网络沿着产业组织和空间范围两个维度生发和演进，推动制造业和生产性服务业在不同地理尺度的经济单元实现协同转型升级。在此过程中，生产性服务业从内化于制造业的服务职能，进阶为城市产业发展的"服务核"、集聚经济圈城市经济联系的枢纽，最终发展为引领国家价值链重构的核心产业，从而使其集聚模式也循此路径递进演化。所以，在集群式价值链网络演进的统一分析框架下，将有助于加深对当前区域和城市之间生产性服务业集聚存在不同模式的内在逻辑和变迁规律的认识，也有助于为促进生产性服务业集聚的政策制定提供实践参考。

12.4　生产性服务业集聚与全球价值链攀升

12.4.1　区域市场

拥有巨大本土市场且消费结构正处于高级化阶段的中国，实现国家价值链与全球价值链的协调，是全球化条件下实现产业升级的最重要的问题和战略。重新构造基于现代产业体系导向的国内价值链（NVC），并不意味着我们提倡实施计划经济时期的封闭战略，也不是要走什么出口导向逆变为进口替代的老路，而是要在融入全球价值链（GVC）的基础上，重新整合中国企业赖以生存和发展的产业关联和循环体系，重新塑造国家价值链的治理结构，重新调整位于不同区域的中国产业之间的关系结构，为中国制造业升级和经济的可持续发展奠定坚实的发展平台，GVC 与 NVC 条件下产业升级的比较如表 12-1 所示。

表 12-1　GVC 与 NVC 条件下产业升级的比较

	GVC	NVC
可实现的升级类型	工艺升级、产品升级	工艺升级、产品升级、功能升级以及链的升级
品牌构建能力	弱	强
营销渠道终端控制能力	无	有
自主创新能力	弱	强
面对的市场需求特征	不接触终端客户和需求，需求较为稳定	不接触终端客户和需求，需求较不稳定
是否为价值链的主导企业	不是	是
产业转移机制	一般是国外转移循环机制	一般是国内循环转移机制

在融入 GVC 的基础上重新构建与其并行的 NVC 战略，不是要放弃已有的国际市场需求和份额，而是要由依赖国外市场转化为以国内外市场并重。依托国内市场做品牌，然后一步步地做成世界品牌，与满足当前的出口导向的需求之间是没有多少矛盾的。它与一方面接受大买家的订单，另一方面又用别人的设计和技术与别人直接进行出口竞争的做法不同，可能并不立即触犯大买家的根本利益，因而可能不会立即遭到来自国际大买家的围追堵截和坚决抵制。而且，实施这一战略的相对成本也是国内实力弱小的企业可以接受的，其相对熟悉的市场和文化背景，也决定了这一战略的可实施性。

在不同类型和性质的价值链中，集群中的企业可以发挥所谓的"杠杆能力"，即把在某条价值链中学习到的东西，运用到另外一条价值链的某种升级活动中，从而实现低成本的产业升级。我们认为，忽视了当今产业集群中许多企业既加入 GVC、又同时有可能加入 NVC 和区域价值链的现象，就很容易得出发展中国家企业既无法摆脱国际大买家的控制，又升级无望的悲观结论。

国家价值链基于国内本土市场需求发育而成，由本土企业掌握产品价值链的核心环节，在本土市场获得品牌和销售终端渠道以及自主研发创新能力的产品链高端竞争力，然后进入区域或全球市场的价值链分工生产体系。我们之所以说在 NVC 条件下，发展中国家企业可能会拥有完整实现产品链升级能力以及国际竞争力，其背后的原因在于以下几个方面：

本土市场的容量特别是高端市场的容量，是决定该国企业或产业创新能力能否培育而成的最根本因素。无论是企业的产品设计与研发，还是其生产制造和商业化环节，创新活动得以实施的最根本、最有效的激励因素，是创新成本与收益的权衡比较。只有经济体中存在足够规模的收入处于增长阶段的消费者需求，以及对高价格的创新产品有购买支付能力的意愿需求时，企业的高级要素投入才能得以最终转化为创新活动的收益。

对成长中的中国经济来说，越是处于产品或产业价值链环节的高端要素，就越要依赖于高速增长的新兴市场空间来实现其价值的转移和增值过程。因此，依赖本土市场的 NVC 可以通过本土市场对创新的支持，内生地培育出其本土企业或产业的高级要素发展能力，这被称之为"需求所引致的创新"。这对于发展中国家来说，如果能够有效地利用自身高速增长的本土市场需求规模和空间结构变化，培育出高级专业化要素条件，这就意味着其具备了相对于发达国家所拥有的高级要素的同等竞争能力。进一步来看，在经济全球化背景下，发达国家如果仅仅具有产品价值链中某种核心技术环节的控制力，而不具有产品终端需求市场控制力，其实并不能实现其 GVC 中的高端环节高研发投入活动的补偿与收益，以及对利益分配的控制力和主导权。

从竞争手段来看，发达国家日益依靠对市场进入壁垒的打造来获取其竞争优势，主要表现为由价格竞争转向为以构建知识产权保护和专利池体系为核心的市场进入标准体系制定权的竞争。一方面，发展中国家依靠以本土企业所拥有的专利为基础所构建的本土市场进入标准体系，既可以强化本土企业所具有的高级要素竞争优势，又可以以专利授权收费方式来构造针对国外竞争者的进入壁垒，抑制模仿者的技术赶超能力，确保本土企业所投入的研发活动费用得到充分补偿；另一方面，利用本土企业所拥有的专利标准体系，可以作为一种进入别国市场、绕开对方市场标准壁垒的交换"筹码"。我们的一个基本看法是，在 NVC 条件下，发展中国家企业既可以通过学习曲线效应逐步发展出自身的高级要素，更为重要的是，又可以在自己国家内部实现上述经济发展的良好循环机制。也就是说，专业化市场中的中国制造企业，具有在国外市场与国内市场之间进行功能"切换"，而不仅仅是被"锁定"的发展空间。随着经济的持续发展，国内本土市场出现一定数量具有中高端需求的消费者（中等收入阶层的兴起），而且，这个市场拥有层次丰富的、具有"接力棒"特征的需求空间结构，这就为中国制造业构建 NVC 以及 GVC 向 NVC 的转化与协调，提供一个基于高速成长的本土市场的支撑的发展空间和发展机会。

中国手机制造与新零售的发展，具有典型的融入 GVC 的基础上重新构建与其并行的 NVC 战略的体现。数据调研机构 IDC 发布了 2017 年全球智能手机出货量排名，三星、苹果、华为不出意外地稳居 2017 年全球智能手机市场出货量前三，随后是 OPPO 和小米。前五大智能手机厂商出货量分别为 3.173 亿台、2.158 亿台、1.531 亿台、1.118 亿台以及 9240 万台，如表 12-2 所示。

表 12-2　2016 年和 2017 年全球手机出货量情况　单位：百万台，%

排名	公司	出货量（2017）	市场份额（2017）	出货量（2016）	市场份额（2016）	年增长率
1	三星	317.3	21.6	311.4	21.1	1.9
2	苹果	215.8	14.7	215.4	14.6	0.2
3	华为	153.1	10.4	139.3	9.5	9.9
4	OPPO	111.8	7.6	99.8	6.8	12.0
5	小米	92.4	6.3	53.0	3.6	74.5
6	其他	577.7	39.5	654.5	44.4	-11.7
7	总计	1472.4	100.0	1473.4	100.0	-0.1

资料来源：IDC。

同时根据著名调查机构艾媒咨询数据显示，2017年中国智能手机市场由中国手机厂商引领，华为以20.9%的销量占比成为中国智能手机销售量最高的厂商，OPPO、vivo紧跟其后。小米手机在2017年实现逆势增长，市场销量占比为12.9%，超过苹果手机，在中国智能手机销量占比中排名第四。

不仅在国际、国内手机出货量方面中国手机厂商具有优势之外，在高端手机与核心部件方面中国手机厂商也逐渐获得显著成长。在欧洲市场，华为已经跻身前三，主要机型成为高端机型的主要选择。在手机芯片方面，2017年，小米正式成为全球第四家掌握芯片研发技术的手机厂商。继华为之后，再度出现掌握"核心技术"的国内厂商。

纵观中国智能手机产业的发展不难发现：一是只有经济体中存在足够规模的收入处于增长阶段的消费者需求，以及对高价格的创新产品有购买支付能力的意愿需求时，企业的高级要素投入才能得以最终转化为创新活动的收益。二是依托处于增长阶段的消费者需求，获得品牌和销售终端渠道以及自主研发创新能力，逐步形成产业完整的NVC产业链。三是融入国际市场与GVC，在国内市场占据主导后，逐步拓展同等需求市场，并不断提高高端市场份额，充分利用国际资源，融入GVC，并在GVC中有模块供应商不断向规则制定商与集成商转型。

中国的零售业态创新与技术应用，在国际上处于领先地位，其原意从根本上来说也是立足于消费升级，经济体中存在足够规模的收入处于增长阶段的消费者需求，以及对高价格的创新产品有购买支付能力的意愿需求时，消费的个性化与多样化，首先带来了零售企业为了满足消费需求的商品与服务价值链重构。其次围绕商品与服务价值链重构，为了弥补价值链的短板，例如移动支付、物流、信用体系、大数据、人工智能，零售企业进行自主研发创新，形成为零售赋能的智慧商业基础设施，逐步形成了新零售完整的NVC产业链。在此基础上，不断拓展国际市场，利用国际资源与反向服务外包，逐步融入国家产业GVC，并在GVC中成为规则制定商与系统集成商。

12.4.2 高级要素

制造业出口主要利用的是低级要素投入的比较优势，而不是通过投入

"高级要素"所体现出来的国际竞争力。改革开放以来，我国制造业的国际竞争力一方面通过制度改革，激励低级要素投入的生产率来实现的；另一方面也说明波特所说的"高级要素"和"专业化"要素（资本密集度、人力资本、技术创新等因素）作为制造企业的中间投入，对于提高企业附加值有促进作用，其实所谓的"高级要素"和"专业化"要素就是生产性服务，格鲁伯和沃克（1989）生产者服务业是把社会中日益专业化的人力资本、知识资本导入到商品和服务生产过程的飞轮。ASP对制造业的投入，相当于波特竞争理论（Porter，1998）中所说的专业化的"高级要素"，它能够大幅度地提高国家的生产率，从而成为GVC下提升我国制造业发展水平的关键要素。

生产性服务作为高级要素在我国制造业国际竞争力形成的过程中，由于缺少现实的嵌入机制，因而不能发挥应有的作用。在现实中，现代的"高级要素"难以嵌入中国制造业并由此形成制造企业竞争力，我们认为主要的原因是：问题的本质就不是要不要注重高级要素投入的问题，而是在现有的发展条件约束下，如何利用我国与发达国家之间的要素禀赋差异，既能够取得现实的贸易利益，促进经济稳定和充分就业，又能够在动态的发展中逐步改善投入结构，挣脱"比较优势"陷阱的诱惑，实现产业升级目标。这就需要寻找符合现阶段发展要求的现实可行的"高级要素"的嵌入机制。

这种激烈的竞争态势，使中国沿海地区的制造业集群不注重研发支出、不进行人力资本投资，仅仅进行高消耗的低成本竞争，在带来世界制造业为之恐慌的"中国价格"的同时，也在很大程度上诱发了某些定位于"低级要素"的制造业集群的整体性衰退。因此，不能找到"高级要素"的嵌入机制，我国大批功能单一的制造业集群将会在可以预见的未来，特别是其他要素禀赋比我国更为优越的发展中国家加入全球竞争后，面临大规模消失的严峻局面。通过生产性服务业集聚来增强对制造业竞争能力，这种嵌入机制的实现形式，关键是要在地理区位上建立一个贴近服务对象的高级要素投入市场。在集群的建设和发展上，由于先进制造业和现代服务业之间不是竞争关系，而是互补性关系，更严格地说先进制造业对"高级要素"的投入存在着严重的依赖性，因此我们可以用生产性服务业来大力吸引先进制造业的邻近配置，以实现两者的协同定位和协同集聚。

12.4.3 生产性服务集聚的嵌入机制

生产性服务集聚作为"高级要素"最重要的嵌入机制，是实现制造业攀升的核心。首先要有"非技术创新机制"来支持其产业化或商业化的进程，否则一定会陷入技术创新的"欧洲悖论"。高水平创新成果就无法转化为产业的技术进步成果和企业的竞争力。我们认为，这种"非技术创新机制"表现在空间关系上，就是现代服务产业与制造业之间的协同定位和协同集聚机制。通过企业为主体的市场化运作和资源整合，以 ASP 主导的服务业集聚区聚集了来自国内外产业界、科研机构、高等院校、金融界、其他中介部门和政府等目标一致的力量的融合，有效地降低了来自技术创新的风险和不确定性。立足于集群的区域技术创新和非技术创新，使中国产业集群不仅拥有优异的生产系统，同时还有与之相匹配的技术创新系统、市场创新系统和制度、管理创新系统。

生产性服务业集聚在产业组织和空间组织进行更高水平的资源整合，是典型的"非技术创新机制"，该机制作用的发挥有助于生产性服务业与制造业协同发展。在生产性服务业集聚过程中，立足于本土企业主导和治理的国家价值链 NVC 发挥关键作用，尤其 NVC 中的规则制定商与系统集成商，规则制定商与系统集成商是具体空间组织与产业组织的最终实施者。在生产性服务业集聚与知识分工的交互作用下，掌握着关键知识、核心知识或者有着较强知识整合能力的组织就会在网络竞合过程中脱颖而出，这里的组织可以是单个企业，也可以是多个企业结成的联盟，或是某个企业集群，他们作为价值链系统整合者掌握市场网络、核心技术或者体系化知识，从而可以主导价值链。系统集成商通过知识整合最终确定模块之间的联系规则，并形成标准以知识共享的形式传播给各模块生产企业，而模块供应商或节点企业一般仅掌握专业领域的专业知识或局部领域的专门知识。我国东南沿海一些企业利用区域生产性服务业集群相对比较发达的良好环境，及其长期在全球价值链底部"干中学"所积累的经验，将某些生产的低端环节外包给外围其他企业，而仅专注于研发、设计与销售等高端环节，具备了一定的系统集成能力与国家价值链治理能力，某些产业已经具有了国家价值链的雏形。以规则制定商与系统集成商，构成国家价值链 NVC，并在此基础上将生产性服务——"高级要素"融入生产过程，并通过生产性服务集聚的"非技术创新机制"，形成生产系统与技术创新系统、市场创新系统和制度、管理创新系统相结合的复杂系统，依托生产性服务形成的技术创新系统、市场创新系统和制度、管理创新系统其实我们可以定义为覆盖全社会的生产性服务平台，为接入其平台的生产企业赋能，实现其报酬递增。在此基础上，拥有更进一步的自我学习与持续完善的修炼机制，从而在更高层面上支持并实现产业集群的升级目标。

国家价值链的构建，离不开品牌树立基础上专业化市场的培育以及对销售渠道的掌控，离不开自主研发能力为核心的知识创新，离不开以系统集成商为中心的网络组织内企业间的协同合作，而建立在知识分工基础上的生产性服务业集聚式发展为这些条件的促成提供了良好平台和有效途径。如果此时发展中国家没能够跟上产业升级的步伐，不能够提高能力成为系统的集成者、次级系统集成者或者供应商的一部分，就会被甩出全球分工体系。新的竞争优势没有形成，原有的比较优势失去，这就会导致掉入"中等收入陷阱"。因此，发展中国家必须进行主动的产业升级，研究发展中国家如何通过自主分工演进获得产业结构优化的主动权，有着重要的意义。

12.4.4 虚拟整合

产业价值链是提供能满足消费者某种需要的一种效用系统，消费者需求是其核心内容。离开了消费需求，产业价值链便失去了存在的基础。所以，消费需求是影响产业价值链形成与变化的首要因素，也是决定性因素。价值转移的根本原因是顾客需求的变化，比如，需求转向个性化的定制、要求全面的解决方案、对速度和灵活性的更高要求等。中高收入群体的存在，对价格相对缺乏弹性，使得产业链有一定的利润空间进行研发，中高收入群体的存在是产业价值链报酬递增的直接来源。

产业价值链是基于产业系统价值活动的自组织行为。它把价值的视野放到更大的价值结构中，形成更为宏观的价值创造组织形式。一般来说，在产品的创新期，产业链尚未形成，各企业的价值链相互独立，联结松散。在产品的发展成熟期，通过产业整合，企业被固定在产业的专业环节上，而产业链则通过企业价值链的创新联结而形成。关系成为价值创造的核心要素，由于数据的二重性，关系将形成分布式可验证的数据，引导价值创造活动。

价值链包括有形价值链和虚拟价值链。有形价值链又称为物质价值链，是指一种商品或服务在创造过程中所经历的从原材料到最终消费品的主要生产流程，包括采购进货、生产作业、市场营销、售后服务等直接价值创造活动和技术开发、人力资源管理、财务会计、法律咨询等辅助活动（Porter，1985）。信息技术高度发达的新经济时代，构成企业价值网络更为重要的是，具有知识经济属性的虚拟价值链。虚拟价值链又称为知识价值链，是由企业中的隐性知识和无形资产组成，包含了更多的创新元素，如产品设计、品牌管理和产品分类管理等。企业的有形价值链和虚拟价值链的各个环节在价值增值的过程中，既平行又相互关联。

价值链的整合是指按照联系规则（界面标准）将独立的价值模块整合起来形成更加复杂的价值功能系统的过程。随着信息技术的发展，不同企业之间的交易成本持续下降，具有不同竞争优势的企业将单个价值模块进行跨企业的重新排列和组合，形成更有效力的价值链，这就是价值链重建的过程，它包括企业内外价值链的形成和融通两个阶段。数据在价值链结构、重组和整合过程中成为主导。

12.4.5 价值网络重构

为了应对经济全球化和新经济时代的挑战，提升企业竞争力，具有不同价值链的企业纷纷采取合作战略，把各自的价值链连接起来，转化为企业之间的价值星系（Value-Constellation），进而演变成一个包含有供应商、渠道伙伴、服务提供商及竞争者的价值网络（Callahan，Pasternack，1999）。价值网络按照功能由三个部分的活动构成：一是价值链活动，通过上下游企业一连串的价值创造活动，不断改变产品的性状，赋予其一定的功能属性，能够满足客户的需求；二是供应链活动，表现为商品的空间转移，包括原材料、中间产品和商品在供应商、制造商、销售商、消费者之间的转移和交接过程，供应链的效率越高，则转移成本越低；三是产业链的整合，不同产业上下游通过信息传递、知识共享在价格、产量、策略等方面实现纵向协同，更好地满足市场需求，获得一体化的产业链利润，这个功能主要由产业链集成者来承担。价值链、供应链、产业链不同类型的活动交织在一起，形成价值网络，并通过价值创造、价值传递和协同等功能的履行，完成对客户的最终价值交付。

Manning S.（2013）认为原有产业价值链不同节点进化为"即插即用"的价值模块，并为价值网络结构的形成提供了基础。所谓模块化，通常是指通过每个可以独立设计的，并且能够发挥整体作用更小的子系统来构筑复杂的产品或业务过程。模块化是极致化分工与极致化合作的结果。模块化来自产品供应链的分工组合。从原子型结构企业到网络型结构企业转变的基础是产品分工，产品分工首先是把产品分拆成部件然后把部件拆分成区段、环节，分要分到极致，直到出现分无可分然后进行归类、组合；合要合到极致围绕不同环节、区段、部件组合成系统模块，再把模块归类为通用模块、专用模块，进而制定模块的界面联系规则和系统集成规则最终组装成为产品。这里产品采取模块化研发生产方式，以适应市场需求的动态化和个性化。模块化来自企业经营环节分工组合。产品分工组合不仅沿着产品分类还要在产品供应链的各个区段上进行，即每一研发、制造、营销、营运区段都要进行再分工，分工分到极致，各个区段四分五裂成为自主经营的企业实体，这些区段完全暴露在社会之中，在世界化、网络化的商业体系中进行优化配置，追求产品成本最低和企业利润最大。然后在全社会范围内对研发、制造、营销、营运等区段进行大规模的协同整合，整合产生效益。这里模块化实质上是将分工产生效益和整合产生效益融为一体。现在，移动互联网时代个人是一个具有能力、知识、思想和资源的集合系统，个人与企业具有平等的市场地位，具有功能相当的工具和自由环境，个人自由、个人力量和个人价值被无限放大，社会进入个人帝国主义时代。

12.4.6 模块化网络

信息经济时代，产品系统越来越复杂，生产知识之间的互补性越来越强，知识分工开始深入发展。在此背景下，工业经济时代常见的同质化竞争策略被基于生产知识互补的异质化合作策略所替代。工业经济时代的经济组织的主要特征是分工，而信息经济时代经济组织的主要特征是分工深化后的融合。

对产品架构模块化程度的改变是要花费成本的，既包括企业的直接投入，也包括因产品模块化程度变动所带来的风险。而产品架构模块化程度改变的收益主要来源于新模块所构成系统的性能有较大提升，或者是新模块创造出新的市场需求。产品架构是模块化还是一体化，需要企业在成本和收益之间进行抉择，最终选择向净收益为正的产品架构演进。

标准模块化制造网络由两类企业组成：一是标准模块集成企业；二是标准模块制造企业（其中又分为通用标准模块制造企业和专用标准模块制造企业）。每一个集成环节和制造环节都会聚集若干个企业，一个上游的模块集成企业可以同时面对若干个下游模块制造企业，而一个下游的模块制造企业也可以同时面对若干个上游的模块集成企业，原有的单向链式的契约关系被打破，企业与企业之间形成了网状的契约关系，产业价值链也完成了向立体价值网的演化。企业双向动态的选择过程和多对多的产品生产格局，使产品的创新速度出现倍增效应。生产过程中选择集合的丰富直接与需求的多样性相对照，同时提高了对市场需求的满足程度和市场的响应速度（找到与需求相匹配的产品较以往容易得多），使产业的"柔性"与"敏捷性"都大大增加。

企业可以看作是集成知识的一种制度（Grant，1996），企业在价值链中位置的不同以及在价值链同一环节竞争地位的不同很大程度上是由于企业所拥有的知识的差异。知识的获得要比知识的利用要求更高的专业化，它需要协调拥有不同类型知识的各个专家的努力。但由于知识的不可移动性和显性知识被潜在购买者掠夺的风险，市场不能胜任协调的角色，也就是说，市场能有效率地传递产品，但不能有效率地传递知识（Grant，1996）。因此，如果企业不是试图学习其他企业的知识而是购买其他企业的产品，那么该企业无须掌握该产品的生产知识就能够直接使用该产品进行生产和销售。模块同样也是一种重要的产品形式，因此对于模块的使用者来说，通过市场购买模块要比自己生产模块容易得多。在模块化的产品架构中，各部件（模块）之间通过标准化和编码化的界面松散地连接起来。当一个企业将购买来的模块与其他部件组织到一起形成完整的产品时，它没有必要了解模块内部蕴含的知识，它只需要了解模块的界面信息。也就是说，模块相当于一个知识集成的黑箱，只需掌握模块的输入、输出信息就可以使用该模块。

模块是半自律性的子系统，它可以和其他子系统按照一定规则构成更加复杂的系统或过程。模块化生产沿着工艺与产品模块化、企业组织模块化到产业组织模块化的路径演进，模块化是产业链整合的关键。甚至可以说，新经济时代就是模块化时代。但模块化有一定限制条件，如果系统规则不能适应动态市场环境，模块化就可能阻碍创新。模块化产业组织有一大特征：在统一产业标准或系统规则的协调下，各个模块可以自发地演进。产业标准及其带来的协调成本是影响模块化产业组织效率的关键因素。融合是信息经济时代新兴产业组织的本质特征。模块化产业组织在统一系统规则（产业标准）协调下，相关产业的生产要素重组、融合，组成一个创新能力强，且交易费用低的模块化网络。模块化产业组织通过组织创新促进了技术创新，提高了技术效率，并扩展了规模经济和范围经济效应，从而推动了创新驱动发展这一战略。

模块化在产品内分工的基础上打破了企业、产业和地域的界限，实现了生产要素的跨企业、跨产业、跨地域的有机融合，使产业组织形成一个动态演化的生态系统，这才是信息经济条件下新兴产业组织的本质。产业组织模块化是对不同生产要素，尤其是生产知识的分割、重组与融合，这种融合不是简单的联合，而是组织间的生产要素与资源相互渗透，相互交融，使企业和产业的边界模糊化，自发地涌现新的组织结构并带来报酬递增。产业组织模块化是一个不断演进的融合过程。在产业组织模块化发展初级阶段，一个产品的价值链在同一个产业相关企业间分割、重组与融合。在产业组织模块化发展的中级阶段，产业链在相关产业间分割、重组与融合。而到了产业组织模块化发展的高级阶段，信息技术的高度发展使模块化价值网络系统开始在任意可能的产业间分割、重组与融合，这时就会出现传统与新兴产业的大规模融合。此时，产业边界不再清晰，协同发展成为常态。

从耗散系统理论角度来说，模块化产业组织是一个可以自发演进的自组织系统。系统信息同化保障了模块化产业组织的开放性，个体信息包裹化使系统有适度的隔离和保护机制，这都是系统自组织的必要条件。模块之间竞争和合作关系会导致新结构的出现，并使系统非线性化发展。一旦产业系统规则确定，产业组织中各个子模块系统便可以自主地演进。在产业组织模块化条件下，模块化产业内会有多个模块化契约网络存在，它们是全球产品内分工的组织者。从契约性质来看，模块化网络组织实现了企业契约和市场契约的融合。模块化网络组织不是科斯（Coase）所讲的科层制企业内长期契约对短期契约的替代，或一个契约对一系列契约的替代；也不是张五常（Cheung）所言的一系列契约代替了另一系列契约；而是中间产品（或服务）契约与要素契约的融合。模块化网络组织的治理结构不同于以往的经济组织，它是由技术领先者主导的多方共同治理，在产业标准或系统规则制定者的主导下，中间产品契约与要素契约通过不同的排列组合，融合成一个跨组织、跨地域，低交易费用且高创新能力的动态契约网络。模块化网络组织的整合者（中心签约人）可以通过对中间产品契约及要素契约不同排列组合来选择最有效率的契约网络。

　　模块化网络组织可以打破传统产业组织的限制，以占用最少生产要素生产最终产品，实现生产要素跨组织、跨地域的动态优化配置。同时，模块化网络组织能整合产业内外的创新资源，使创新自发地涌现。产业组织模块化既包含全球价值链（GVC）的分割，也包含国内价值链（NVC）的分割；既包含产品生产的分割，也包含服务与知识产权的分割。模块化生产是一种迂回生产（round-about production）方式，它在产品内分工深化，专业化程度提高的同时扩展了网络效应，可以增加产业的整体价值。研究产业组织模块化要研究产业链在相关组织间的分割及增值比重。

　　随着信息技术的发展，传统的集合型价值链发生以价值模块为基础的解构、整合和重建，形成具有差异化竞争优势的模块化价值链。不同企业的价值模块和模块化价值链在共同的界面标准内交叉连接、融会贯通，形成企业价值网络。企业价值网络集聚各成员企业的优势资源，将各能力要素协同在一个无形的网络平台上，通过不同组织模块间的协作、创新和竞争，能够产生新的竞争优势，使成员企业共享模块化经济，增强自生能力。企业价值网络的形成和拓展推动了企业边界的渗透和融合，导致企业有形边界与无形边界的分离。更为重要的是，企业价值网络通过对不同企业的能力要素进行组合，使企业之间能够利用对方的资产来发展自己，实现"杠杆增长"（罗珉，2004）。也就是说，企业扩张并非总要拥有所需资产，如果企业价值网络内部其他交易主体拥有该项资产，企业可以调动这些资产来支持自己的增长计划。

这样做，企业价值网络内部交易主体可以谋取增长带来的经济利益，同时又无须承担拥有资产所造成的经济负担。

模块化经济来源于企业价值网络的"新木桶效应"。企业不再仅仅考虑自己的一个"木桶"，即仅仅着眼于修补自己的矮木板，而是将自己的"木桶"解构，拿出最长的一块或几块与其他企业合作，共同构造一只更大的"木桶"，然后从新的"木桶"中分得自己的一部分。按照模块化的观点，企业可以用自己的强势部分与其他企业的强项相结合，这种基于合作构建的"新木桶"的每一块木板都是最长的，从而使得木桶的容积达到最大。

模块化组织的精髓是构建一个具有高度自律性、灵活性、创新性的自组织经营实体。在我们看来，经营单位的模块化就是把企业的各种能力基因重新组合成为具有极强市场竞争能力的企业基因组，使企业在隐性知识、资源、产品、顾客和服务等方面更为集中，重新定义或创新企业的商业模式。迈尔斯和斯诺认为，新的组织形态是一个球形结构，它是集战略、结构、管理过程于一体的、适应新的和变化的竞争条件的动态网络。按照卡尔利斯、鲍德温和吉姆·克拉克的说法，模块化簇群的实质就是突出组织中共有的、互补的竞争力，并给予各分部单位真实的战略选择权。组织的生长、发育是在一种内在基因——核心竞争能力的控制下，通过自组织演化而成形的，称为"自成形"。生物界或人类自身已经证明，"自成形"方法能够产生非常精巧、复杂和自生能力极强的组织结构。模块化组织和模块化簇群不仅仅是构建一个按一定规则相互联系的复杂性系统，更重要的是要使每一个模块具有一种独特的基因——核心竞争能力，成为一个"活的"组织。

拓展阅读

切肤之痛激发理性自强[①]

"任何通往光明未来的道路都不是笔直的"，突破核心技术肯定会带来阵

---

① 李拯. 人民日报评中兴事件：切肤之痛激发理性自强[N]. 人民日报，2018-04-19.

痛,但在关键领域、卡脖子的地方下大功夫,是为了用现在的短痛换来长远的主动权。

2018年4月16日晚,美国商务部发布对中兴通信的出口禁令,直到2025年3月13日,美国公司将被禁止向中兴通讯销售零部件、商品、软件和技术。中兴产品有大量进口自美国的元器件,尤其是芯片,中兴将因此蒙受巨大损失。消息传出后,中兴A股、H股双双停牌,其美国供应商的股票大幅下跌,最严重的跌了30%以上。

这不是美方对中兴的第一次调查,2016年美方已对中兴有过制裁。此次事件也让我们意识到核心技术受制于人的切肤之痛。《人民日报》就此刊发一则评论《强起来离不开自主创"芯"》,指出面对技术壁垒,不能盲目悲观,应该激发理性自强的心态与能力,通过自力更生真正掌握核心技术。

美国商务部日前宣布,今后7年内,将禁止该国企业向中国电信设备制造商中兴通讯出售任何电子技术或通信元件。这一事件在舆论场上引发深入讨论,出口禁运触碰到了中国通信产业缺乏核心技术的痛点。"缺芯少魂"的问题,再次严峻地摆在人们面前。

禁售7年对应的正是2025年,美国如此行事,真正的用意昭然若揭。如《纽约时报》所说,美国的真正考量是要遏制中国制造业升级,拖慢"中国制造2025"这一强国战略。这些年来,中国通信产业发展迅速,芯片自给率不断提升。华为的麒麟芯片不断追赶世界先进水平,龙芯可以和北斗一起飞上太空,而蓝牙音箱、机顶盒等日用品也在大量使用国产芯片。但也要看到,在稳定性和可靠性要求更高的一些领域,国产芯片还有较大差距。数据显示,2016年中国进口芯片金额高达2300亿美元,花费几乎是排在第二名的原油进口金额的两倍。互联网核心技术是我们最大的"命门",核心技术受制于人是我们最大的隐患——此次事件,让我们感受到切肤之痛。

面对技术壁垒,不能盲目悲观,特别不能对中国的高科技发展丧失信心。当此之时,应该激发理性自强的心态与能力,通过自力更生真正掌握核心技术。"可以预见,从现在开始,中国将不计成本加大在芯片产业的投入,整个产业将迎来历史性的机遇"。一位投资人如此评论道。确实,如果能够痛定思痛,加快推进互联网和信息产业政策完善和科技体制改革,并产生更强的改革紧迫感、凝聚起更大的改革力量，那就有可能把挑战变成机遇。

对互联网和信息产业来说，商业模式的创新固然能够带来流量和财富，但最终比拼的还是核心技术实力；对政府部门而言，应该形成更加有利于创新驱动发展的制度环境，比如说芯片设计具有试错成本高和排错难度大的特点，就需要从更大层面统合科研力量、实现集中攻关。就像中兴对员工们所说，"任何通往光明未来的道路都不是笔直的"，突破核心技术肯定会带来阵痛，但在关键领域、卡脖子的地方下大功夫，是为了用现在的短痛换来长远的主动权。我们不必为今天的封锁惊慌失措，中国的高科技能够克服初期从无到有的困难，也有信心在后期突破核心技术的瓶颈。

保持信心的同时，也不能因遭遇制裁而产生极端偏激的情绪。一方面，中国作为一个大国，在国际贸易体系中有足够的腾挪空间；另一方面，国产通信产业从零起步，如今发展到与世界通信巨头并驾齐驱，并在5G时代展现出领跑能力，绝不是得益于自我封闭。我们并不需要把封锁当作"重大利好"来激励"自主研发春天来了"，更不能把扩大开放与自力更生对立起来。面对高科技的技术攻关，封闭最终只能走进死胡同，只有开放合作，道路才能越走越宽。继续扩大开放，努力用好国际国内两种科技资源，在与世界的互利共赢中实现自主创新，这个方向不能动摇。

核心技术靠化缘是要不来的，也是花钱买不来的。中国经济发展的下半场重点是实现高质量发展，实现核心技术的自主创新。这条路很长，但只有靠我们自己走下来。

本章小结

全球价值链攀升是后发国家面临的长期问题，如何从价值链低端锁定面向价值链高端，缺乏可持续的机制与路径。本文以生产性服务集聚视角，通过分析生产性服务业集聚以及生产性服务业集聚基础上的制造业耦合，基于国内市场，通过生产性服务业集聚的嵌入机制，将高级要素嵌入制造业，通过NVC融入GVC，并最终在GVC中占据主导，最终构建面向全球的实体整合与虚拟整合相结合的全新价值网络。

学术观察

(1) 生产性服务业集聚与高级要素的嵌入机制。

(2) 模块化生产与全球价值链网络。

参考文献

[1] 詹浩勇,袁中华.生产性服务业集聚模式变迁研究——基于集群式价值链网络演进的视角 [J].技术经济与管理研究,2017 (6):95-100.

[2] 刘志彪.生产者服务业及其集聚:攀升全球价值链的关键要素与实现机制 [J].中国经济问题,2008 (1):3-12.

[3] 熊勇清,李世才.战略性新兴产业与传统产业耦合发展的过程及作用机制探讨 [J].科学学与科学技术管理,2010 (11):84-87.

[4] 王琢卓.生产性服务业集聚与经济增长 [D].湖南大学博士学位论文,2013.